聪明家长的杠杆养育法

家长改变1%，孩子改善99%

齐大辉 ◎ 著

湖南文艺出版社　博集天卷

© 中南博集天卷文化传媒有限公司。本书版权受法律保护。未经权利人许可，任何人不得以任何方式使用本书包括正文、插图、封面、版式等任何部分内容，违者将受到法律制裁。

图书在版编目（CIP）数据

聪明家长的杠杆养育法：家长改变 1%，孩子改善 99%/齐大辉著 . -- 长沙：湖南文艺出版社，2022.11
ISBN 978-7-5726-0854-4

Ⅰ . ①聪… Ⅱ . ①齐… Ⅲ . ①亲子关系－家庭教育 Ⅳ . ① G78

中国版本图书馆 CIP 数据核字（2022）第 167691 号

上架建议：畅销·亲子教育

CONGMING JIAZHANG DE GANGGAN YANGYU FA：JIAZHANG GAIBIAN 1%，HAIZI GAISHAN 99%

聪明家长的杠杆养育法：家长改变 1%，孩子改善 99%

著　　者：齐大辉
出 版 人：陈新文
责任编辑：吕苗莉
监　　制：邢越超
策划编辑：李美怡
营销编辑：周　茜
封面设计：梁秋晨
封面插画：华丽丽
版式设计：李　洁
内文排版：百朗文化
出　　版：湖南文艺出版社
　　　　　（长沙市雨花区东二环一段 508 号　邮编：410014）
网　　址：www.hnwy.net
印　　刷：三河市天润建兴印务有限公司
经　　销：新华书店
开　　本：680mm×955mm　1/16
字　　数：261 千字
印　　张：17
版　　次：2022 年 11 月第 1 版
印　　次：2022 年 11 月第 1 次印刷
书　　号：ISBN 978-7-5726-0854-4
定　　价：52.00 元

若有质量问题，请致电质量监督电话：010-59096394
团购电话：010-59320018

推荐序 1
家庭教育是协同育人的关键部分

近些年来，特别是在习近平总书记提到家庭教育的重要性之后，大家开始对家庭教育重视起来。我认为，要把家庭教育搞好，还需要把整个家庭建设好，需要学学现代家政学。

现代家政学是社会教育中开辟的新领域，是建设现代家庭的系列知识体系，包含了家庭教育学、家庭经济学、家庭社会学、家庭卫生学、家庭美学、婴幼儿和青少年心理与教育等内容，对优化家庭、丰富社会教育内容，提高家庭文化精神生活质量，推动社会主义精神文明建设，有着积极且深远的意义。

爱是一次共同成长，协同育人须形成机制的同心圆，才能求得教育的公约数。和谐的家庭关系要由公共约定维护，"家庭公约"是稳定家庭的法典。我曾经讲过，青年结婚登记前要先学习家庭教育学，"家庭公约"是做好家庭教育最基础的工程。班级是学校的细胞，是学生学习生活的家园，是学生的小社会。班级公约赋予学生社会意识、公民意识、法治意识，是学生走向社会要做的准备，是师生同频共振的有效方法。班级民主集中制有深远的意义，这是教育社会学中的班级社会学的课题。

感谢齐教授在教育改革中做出的贡献!

顾明远

中国教育学会会长,

北京师范大学资深教授、博士生导师

推荐序 2

家庭教育不是学校教育的复刻

  我们现在要让全社会明白一件事：在中国传统文化里，两千多年来关于人的培养、指导、成长、改变的事，用得最多的词，是"学"，以及基于"学"的"教化"与"教养"，而非"教育"。就"学"与"教"的关系而言，"学"是本位的、本体性的，"教化"与"教养"，是"学"的自然延伸，我将其概括为"教以学为本，学以心为本"。"学"与"教"的根本目的，都在"觉"，即觉性的发挥、提升、圆满，最后到达自觉觉人，我将其概括为"学者，觉也"；"教者，觉觉也"。

  教化的"化"和教养的"养"这两个字，蕴含非常全面、丰富、微妙，但这些意蕴在现代学校"教育"里几乎都丧失殆尽！也就是说，关于人的成长和培养的复杂性、丰富性、细微性、持续性、全面性，在现代学校教育体制里基本都不复存在了！这是很值得我们反思的。

  "教育"这个词，据专家考证，创自日本文部省官僚箕作麟祥之手。它作为"主流概念"在中国出现仅有一百多年的历史。一般认为，它是在十九世纪末到二十世纪初这段时间，由梁启超等人确定下来的。这个词的来源是假道日本搬运西方的学校教育模式，用来对应"Education"这个词。不得不说，现代学校教育体制是伴随工业化历史产生的一种非常特殊的，具有明显时代局限性的教育形态，这种教育形态的内在逻辑是模拟工业化物质批量生产过程，其性质是标准化的、刚性的、刻板的且粗糙的，并不完全适合于具有深远性、丰富性、细微性和个体差异的人性的培养。在工业化教育模式这种环境下，孩子们经过"教育"会变成什么样？今天家庭教育为什么出现了这么多问题？为什么家长的焦虑程度越来越高？为什么孩子那么厌学？这里头根源都是非常深刻的。我想表达的意思是：家庭教育，乃至学校教育、社会教育等一切教育，应该做一些根本上的反思，特别要尊重自然演变历史和文化变迁历史，应该把"人性本质"放到这两个变迁的历史中去考量，在此基础上来理解和实施教育。我觉得有这样一个反思的过程，有助于我们今天更好地理解中国家庭教育问题的根源。

我这些年来一直在讲一个道理："家庭""教育"这两个概念是不搭配的；一个是"家庭"；一个是"教育"，二者强捆在一起缺乏有机的融合性，谁都不舒服。这个"教育"是特指近代以来的工业化、制度化学校教育模式的，跟我们世世代代的家庭生活、家庭文化、家庭关系，跟家庭中无处不在的人性、人格的全面的涵养，是不配位的。把"学校教育"模式移植成"家庭教育"，它否定了人类家庭无比漫长的历史演变和无比丰富的育人功能，否定了家庭育人的本体性、情感性和特殊性。家是因爱而生的，爱是共同成长的，是以学为本、以觉为本、以家长身教为本的教化涵养。我比较认同的家庭育人概念是"家长教育"，而不是"家庭教育"。家庭教育是"教而不养""教而不化"，不能达到立德树人目的。

大辉教授著的书很有特点，他的观点是主张"教育是做出来的，而不是说出来的"，这是大实话。大辉常被朋友们称为"家长教育工程化的探索者"。他善于将复杂问题简单化，图文表达逻辑化，教育方法生活化；善于用传统文化、科学语言、工学原理、公约工具来解决社会学和教育学的操作问题，通过一纸公约和谐家庭关系，用分解目标达成共识，渐进改变生活习惯，这是一种创新的教育理论与社会实践。

陈建翔

中国人生科学学会家庭教育科学研究院院长，

北京师范大学教授、家庭教育专业博士生导师

推荐序 3
做懂教育的父母，不难！

在陪伴孩子的十多年光阴中，我经历了从欣喜、平淡、不耐烦，到失望、愤怒、挫败，再到愧疚、接纳、憧憬的心理变化。而我之所以能和孩子一起穿越成长的痛点，各自为梦想打拼，很大程度上源于育儿观的改变和教育方法的改进。

我们应树立怎样的育儿观，又该如何克服家庭教育过程中普遍存在的难题？齐大辉老师在此书中予以回应，给出了科学的育儿理念，也罗列了卓有成效的育儿方法，引领需要帮助的家长走出困局、书写新篇。我十分认同书中提倡的教育理念，每个人都不完美，都要在试错中成长。亲子乃至所有家庭成员之间的关系，本质上是一个成长共同体，家庭中的成员须要互为镜鉴，勤于反思，在彼此的支持中完善自我，在营造家风、制定家规中携手成长，以应对外界环境的变化，顺应社会的快速发展。

进入移动互联时代，无论是经济条件还是教育生态，与二十世纪八九十年代相比，的确都发生了巨大而深远的变化。城市家庭也好，农村家庭也罢，都面临着严峻的教育挑战，沉迷网络游戏、网络霸凌、低龄抑郁、宅家"啃"老等现象，给我们提出了新的教育命题。我们再按照原生家庭的教育方式，抑或依循自己的经验，来教导所谓的"网络原住民"，很有可能遭遇沉痛的失败；我们不升级教育观念，没有学习意识，不懂得情绪管理、亲子沟通之道，不仅过不好自己这一生，也很难经营一个和谐美满的家庭。

新的社会背景之下，家庭教育促进法的实施，是自上而下之于"三孩"政策的教育应对，其实也是当下家庭教育顺应时代发展的内在需要，呼吁我们重新审视家庭教育的价值，重新反思如何做合格的父母。而如何养育一出生即处于网络环境的孩子，怎样激励未尝过缺衣少食之苦的孩子自立自强？如何在价值多元的社会中引导孩子勇于追梦？本书既给出了经得起时间考验的教育理念，也提供了可操作的教育方法，娓娓道来育儿的诀窍、秘密与关键点，诸如亲子之间的情绪管理、沟通技巧和冲突解决等，启发更多家长努力成为懂孩子的成人，做孩子的知心朋友，做信赖而坚定的同行者。

坦率地说，在读齐大辉老师阐述亲子沟通的文字时，我本人很受益，甚至有相读恨晚之感。他提及的正态分布原理，很适合广大家长品一品，学一学，用一用；他给出的"鼓励比表扬高妙，评价比批评有效""要控制自己的情绪，如果自己有情绪，就不要处理孩子的问题""沟通时，不做'机关枪'，争做'发报机'""学会与孩子沟通的三步逻辑：讲事实、谈感受、提建议""大家都是一家人，追求团结与和谐，不妨奔着求同存异的心态去解决问题"等种种有理而有心的劝谏，都让我们看到不少父母身上存在的不足，指引我们该朝着积极的亲子沟通去努力，帮助家长成为心理医生一般的倾听者，进而帮助孩子走出心理和行为困境，在精神上都立起来，强起来。

糟糕的教育往往始于无效的或非理性的沟通，好的教育则始终坚持平等、耐心、饱含积极情绪的对话。如果说当下的父母有什么需要反省之处，在我看来无疑是齐大辉老师着墨颇多的亲子沟通艺术。由沟通开始，即是幸福家庭构建、优秀父母修炼的起点。如果广大父母能认同并践行书中所说的几大沟通原则，孩子的成长多半不会遭遇大问题，家庭氛围也会偏向于民主、平和、融洽，父母也会逐渐成为最好的自己。说到底，亲子沟通的背后，是父母情绪管理的长期修行，是一次极有价值的二次成长；情绪管理好了，亲子关系自然也就顺了；亲子关系顺了，好的教育自然会发生。

书中阐述的许多观点富有见识，所举的案例也很有可读性。齐大辉老师有中西家庭教育比较的国际视野，也长期参与国内家庭教育指导与实践，在多地多所学校开展"家庭公约"项目，他善于在发人深省的故事中，让我们意识到自身不足，通过多反思，多借鉴，多学习，遵守家庭教育规律，和孩子一起在鲜活的生活中少走弯路。例如，通过美国朋友向齐大辉老师学做醋熘土豆丝的案例，我们也应注重培养孩子的科学精神，督促其习得科研严谨的做事方式。当孩子犯错时，齐大辉老师提醒我们不要发火、不要愤怒，要换种眼光看待，认识到此时是家长引导的最佳时机——"孩子的成长就如同钟表，他要完成的每一件事，只要符合成长的自然规律，我们都应该让他亲自感受一下，不应阻止他去感受。因为这是他人生成长阶段必然要经历的过程，他在这个过程中学到的不仅是知识，还有生活的智慧等。这个过程谁都不能超越，这个经验谁都不可替代。"

我希望每位父母都能通过书中的道理与案例，全面检视自己的家庭教育，查漏补缺，若存在不足，就亡羊补牢，从现在开始做孩子敬佩的父母，做孩子的人生导师，做与社会发展合辙同轨的新时代家长。我们注重升级教育观，改进教育方法，在孩子进入青春期之前做好情绪管理，给予孩子足够的教育支持，施以正向的示范影响，除了会少一些焦虑、挫败感、无力感，还会让孩子早日开悟，及早扬起人生的风帆，顺利迈过小学升初中的考试、中考、高考、就业等几道沟坎，平稳地走上更远大的理想征途。

父（母）子（女）一场，乃人生至幸；家庭教育本质上没有什么秘密，如果有，无非是此书所反复强调的，以爱为基，与孩子共同奔赴美好。愿所有家庭都有良好的亲子关系，愿所有父母都收获孩子成才的喜悦。

张贵勇
亲子教育作家，《中国教育报》资深编辑

自 序

爱是一次共同的成长

每个有能力、有思想、有见识的人，都希望带领自己的孩子、家庭，甚至家族有所作为，但如何做一名合格的家长，如何培养杰出的孩子，不是每位家长都十分清楚的。

当一个新生命到来，举家欢庆之余，我们是否思考过：自己除了已经是要哺育孩子的家长，从自然状态进入某种"临战"状态，是否也准备好做合格的父母，或合格的祖父母了呢？在养育孩子之路上，我们要把孩子带到哪里呢？

如果把现在的教育体系比作一棵大树，家长教育就是大树的根，家庭教育是大树的干，学校教育是大树的枝，社会教育是大树的叶，而教育的对象——孩子，是大树的果实。

"树干"是唯一且基础的存在。"干"中养分的输送是单向的，同样，对孩子进行的家庭教育也是不可逆的。家庭教育是基础的、可见的，"营养"通过家庭教育的"树干"输送到"枝""叶"，全社会都很重视这个基础。

一棵树上有许多"枝"，学校就是大树的"枝"。孩子一生中要去很多学校，小学、中学、大学……学校教育让孩子获取不同阶段、不同类型的专业知识。

"树叶"春生秋落，帮助果实呼吸和成长，"树叶"就是我们的社会教育。宋庆龄曾说，孩子长大成人以后，社会成了锻炼他们的环境。知识不仅可以通过在学校学习获得，还可以通过其他方式获得，这就是社会教育，社会教育的"树叶"让树更加丰富多彩。

"果实"是我们的孩子，要想让果实壮硕，一定源于根深、干粗、枝繁、叶茂……只有家庭教育、学校教育、社会教育联动协作，共同养育，我们的孩子才能有所成就、得到幸福。很多家长虽然一直在煞费苦心、尽心尽力地教育孩子，却效果不佳，原因正是缺少了家庭教育、社会教育、学校教育的联动支持。

大树的"根"是不可见的，却是最重要的，它为整棵大树提供营养，没有根就不会有大树。虽然学校对年轻人的发展也起着重要作用，但是在一个人的身上留下了不可磨灭的印记的是家庭。家长是家庭教育的施教者，是家庭教育的根本，也是很多家长最容易忽略的地方，要想让孩子成人成才，必须从源头和根本上入手。

现在成人接受的教育多是有关就业的、技能的，却忽视了自身教育——家长教育。孩子的成长并非孩子一个人的事情，而是所有人的事情：成熟的家长才能成就孩子，而家族的成长取决于家长的成熟、孩子的成就。家长教育是指对成年人实施的有关家庭生活、子女成长及加强自身修养的专业知识与有效技能的教育，用一句话概括就是"成人成长中的成熟教育"。

一个家庭与一个国家，如果没有"成熟"的"成人"，就很难有孩子的良好"成长"：

"成人"不仅仅指年龄，而且指成为什么样的人。我们希望通过教育使孩子成为家庭的骄傲、社会的良民，成为"人"而不是社会的"异类"或"害虫"。

"成长"涉及我们人生成长过程中的"五个自然台阶"，即如何做男孩女孩，男人女人，丈夫妻子，爸爸妈妈，爷爷奶奶。这"五个自然台阶"对大部分人来说都是人生的第一次，而大部分人都没有经过预先的教育去应对人生，故而大家为之付出的人生代价是很大的。

"成熟"指的是成人应具备的"五大知识体系"，即人生哲学与艺术、家庭关系与动力、家人安全与健康、家政事务与管理、孩子成长与教育。

家长教育的意义在于，它是"教育的源头"，其社会预防性功能是所有教育都不能替代的，家长教育是教育的"接力赛"的"第一棒"，第一棒没跑好便会"事倍功半"。

正如德国著名教育学家福禄培尔所说："国民的命运，与其说是操在掌权者手中，倒不如说是握在母亲的手中。"在今天的家庭中，作为一个家长，如果我们想带领一个孩子、家庭或家族有所作为，就需要为孩子提供一个真实的成长环境。同时，通过不断学习家庭教育的理论知识，掌握一些教育的科学原理，努力从"自然型家长"转变为"教练型家长"，这是我们共同努力的方向，也是当务之急。

多一所家长学校，便少一座社会监狱。

今天多一份家长教育的投入，明天便减少十份拯救孩子的社会成本。

跳出教育搞教育，解决家庭教育的疑难杂症

我是齐大辉，是学机械工程出身的，又多年从事经营管理工作，1999年从美国回来以后，开始进入教育行业。起初在首都经贸大学担任学院的副院长，经常处理一些家长、老师、学生之间的冲突。

教育不是单纯地讲道理，教育解决问题。为了解决这些令人头痛的问题，我发现需要将家长、老师、学生的思想统一起来，协调到一起，最后达成一致。2004年，我与北京联合大学师范学院成立了家长教育研究所，承担了社科联十五课题——家长教育和谐社区。在鞍山市，和鞍山市妇联、教育局共同启动了辽宁省百万家长教育工程，鞍山市缘此在全国妇联取得双合格的模式。

之后，在全国很多城市设立试验区，南到海南省的城市，北至齐齐哈尔，西达喀什，而且很多试验区一做就是多年：北京市、辽宁大连、河南商丘一直做了7年，宁夏银川做了5年。在孩子的学校教育系统、成人的工作单位系统和生活社区系统进行了大量的试验和应用，并对推广平台、系列教材、操作工具不断地进行试验和科研总结，至今已走过了11年历程，全国几十万户家庭已从中受益。

缘于此，很多家长千方百计地找我，希望得到我的辅导，从而给孩子提供更好的教育。然而我个人的力量毕竟微薄，给每一个向我求助的人进行辅导也不现实。为了让更多的家长得到切实有效的帮助，我思考需要创作一本由浅入深、让家长过目不忘、能体现教育思维逻辑、让普罗大众都能读懂的原理的图书，去帮助那些在家庭中存在这样或那样困惑的家长。

本书是我历经20年从事家长教育实践与研究，总结出来的家庭教育理论的精华。此书精选了12个原理和9个原则：开门原理、杠杆原理、正态分布原理、发报原理、几何原理、钟表原理、揿钉原理、弹道原理、凹凸原理，等等。本书一反以往的理论、专业化的模式来讲述原理，采用形象的比喻阐述抽象的教育原理，运用通俗化、口语化、图像化的方式来表达，穿插教育科学的方法、口诀、绘图，运用成语、熟语，同时结合现实生活中的典型案例，用通俗易懂的形式剖析家庭教育中存在的问题，旨在帮助家长了解家长教育的规律及理论，成为合格的家长、培养杰出的孩子、构建幸福的家庭。

从表面上看，本书各篇文章都在独立地谈论某一原理，事实上所有的原理和方法都有内在的逻辑性、系统性等。当您读完了本书所有文章，将会有一个比较清晰的理论框架进入您的观念里。当您再遇到生活中看似不能解决的疑难杂症时，运用本书中关于教育的科学原理及原则，就该明白如何做了，"方法"也会自然地浮现于您的头脑中，问题也就轻而易举地被解决了。

另外，本书中的原理，不仅仅在家庭教育方面适用，在同事之间、干群之间、邻里之间、夫妻之间同样适用。运用该套原理，存在的问题更易得到良好的解决。

孩子如同一台崭新的计算机，家长输入的原始程序对孩子的一生至关重要。什么都可以从头再来，唯独孩子的教育不可以从头再来！

孩子是希望，是未来。要想让他们精神得以生长，灵魂得以发育，有朝气蓬勃的生命，有不断出彩的人生，需要我们家长树立学习意识，借鉴他人经验，学习先进的教育理论与科学原理，不断地提高教育水平。只有"大树有根"了，家庭教育才会"干粗"，学校教育才会"枝繁"，社会教育才会"叶茂"，孩子成长才会"果硕"。

有孩子的家长和准备要孩子的家长，让我们共同努力，为我们的后代、为祖国的未来而学习吧！

家长教育要站在教育之外从社会学的角度来审视。我认为，在教育的圈子内部来研究教育是不全面的，就教育搞教育，只能是死水一潭。只有跳出教育搞教育，才有出路。有时，我用的都不是教育学的方法，而是刑侦学的方法，后来无数次证明，这是一套非常实用且有效的方法。这也是本书原理的来源。

我做事喜欢先设计说明书，然后做实验，做完实验再写实验报告。我开始一点点地做实验，后来越做越深入。虽然经济一度拮据，但我觉得自己做的是一件非常有意义的事，实验需要一些数据的积累，于是就咬牙继续往前走。

齐大辉

北京市教育学会家长教育专业委员会理事长，

北京市家庭教育研究会副会长

目 录 Contents

第一章 如何做孩子的家长　001

孩子出生后，身为孩子的父母或长辈，似乎自然地就成了孩子的家长，但是这并不意味着你会做家长。你会做家长，才能成为孩子成长路上的引领人和助力者。

学会做家长的第一课 _002

　　三种自然型父母 _002

　　家庭教育的危机 _004

　　你是哪种类型的家长？_005

　　从自然型父母到有效型家长 _009

会做家长的标准 _012

　　正确的价值观 _012

　　正面的好榜样 _013

　　正常的观念 _014

会做家长六步走 _016

　　第一步：改变观念，教育观念与时俱进 _017

第二步：建立概念，家长教育是家庭教育的前提和基础 _018

第三步：学习原理，少犯家庭教育的原点错误 _020

第四步：掌握方法，好的教育环境是家长用心创造出来的 _021

第五步：使用工具，比知道更重要的是做到 _022

第六步：养成习惯，"上士闻道，勤而行之" _023

第二章 如何让孩子更听话，也更爱你？ 027

孩子爱你，天性使然，你的态度却将他们越推越远。

开门原理：想改变孩子，先改变自己 _028

教育是"打开心门"的过程：想改变孩子，先要改变自己 _028

家长改变1%，孩子改善99%_031

从"五子登科"做起，我做，孩子学 _033

杠杆原理：想让孩子听话，先听清孩子内心的合理需求 _036

越了解孩子的需求，越能调动起孩子的主动性 _037

"为孩子好"的教育一定适合孩子吗？ _039

家长一定不要拿钱换陪孩子的时间 _042

正态分布原理：鼓励比表扬高妙，评价比批评有效 _045

少表扬，多鼓励 _045

少批评，多评价 _048

开完家长会家长最该做的几件事 _049

鼓励比表扬高妙，评价比批评有效 _051

弹道原理：想要孩子进步快，找对方向很重要 _054

家庭教育中的原点错误 _054

教育≠只是学习 _056

聪慧≠高尚 _058

家长素养高，教育能力强，孩子成就大 _059

第三章 如何让孩子和你有说不完的话？　061

善于和孩子沟通的父母，能更多地体验到为人父母的幸福。

发报原理：想和孩子有效沟通，就要避免输赢的对决 _062

和孩子沟通从来不是输赢的对决 _063

沟通时，不做"机关枪"，多做"发报机" _065

少发火，多发报，家庭矛盾少很多 _068

沟通的五种方式：说话越少越高效 _070

沟通不等于说话 _070

多用非口语的方式交流 _073

沟通的三种语调：语调因事而不同 _078
　　孩子不听话是因为家长说话方式不对 _078
　　命令式、讨论式、撒娇式的语调在沟通中各有用处 _080
　　教育不是要孩子听话，是会和孩子对话 _081
　　非原则性的正经事，多讨论，少命令 _083

沟通的陈述技巧：用"我"代替"你"，孩子更爱听 _085
　　沟通中的"你、我、他" _086
　　少"指"点，多"掌"请 _087
　　五句良言引导孩子变优秀 _090

沟通的三步逻辑——讲事实、谈感受、提建议，孩子开心地接受 _093
　　打骂的方式，真的是为孩子好吗？ _094
　　三步让沟通变简单 _095

"4D1K"原理：沟通有效，孩子做对的选择 _097
　　总要求、总夸奖、总批评、总讲理，都是无效沟通 _097
　　了解孩子的需求，是有效沟通的第一步 _098
　　"好的""你的……""我的……""咱的……""……可以吗？"
　　——"4D1K"原理，很有效 _100
　　沟通有效，孩子会做对的选择 _101

第四章 教育有冲突时，家长最该做的事 —— 103

家庭成员间观点不同时，不争对错，解决问题。

几何原理：求同存异免冲突，过后协商有原则 _104
　　在冲突中，家长赢了孩子，也是输 _105
　　亲子冲突的根源在于"认为"不同 _106
　　用好几何原理的四大原则 _108

情绪处理原则：生气先问自己三句话——事大小，调高低，脸香臭 _111
　　孩子的问题究竟是什么？ _112
　　情绪管理好了，关系自然也就顺了 _113
　　不良情绪只会在教育孩子时帮倒忙 _114
　　处理情绪事件时，提前做好心理准备 _117

冲突原则：家庭教育有分歧，不争对错找问题 _120
　　不争对错，只找问题 _120
　　孩子学习有问题，不等于孩子有问题 _123

倾听原则：主动倾听，让沟通简单而有效 _127
　　主动倾听，是有效沟通的前提 _128
　　倾听原则的技巧和必备态度 _130

认真原则：当和孩子说要认真的时候，请给出明确的目标和行动计划 _132

  你要孩子"认真"，你真的说清了吗？孩子真的听懂了吗？_132

  一个"学做醋熘土豆丝"的朋友启发了我如何

  教孩子"认真" _133

  和孩子强调"认真"一千遍，不如和孩子一起做一遍 _140

"三借"原则：借外脑、借外力、借外景，育儿更智慧 _141

  借外脑：借他人之口讲道理 _141

  借外力：孩子一起玩，家庭之间同互助 _143

  借外景：孩子在交流体验中长大 _145

"三有"原则：有责任、有共情、有分寸，让孩子更能过好有价值的一生 _151

  有责任：相信孩子可以做好他分内的事情 _152

  有共情：会心疼父母的孩子，将来能更好地融入社会 _153

  有分寸：看清自己的位置的孩子，将来更能实现自己的价值 _155

第五章 孩子犯错的时候，家长最该做的事 —— 157

没有不犯错就长大的孩子。孩子犯错时，正是家长引导的最佳时机。

钟表原理：允许犯错，鼓励尝试，让孩子在体验中长大 _158
　　允许孩子犯错，孩子才能不错过成长的机会 _159
　　鼓励孩子多尝试，让孩子在体验中长大 _160
　　看看孩子下一步做什么，才能找到孩子行为背后的原因 _163

摁钉原理：放下认为，调整行为，孩子才能有作为 _166
　　人人都活在自己的"认为"中 _166
　　家长谨慎一次言行，孩子就会少受一次伤害 _167
　　解决信息不对称："三为"公式的诞生 _169
　　制定现代家规 _170

凹凸原理：放手让孩子独立，配合让孩子成才 _179
　　学会做个"身懒心不懒"的家长 _179
　　家长"示弱"，也是彰显智慧的引导艺术 _181
　　富豪对孩子"抠门"的教育智慧 _182
　　家长能谦和地"凹"进去，给孩子适当的教育 _183

橄榄球原理：因材施教，孩子爱上学习 _186
 清楚孩子现阶段的学习类型，是引导好孩子的前提 _187
 取证、分析、计划、约定，用橄榄球原理让孩子爱上学习 _188

滞后原理：避免"当下"教育，提前约定好，无声胜有声 _192
 事缓则圆 _193
 "滞后"的教育 _194
 闭上嘴，创造家人改善的契机 _195
 迈开腿，用"空间分隔"避免冲突 _197

第六章 如何培养出对自己负责的孩子？ _199

一个人最大的负责就是对自己负责。学会对自己负责的孩子，未来不会错。

三事原则：约定、提醒、总结，孩子自己守规矩 _200
 "不教而杀谓之虐" _200
 "三事原则" _202
 事前有约定，事中有提醒，事后有总结 _203
 孩子培养爱好或特长前，做好这六步 _204

规避原则：避财、避色、避气，孩子成长更健康 _208
 避财 _209

避色 _210

避气 _213

花钱原则：记账、分类、协商、核对，理财意识从小养 _216
理财意识从小养，孩子长大不着忙 _216
孩子需要帮助，而不是指责 _218

第七章 帮家长减压助力的"家庭公约" 225

有了"家庭公约"，家长更轻松，孩子更自律 _226
"家庭公约"五大优势 _228

"家庭公约"的真实案例 _229
我"改"了，家"变"了——家庭辅导案例 _229
让和睦之家变得更温馨——家庭辅导案例 _233
利用"家庭公约"敲开高中生高效学习的三扇心门 _236
"约"定成习，成人达己——王芬的"家庭公约"学习、传播之路 _244

第一章
如何做孩子的家长

孩子出生后，身为孩子的父母或长辈，似乎自然地就成了孩子的家长，但是这并不意味着你会做家长。你会做家长，才能成为孩子成长路上的引领人和助力者。

学会做家长的第一课

三种自然型父母

每天都有成千上万的年轻人走上为人父母的"家长岗位",步入漫长的育儿教子之路,引导孩子逐步成为一个独立、负责、能与人和谐相处并有生存能力的人,而这是一项非常艰巨的任务。在这个世界上,没有哪件事情比做合格的父母更艰巨、更任重道远了。

孩子来到这个世界,没有任何说明书,家长无从知道该怎样正确地对待这个孩子。作为家长,创造一个孩子很容易,塑造一个孩子却并不容易。做教师要有教师资格证,做医生要有执业医师证,做律师要有律师资格证,就连街道清洁工也要有个岗前培训。可我们做父母的,做岗前培训了吗?很多人没有做好各种准备,就匆匆忙忙地当了父母。

宏观上,中国家长教育的缺失导致了微观上中国家长的不成熟,不成熟的家长如何培养出成才的孩子呢?我们可能不是天才,但可能是天才的父母。试想,爱因斯坦等众多伟大人物的父母,他们生活中的成就也不过平平。我们的孩子或许有一个光辉无比的前程,但是我们如何配合才能使他"做事有才、做人有德"呢?这就需要我们尽快实现从"自然型父母"向"有效型家长"转变。

自然型父母是指没有经过培训的父母，在教育孩子时，往往缺乏生活常识，常常是眉毛胡子一把抓，大致分成三种类型：胜利型、徘徊型和失败型。

胜利型父母：父母赢，孩子输

这类家长在孩子面前类似老虎，不管什么事，总喜欢争个对错，总认为自己对、孩子不对，让孩子完全按照自己的感觉与想法去执行。教育孩子时，事事管，时时管，坚持使用家长的权力来限制和要求孩子的行为，习惯向孩子发号施令，并借此批评和惩罚孩子。此类型的父母多认为"孩子不听话""孩子不懂事""祖辈就是这样教育我的""我是你爸，你就得听我的"等。如此培养出来的孩子多不能独立思考问题，没有责任心，依赖性强……

徘徊型父母：父母和孩子时输时赢

他们总是徘徊不定，一会儿严厉，一会儿宽容；一会儿限制，一会儿纵容。做事喜欢谈感觉，好多事情都是跟着自己的感觉走。教育孩子时，有时管，有时不管，介于胜利型和失败型父母之间，大部分的父母属于这个类型。如此培养出来的孩子多没有主见，喜欢钻空子，做事情不坚决。

失败型父母：父母输，孩子赢

什么都不管，给孩子过多权利和自由，主动避免限制和约束孩子的行为，并且在很多情况下，孩子的无理要求不会被否定和阻挠。如此培养出来的孩子多任性、自私、嚣张……

这三种类型的父母都是根据自己的性格特征，自然地和孩子形成输赢关系，孩子处理问题的模式没有固定，只是在父母的影响和作用下被动地形成。在这三种模式下成长的孩子都存在一些特有的缺憾：胜利型父母教育出来的孩子，将来可能唯唯诺诺、毫无自信；徘徊型父母教育出来的孩子，将来可能毫无原则、处处骑墙；失败型父母教育出来的孩子，将来可能骄横傲慢、蛮不讲理。

法国启蒙思想家卢梭曾说:"误用光阴比虚掷光阴损失更大,教育错了的儿童比未受教育的儿童离智慧更远。"自然型父母代表的不是无知识,而是无常识,常常无意识地陷入"争对错、谈感觉、比高低、论好坏、算输赢"的恶性循环中。更可怕的是,一些父母"无法(没有正确方法)"还要硬管,导致好好的孩子生生地被"管"出了很多问题。

家庭教育的危机

如果问我们想吃什么饭,我们脑中马上就能想出很多的饭名、菜谱;我们病了,可以去医院;缺物品了,可以去超市;但问及家长教育的相关问题,鲜有人知。遇到家庭问题时,我们能去哪儿,能找谁,能学什么呢?

家庭教育出现了问题,家长没有地方去学习,也没有人去询问,单靠自学是远远不够的。成人不成熟,国家和社会应该承担相应的责任,因为国家和社会没有提供概念清晰的相关的家庭教育。成人也未必能放下现在的功名利禄去真正地学习。而对很多家长来说,教育孩子的事重要但不紧要,更准确地说,教育孩子的事在家长那里都处于口头上"重要",但行动上"不紧要"的状态。愿为孩子学习"付费",却不愿为自身补习"买单"。孩子不出问题便"欢天喜地",一出问题便"乌云蔽日",这种现状的根源就是绝大多数家长都缺少科学完整的人生常识,以及教育孩子的观念、方法和工具。

教育孩子是千家万户都要面对的事情,每位家长都要做好准备,并且学会科学的教育方法,否则,面对活生生的生命个体和发生的各种事情,他们都会处在痛苦、焦急的"三无"状态中:

"无知",是迎接一个新生命到来的时候没有知识准备。大部分的家长在自己的孩子降生前,都没有做好"知识储备"。

"无法",是对待新的生命及孩子的时候没有科学方法。孩子天天在成长,面对孩子出现的各种实际问题时,缺少"科学的方法"去解决。

"无奈",是随着孩子年龄的增长,好多事物都已定型,错过了对孩子的最佳"教育时节",家长到了"无奈"的状态。

每个孩子都是一块璞玉,但并不是所有的家长都是合格的工匠。家长教育是家庭教育的基础、公民素质的源头,其对孩子的预防功能是所有教育环节都不能替代的。今天多一所家长学校,明天便少一座社会监狱;今天多一份家长教育投入,明天便少十份拯救孩子的成本。我国家长教育的缺失带来的各种社会问题和管理成本,已严重地影响到国民素质与生活质量。

你是哪种类型的家长?

如何培养合格的孩子?

今天的教育培养出了许多身体健壮、知识满腹,却"内不知孝敬父母,外不懂为谁服务"的青少年;许多孩子现在非常聪明能干,但今后也许会成为逆子或罪犯……这是家之不幸,国之耻辱。我们的社会需要更多良好的公民,并不需要超常却不正常的人。

孩子在学校里接受"做事"教育,属于学历教育和职业教育的范畴,我们称之为"学校教育"。学校教育的施教者是教师,是经过多年师范教育培养,并通过国家职业资格考试后才走上工作岗位的。然而,仅仅依靠学校是不能把孩子培养成全面人才的,孩子还须在家里接受"做人"的教育。

孩子的核心生活环境是家庭,因此"做人教育"要家庭来承担,施教者是家长,属于家庭教育的范畴。孩子在学校里是学生,核心任务是学做事;在家里是孩子,核心任务是学做人,这两方面并不是割裂的,只是侧重点不同。学会做人是一个孩子"成人"和"成才"的基础。

家长在充当孩子的家庭教师之前，是不是应该接受"如何教育孩子"的准师范类教育呢？然而，非常遗憾，到目前为止，我国家长教育这一环节相当薄弱。中国教育最大的缺失是"做人教育"的缺失，未成年人问题的本质是"成人却不成熟"的家长教育问题。

所谓家长教育，就是家长经过专业机构的培训，掌握科学系统的教育知识和技能。在发达国家，家长教育称为 Parents Education，它不同于家庭教育（Family Education），这是两个不同的学科。而在我国，大家都只重视"家庭教育"，"家长教育"是缺失的。宏观上，中国家长教育的缺失导致了微观上中国家长的不成熟，不成熟的家长又怎么能教育出德才兼备的孩子呢？

应试教育以学校为主，家庭配合；素质教育以家庭为主，学校配合。这就是家校合作的基本准则，是孩子成功和幸福的核心保证，其基础是家长素质的提高，其主要途径是家长接受系统的"家长教育"。

孩子最终走向社会、立足社会的核心技能是"德"。家有儿女即等于买了"单程车票"，"风景"错过了，也就失去了。孩子成长的一次"错过"是成人一生的"过失"。各位家长不妨反思：我们凭什么当孩子的老师呢？提前学习过吗，有科学的方法吗？没有系统地学习过，怎么能把孩子教育好呢？

未成年人道德教育的主战场在家庭而不在学校，主实施者是家长而不是老师。"做人教育"的老师是家长，家长是核心。家长作为老师，在家里要教育孩子学做人。

做有准备的家长

通常，我们会用很多非常温馨浪漫的词来感性地描述家人及家庭生活，比如"家是爱的港湾"，而从理性上分析，家的感觉就会有所不同，比如，从"工程学概念和经济学角度"来看，家就是"造人工厂"：一个"董事长"，加一个"总经理"，通常只带一个人。

然而，两个管理人员，只管一个人，依然很难管理经营好。这难道不

第一章 如何做孩子的家长

是我们的经营管理水平太低了？我想说明的是：经营好一个家庭，教育好一个孩子，不是简单的事，并不比我们的事业成功来得轻松。仔细想想，为了事业，我们花了多少时间来准备知识和技能？是不是在不断地重复练习经营管理？而为家庭，我们又花了多少时间来准备和学习生活的常识与技能？

古人常说"不打无准备之仗"，但今天的我们，当了父母，做了家长，虽无"准备"，却都已经"打过仗了"。战果如何？成败自知！

著名教育学家福禄培尔认为："国民的命运，与其说是操在掌权者手中，倒不如说是握在母亲的手中。"每个合格的公民都是从一个具体的家庭中走出来的，今天的家长给孩子什么样的教育，明天的家庭、社会与民族将收获什么样的未来。

教育有两个目的：不仅要使人聪慧，更要使人高尚。每个人都希望自己的孩子聪慧、高尚，成为一个德才兼备的人。然而，要想有合格的孩子，必须先有合格的家长，而合格的家长，必须要事先"有准备"。

作为家长，我们都已有过各种各样的生活感受，对遇到很多实际问题时才发现还没有做好准备，但是事情已经发生了，并为此付出了十分昂贵的人生代价的情况，是深有体会的。回到教育层面，"有准备"的家长自然会有好结果；"无准备"的家长，除了可能会"错过"孩子的成长机会，期待的教育结果自然也是不甚理想的。

评价一个人的成就有两个基本指标——做人和做事。做人要有德，做事要有才。我们可以用数学坐标和象限来解释这个问题。横坐标代表做事的"才"，纵坐标代表做人的"德"。

第一象限，不管是横坐标做事的"才"，还是纵坐标做人的"德"，均是正值，才可培养德才兼备的孩子。这样的孩子才是社会的精英，能教育出"社会精英"的家长才是有效家长。比如，比尔·盖茨、巴菲特、李嘉诚、"两弹一星"的先辈们等。

第二象限，横坐标做事的"才"为负值，纵坐标做人的"德"为正值，培养的孩子有德无才，这些孩子多是社会凡人，培养出"社会凡人"的家

你是哪类家长？

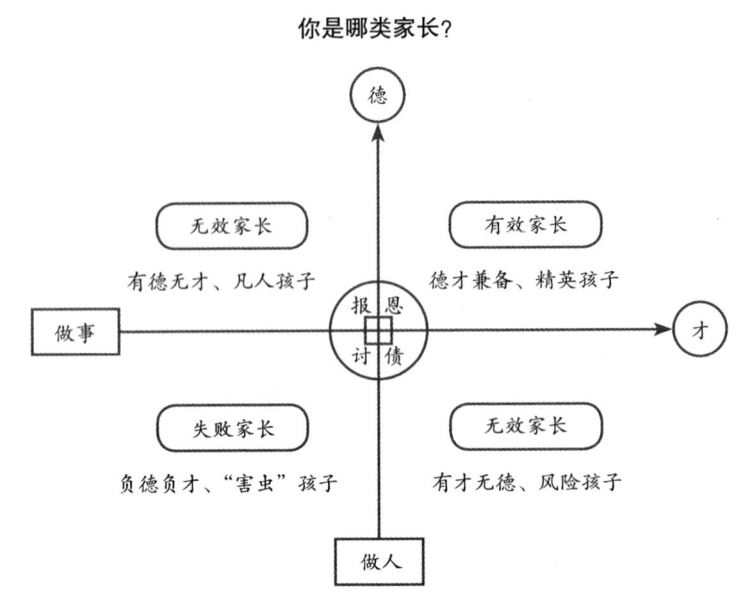

```
                        德
                        ↑
                        │
      ┌─────────┐       │       ┌─────────┐
      │ 无效家长 │       │       │ 有效家长 │
      └─────────┘       │       └─────────┘
   有德无才、凡人孩子    │    德才兼备、精英孩子
                      ┌─┐
   ┌────┐            │报恩│                      ┌──┐
   │做事│────────────│讨债│──────────────────────│才 │→
   └────┘            └─┘                        └──┘
                        │
      ┌─────────┐       │       ┌─────────┐
      │ 失败家长 │       │       │ 无效家长 │
      └─────────┘       │       └─────────┘
   负德负才、"害虫"孩子   │    有才无德、风险孩子
                        │
                        ↓
                      ┌────┐
                      │做人│
                      └────┘
```

四类家长与四种孩子

长只能算无效家长，因为这并没有达到我们预期的将孩子培养成"德才兼备"的人的目标。

第三象限，横坐标做事的"才"为负值，纵坐标做人的"德"也为负值，培养的孩子无德无才。这些孩子中有很多都非常聪明、机灵，但家长的教育方式不当导致孩子成为社会败类，教养出"社会败类"的家长是失败的家长。

第四象限，横坐标做事的"才"为正值，纵坐标做人的"德"为负值，培养的孩子有才无德。聪明而不道德的孩子往往对社会危害更大，最终也将成为社会的弃儿，父母、家庭、民族将为此蒙羞。这些孩子多是社会的害虫，很显然，培养出"社会害虫"的家长是无效家长。

了解了以上人生四象限，相信我们每一位家长都想让孩子做人有德、做事有才，自己也成为一位"有准备"的家长。这样，在教育之路上才能不心慌。

从自然型父母到有效型家长

我们每天都要对孩子说很多话,但究竟多少话是有用的?我们是不是经常说孩子不听话?那孩子为什么不听话?因为大部分父母都不会讲话,无法与孩子做到有效沟通。天天用自己想当然的办法教育孩子,不仅达不到教育的目的,还会伤害彼此。

例如,许多家长认为孩子犯了错误,在一顿训斥后还不断地问孩子:"你错没错啊?"如果孩子属于乖巧类型的话,便会说:"我错了!"可许多时候孩子对于自己错在哪儿并不清楚,只是希望能哄父母高兴、快点结束现在的训斥。

遇到比较乖巧的孩子,是家长的运气。但如果遇到性格倔强的孩子会怎么样呢?好一点的,不说话,无言地对抗;不那么好的,就开始犟嘴……一看孩子还敢顶嘴,家长就越来越有气,为了满足自己的情绪宣泄,许多家长接下来的行为大多是穷追不舍地倒苦水、翻旧账、说粗话、动手脚……不打一顿不足以宣泄自己的不快,这样的行为对家庭来说是灾难。

什么样的教育可以让孩子认同并接受?

教育孩子的目的是让孩子认同且乐意接受,如果能让孩子愉快地接受教育,这样的教育对孩子来说就是有效的。但由于成人欠缺"情绪管理"和"有效沟通"方法,在教育孩子的过程中往往会因为情绪化的问题而忘了真正的教育目的。行为没有为目的服务,这样会导致教育效果不好。

一天,小男孩试图从冰箱里取出一瓶牛奶,可取出后刚走几步,就失手将奶瓶掉在地上了,厨房里顿时一片狼藉,他的母亲闻声而来。

然而,母亲没有发火,没有说教,更没有惩罚他,只是说:"哦,我从来没见过这么多牛奶洒在地上,真有意思啊!好了,反正已经洒在地上了,在我们收拾干净之前,你想玩一会儿吗?我想,玩牛奶说不定也是很有意思的。"

小男孩真的玩起了牛奶。几分钟后，母亲说："牛奶是你洒在地上的，也应该由你来收拾干净。现在，我这儿有海绵、抹布和拖把，你想用什么？"

男孩选择了海绵，和妈妈一起将地上的牛奶收拾得干干净净。接着，母亲又说："刚才你牛奶瓶没拿住，这说明你还没有学会如何用一双小手拿一只大奶瓶。现在，我们到院子里去，在一个瓶子里装满水，看看你能不能发现一个很好的搬运方法，使瓶子不会掉到地上。"

小男孩通过反复实践，知道要用双手握住靠瓶口的地方，瓶子在搬运过程中就不会掉下来。这是多么生动而又内容丰富的一课啊！

这是科学家斯蒂芬·格伦小时候的故事，他在医学领域的多个方面都有很大的突破。这位著名的科学家后来回忆说，正是从那时候起，他明白了无须害怕犯错误，错误往往是学习新知识的开始，科学难题也是在经过一次次失败的尝试后，才找到正确的解决方法的……

孩子犯错了，有效型家长做了这五件事

斯蒂芬·格伦的母亲并没有像很多父母那样"争对错、谈感觉、比高低、论好坏、算输赢"，而是采取了"找问题、说行为、讲合适、评正负、得双赢"的有效方法来教育孩子。

第一步，找问题：我从来没见过这么多的牛奶洒在地上。

第二步，说行为：这么多的牛奶洒在地上，真有意思啊！好了，反正已经洒在地上了。

第三步，讲合适：在我们收拾干净之前，你想玩一会儿吗？我想，玩牛奶说不定也是很有意思的。

第四步，评正负：牛奶是你洒在地上的，也应该由你来收拾干净。现在，我这儿有海绵、抹布和拖把，你想用什么？

第五步，得双赢：刚才你拿牛奶瓶没拿住，这说明你还没有学会如何用一双小手拿一只大奶瓶。现在，我们到院子里去，在一个瓶子里装满水，看看你能不能发现一个很好的搬运方法，使瓶子不会掉到地上……

无效的教育是随意的，随经验发挥的，而有效的教育是有原则、有规律的影响。我们可能不是天才，但可能是天才的父母。

孩子是因你而来的，不是为你而来的。创造一个孩子是容易的，塑造一个孩子是不易的，孩子并非我们个人或家庭的私有财产，他是属于整个社会的，有自己独立的一生。有责任心的家长，不是等待而是行动；有智慧的家长，不是抱怨而是学习。只有将愿望付诸行动，才不会再错过；不错过，才能自救而不后悔。

会做家长的标准

"自然型父母"在教育孩子时，往往缺乏生活常识，常常是眉毛胡子一把抓，缺乏"牵一发而动全身"的原理与方法指导；"有效型家长"是把孩子培养成德才兼备的社会有用之才的家长。要想把孩子培养成德才兼备的社会有用之才，我们须尽快实现从"自然型父母"向"有效型家长"的转变。那么，有效型家长的标准是什么呢？

正确的价值观

培养孩子正确的价值观，对孩子日后成人成才、报效祖国、走正确的人生道路、为人处世等至关重要。培养孩子形成正确的价值观，首先要家长具备正确的价值观和评价体系。俗话说"打铁还需自身硬"，孩子从出生到成人，他在成长中的观点、感受大多是从家长那里获得的，家长的价值观直接影响孩子的一生。

孩子先要有好的身体，这是一切的基础。身体是革命的本钱，身体不好，家长也着急。然而现在很多家长只注重孩子的学习，往往忽略了孩子的身体健康，犯了教育的原点错误。

孩子要懂事理、有品德。孩子行为规范不好，走到哪里都让他人觉得烦，不被别人接受，这不是个小问题，上学、上班后的行为产生的麻烦就更多。

完整的教育应该是"三生"的教育，即生命、生存和生活。我们应该尊重生命，学会生存，热爱生活。长期以来，我们的教育一直在教孩子"做事业"的生存本领，却忽视了教孩子"过日子"的生活智慧。

我们现在有两院——社科院（中国社会科学院简称）、中科院（中国科学院的简称），目前我正在呼吁成立中国家庭科学研究院。家长教育是国家战略工程，应将家庭教育纳入国民教育体系，形成中科院、社科院、家科院三足鼎立的国家智库研究系统，这样才能把中国的教育做好，才能促进"依法治国、按约持家、和谐发展"。

创造力大多源于生活而非生存。陶行知先生说"生活即教育"，但遗憾的是，现在我们对教孩子如何生活做得还远远不够。伟大的教育来自点滴生活，我们要为真实生活而学习！

正面的好榜样

今天的孩子不乏知识，但大都缺少"道德意识"和"行为规范"，这与父母平时的修养失当和自身榜样不良有很大关系。

什么是道德？道德的标准是什么？道德的标准其实没什么复杂的，很简单的原则就是，我们的行为对周边环境和他人的情绪不产生负面的影响，用口诀来说就是"一不妨碍，二不伤害"。

孩子在家庭中的原始道德启蒙教育至关重要，如果人从小有行为规范的训练，并明确了道德意识界限，那么道德的基本底线就有了。例如，家长应及早给孩子建立"家庭社区"的家庭公共意识概念，并告知孩子，其"行为"的影响后果。

现在的生活条件和家庭环境都好了，许多孩子都有自己的房间，应尽早为孩子建立房间"门里门外"的空间概念：孩子在自己的房间里可以按自己的意志选择，那是他们自己的空间，家长应尊重孩子的想法与空间；但走出房门，到了客厅、厨房、洗手间等家庭的"公共环境"时，孩子就应该有"家庭社区"的公共意识和行为概念。

从小养成在特殊时间和环境中顾及他人感受而"轻声慢步",进入他人房间前应"敲下门",物品应"用完复位",尊重他人劳动,保持家庭社区"公共卫生"等良好习惯。

再举个例子,在日常的洗手程序上,正确的收尾动作应是把水池擦干净,以便于为下一个家人或使用者提供方便。这是一个常识性的行为规范和一份爱的传递,但大部分孩子都做不到。为什么呢?因为父母在日常习惯中基本上就没有这样做过。丈夫用完了,不会为妻子去做;妻子用完了,也不会为丈夫去考虑,那么孩子自然也不会这样做。即使家境好、有保姆的家庭,也应从小教育孩子尊重保姆的劳动成果。

家长的行为遗传与孩子的习惯矫正有着必然的关系。今天的孩子学习不快乐,办事缺交代,遇事不能承担责任……这些问题与现象都是由家长缺少常识,缺乏榜样意识,以及决定一切、包办一切的不成熟行为造成的。在本书后面部分,我们将一一学习"教育的科学原理",来进一步解释这些问题的成因。

由于大部分家长都缺少"家庭社区"的公共意识,更谈不上有对孩子进行正确示范教育的意识,因此形成大部分成人不管在家里,还是在公共环境中,经常出现各种缺少公共道德的"无意识行为"的现象。在国际旅游中的国人的不良表现更是让我们觉察到国民素质的危机。

正常的观念

每位家长都爱自己的孩子,都希望培养出一个好孩子,那什么样的孩子是好孩子呢?家长都是成人,应该有一个基本的观念。

有效型家长首先应该解决怎样培养孩子的问题,应该具备三个标准:

第一个是设计标准,即什么是好孩子。如果把孩子当成一支笔的话,就要明确这支"笔"是一支铅笔还是钢笔?我是机械工程师,首先要明确什么是好孩子。

第二个是加工标准，即如何培养出好孩子。

第三个是检验标准，要有检验到底是不是好孩子的办法。这部分内容在我的《一次管一生的教育》一书中有详细的阐述。

一个有效型家长，必须擅长两方面的工作：一个是学，一个是教，并应先学而后教。学要清楚学什么、怎么学。教要有方法、有内容。

只有自己的价值观不断地完善，才能培养孩子正确的价值观；只有自己产生价值观培养的正能量，做出为人处世的正面榜样，才能让孩子在与家长的相处中受到潜移默化的影响。只有这样，我们才有资格与孩子谈论价值观；也只有这样，我们才有能力教导孩子朝着正确的方向前行。

我们的孩子就像一个手掌，应该有五个指标。家长应该用框架性的理念，来培养孩子德、智、体、美、劳的全面发展，这样，才可以培养出一个完整的孩子。举个简单的例子，年轻的男女结婚了，男方不愿意干家务，女方不愿意对儿女进行教育，两人肯定在家庭中的表现都是不合格的。这些都是基本性的观念，这都是我们家长培养出来的。我们要为孩子未来的家庭培养好妻子或好丈夫，也要为这个社会培养好公民，这都是需要我们去准备的。

每个人都有自己的价值观，但并不是每个人的价值观都是正确的。还有一些价值观我们都知道，但未必能做到，知道与做到是两码事。这就要求家长先加强自身修养、不断地学习，使自己的价值观日臻完善，并在日常生活中给孩子树立一个正面的好榜样。西方有些国家这方面做得很好，所以，他们的孩子在"最崇拜的人是谁"这个问题上经常回答的是自己的父母，这让我们许多中国家长羡慕和反思。

教育不仅要使人聪慧，更要使人高尚，所以，一个真正有效的家长，必须是能够让孩子聪慧和高尚的。

会做家长六步走

现在的家长都很重视家庭教育，几乎把所有的目光都投到孩子身上，希望孩子有出息，比别的孩子强。有了这样的动力，每个家长都积极地投身于教育孩子的行列中。《爸爸去哪儿》《虎妈猫爸》等节目或电视剧相继登场，更是极大地刺激了家长们的神经，于是许多人跟风效仿。

家长跟风效仿这些"虎妈""星爸"现象的出现，正是自然型父母不成熟的表现。在教育方法上他们只知其一，不知其二，往往画虎不成反类犬，造成许多问题。事实上，有效的家庭教育应该是因人而异、因地制宜，即根据自家孩子的性格特点、心理特点、智力类型制定相应的教育方案，并且要有耐心，不能奢求教育立竿见影。这才是有效型家长的成熟表现。

蔡元培曾说："要有良好的社会，必先有良好的个人，要有良好的个人，就要先有良好的教育。"很多家长都迫切希望成为有效型家长，这就要求家长从自然型父母向有效型家长转变。

教育最根本的一件事就是积叶成章，把正确的教育行为坚持下去，便可培养出杰出的孩子。家长焦急迫切的心态可以理解，但每个孩子都有自己的特点，不要奢求有什么灵丹妙药可以帮助我们。要想家庭幸福、孩子优秀，首先我们要转变自己的观念，并在此基础上长期坚持正确的行为。解决孩子的问题是一个家庭所有成员都要参与，并且改变行为的过程。

成熟的有效型家长能够有准备地对待人生，在孩子的每个人生阶段都可以正确地实施知识和技能教育，使得孩子在人生道路上顺风满帆，一个台阶一个台阶地顺利前行。

而不成熟的自然型父母造就的是无准备的孩子。这样的家长经常是：自己还是孩子的时候就有了孩子，自己还需要他人照顾的时候就要照顾家人，结果是自己受累，他的孩子也跟着受罪。

我经过多年的教育实践，运用"跳出教育搞教育，才有出路"的思维，扎根教育基层，依据实战经验精心总结了颇具实效的教育方式，这就是循环六步走的有效型家长提高模式，我们应像上台阶那样，遵循有效型家长的提高模式：改变观念、建立概念、学习原理、掌握方法、使用工具、养成习惯，有准备地走在人生道路上。而不是像攀岩那样越过台阶，直接攀登——费力而且危险。

第一步：改变观念，教育观念与时俱进

数千年的封建礼制依旧影响着每个中国人关于家庭关系的观念，一个家庭究竟应该以什么为核心建立，以什么感情为纽带联结？夫妻关系与亲子关系孰重孰轻？孩子问题的本源是什么……要正确回答这些问题，必须改变观念。因为家长改变观念是家庭温馨和谐、子女健康成长的起点。

大部分家长往往认为，只要自己的想法和做法是为孩子好便行！我们不妨反思一下：孩子接不接受？为何在家庭沟通中总是出现冲突和伤害？这些问题的根源就是人的"不同认为"。男人与女人、大人与孩子都是两个世界的人，认为不同是很自然的事，但大家并不一定真的了解，比如，代沟的问题。

今天是信息化的时代，五年差不多就是一代人，我们与孩子隔了很多代。信息化的时代在给人类带来很多方便的同时，也增加了太多不必要的烦恼。过去几十年都不会有大的变动，现在两三年就有很大的改变，环境变化得确实太快了。正如歌中唱的那样："不是我不明白，这世界变化

快！"我们必须了解当今社会的这一特点。

在现实生活中大部分的成人都是不成熟的，有很多人直到生命的终点也还是不成熟的，能做到知行合一的人很少。如果我们不改变教育观念和操作程序，那么一辈子都会不自觉地重复犯错误。人不可能用"相同的"对待赢得"不同的"未来，我们要为真实的生活而学习。我们必须改变观念，才能有更好的未来。

第二步：建立概念，家长教育是家庭教育的前提和基础

我是学机械工程的，又多年从事经营管理工作。站在教育之外，从社会学的角度来审视并研究家长教育，发现教育圈子内部是不全面的，就教育搞教育，只能是死水一潭。只有跳出教育搞教育，才有出路。

很多人认为家长教育就是家庭教育，我的理解恰恰相反，家长教育≠家庭教育。家长教育是家庭教育的基础，是根基，是支撑。我在讲课时，问过很多学生，大家一致认为"家长＝父母"，当我提出"家长≠父母"时，大家都感觉惊诧和不可思议。

"家长≠父母"是一个全新的理性概念。从微观的家庭角度分析，一男一女成夫妻，一次欢愉产生一个生命，这便决定了这个孩子与这对夫妻生理上的"血缘关系"，这种关系具有先天唯一性和无法改变的特点，是孩子成长教育环境的单一影响要素。家长是管理上的"因缘关系"，是群体性的、可选择的"后天关系"，是孩子成长环境的多元影响要素。

家长不仅指生身父母，还包括祖父母、保姆、家教、亲属、邻居、媒体等"因缘关系"，是孩子成长的真实环境。孩子的人生观、世界观、价值观及行为不只受父母的影响，还受其他家长的影响。当陪伴孩子成长的家长不主要是父母时，家长的影响力往往大于父母的影响力。

从宏观的社会角度分析，社会团体的管理者都是单位的"家长"。一个国家的领导人就是一个国家或民族的"大家长"，一个单位的领导或管理者就是单位人群的"中家长"，一个家庭的父母就是这个家庭起主导作用的

"小家长"。家好要有好家长，有好家长才能过上好日子。

家长教育≠家庭教育。我们需要搞清楚两者的关系。

首先，从学科的"研究对象"要素上看，家长教育的研究对象是"成人"，而我们所认为的狭义的家庭教育即子女教育，其研究对象是"孩子"，二者的研究对象不同。二者的关系犹如一对各自独立却又连体的"教育双胞胎"，是两个既紧密联系又不相同的独立学科。

其次，从学科的"时间排序"要素上想，一个家庭与一个国家，如果没有"成熟"的"成人"，就很难有孩子的良好"成长"，家长教育与子女教育两者的时间排序关系不应该像"鸡生蛋和蛋生鸡"的关系那样模糊。从家长的自然发生是先当"学习做家长"的学生，后做指导并帮助孩子成长的老师。家长具有学生与老师的"双重身份"特点，这使家长一体占了两个教育环节。

家长的第一重身份是"学生"。在教育孩子之前，家长需要学习教育方法、提升自身素质。此时家长学习知识，通常是耳朵和大脑在工作，是知识的输入者。家长的第二重身份是"教师"。家长掌握了一定的知识后，才具备教育孩子的能力，此时才可以作为孩子的老师去教育孩子，通常是嘴巴和大脑在工作，是知识的输出者。

最后，从学科的"内容"要素思考，家长教育是一个独立的综合性交叉应用学科，具有"五大知识体系"，并跨越人生"五个自然台阶"。五大知识体系是人生哲学与艺术、家庭关系与动力、家人安全与健康、家政实务与管理、孩子成长与教育。五个自然台阶是如何做男孩女孩，男人女人，丈夫妻子，爸爸妈妈，爷爷奶奶。

因此，狭义的家庭教育是子女教育，家长教育是成人的学习。广义的家庭教育包含家长教育和子女教育，家长教育是家庭教育的前提和基础。当然，家长需要建立一系列的全新概念，说教≠教育，唠叨≠沟通，知识≠技能，功课≠作业，成功≠成就，成人≠成熟……这些概念会在本书其他章节穿插讲述。

第三步：学习原理，少犯家庭教育的原点错误

教育有两个伟大目的，不仅要使人聪慧，更要使人高尚。与中国"大国崛起"相配套的一定是"大国教育"，培养"优秀的中国人，世界的好公民"，让中国的"男人高尚，女人高贵，大家高兴"，融合东西方文化，让中华文明引领世界。

在讲课时，我经常放这样一段有关擦车定位问题的视频：

> 在冰天雪地的早晨，一位美国先生艰难地擦去爱车上的冰雪，胜利在望，准备上车时，拿遥控器一试，才知道犯了"定位错误"，忙活半天，擦了别人的车。定位不准，忙也白搭，忙错位置，干等于白干。

习总书记曾在五四青年节到北京大学，与青年学生谈过"第一粒扣子"的定位问题，也就是说第一步错了，其他努力等于无用功。如果我们的教育忙错了方向，定位不准，将会给国家与民族造成灾难性的后果。

在五四青年节的讲话中，习近平总书记做了一个非常形象的比喻："青年的价值取向决定了未来整个社会的价值取向，而青年又处在价值观形成和确立的时期，抓好这一时期的价值观养成十分重要。这就像穿衣服扣扣子一样，如果第一粒扣子扣错了，剩余的扣子都会扣错。人生的扣子从一开始就要扣好。"

"第一粒扣子的比喻"，纽扣第一粒系错了，后面就都错了。从学术上来讲，这叫作原点错误。不客气地讲，很多家长就犯了家庭教育的原点错误。比如，今天中国的小孩，很少有挫折教育。所以他们即使上了大学，谈了恋爱，但一遇到什么问题往往承受不住，也会产生轻生或自残的念头。这些都跟现在的孩子从小没有接受挫折教育、危机教育、安全教育、生命教育有关。这些教育听起来很学术，但都体现在生活的细微之处。

如果想少犯教育的"原点错误"，就需要学习教育的"科学原理"，这也是本书的重点内容。家长不用天天在类似"孩子不写作业怎么办"这样

的微观事件上纠结，而要注意掌握家庭教育的原理方法。

比如，中国古训说："从小看大，三岁知老。"这仅仅是经验总结吗？多年的研究告诉大家，古代智慧与近代科学一一对应。这正是多年来，我用工程学原理研究教育学与社会学的心得，人类近百年来做了一件了不起的世界大事，就是全人类普及了科学语言，用科学语言沟通会认可快、误解小、力量强。

我编著的《新形势下做好群众工作的艺术与方法创新》《一次管一生的教育》等图书，精确地说明了中国古代智慧与现代科学间一脉相承的原理。比如，我用弹道原理举例：

> 中国古训"从小看大，三岁知老"与近代物理学的"弹道原理"相互对应。在物理学中，炮弹的弹着点由弹道轨迹决定，而决定要素有三个：炮弹、炮体、炮手。与教育关系对照可看成：孩子是"炮弹"，有差异但差异不大；环境是"炮体"，有差异且很大，如出生在中国还是外国，出生在富裕家庭还是贫穷家庭等；家长是"炮手"，是决定弹道轨迹的最关键要素，而影响炮手（家长）水平的要素有三个：方向、距离、角度。

本书讲述的弹道原理、杠杆原理、凹凸原理、发报原理等，融合了社会学、教育学、心理学、行为学等，甚至将一些管理学科的知识抽象化后，再用生活中具体的事物来做比喻，既便于理解又容易掌握，成为家长朋友喜闻乐见的家庭教育原理。

第四步：掌握方法，好的教育环境是家长用心创造出来的

可能会有家长说："我就是不会教育孩子，怎么办呢？"对于这部分家长的困惑，我给出了一个策略——互助家庭。家长可以尝试和朋友或孩子同学的家庭组成互助组，共同来管理教育孩子。孩子是环境的产物，孟母

三迁讲的就是环境对于教育的重要性。我带领的课题组曾经在北京市朝阳区、东城区做过这样一项实验：三个家庭六个大人管理三个孩子。（此部分详见第四章的《"三借"原则：借外脑、借外力、借外景，育儿更智慧》。）

还有一些家长认为孩子不好教育，其中一个重要的原因是情绪不对。很多成年人不太会说话，从老师到家长，他们说的话，都传递了很多负能量。举一个简单的例子：驯兽师就非常懂得要传递正能量、正面情绪这个道理，要让小动物开心，它才会配合完成动作。教育也有类似的道理，家长应学会"忽略错误，奖励正确"。有时候，孩子不听话，不是他不接受老师，也不是不接受家长，而是他本能的情绪反应。孩子也是人，他也喜欢好的情绪，讨厌坏的情绪。所以，无论是家长，还是老师，都应当注意调整自己的"脸谱"。

除了面部所表现出来的情绪，语言也是很重要的一个方面。在大量的调研中，我发现很多孩子认为大人讲话不中听，所以就不愿意听了。在实际生活中，大部分的家长会用"你"打头跟孩子对话。在与孩子的交流过程中，我们一定要注意用语表达，搞清楚你、我、他这三个称谓的合理用法。（此部分详见第三章的《沟通的陈述技巧：用"我"代替"你"，孩子更爱听》。）

"有效果比有道理更重要"，只有我们懂得教育的原理，掌握教育的方法，才能引导孩子成人、成才。本书中涉及的"家庭教育方法"具有简单易懂，可操作性强，易于实践的特点。这些方法把艰深的理论隐藏起来，使我们能够在不必了解理论的前提下，就可以轻松地实现家长职责。

第五步：使用工具，比知道更重要的是做到

一个木工，不管有多丰富的经验，没有工具，就什么都做不出来；一个外科医生，不论有多优秀，没有手术刀，就做不成手术。借助交通工具，我们日行千里；借助通信工具，我们"天涯若比邻"；借助工程机械，我们修建高楼大厦；借助航天飞机，我们飞翔探月。我们只要一部手机在手，

就可以呼叫天下任何一部电话，工具的力量就是这么神奇。

生活中我们经常看到这样一些人：他们似乎什么都知道，却什么都做不到。这固然有纸上谈兵的嫌疑，但缺乏做事的工具才是最大的原因。改变观念、建立概念、学习原理、掌握方法这前四个步骤都是理论部分，只有第五个步骤使用工具才是实践。

我们都知道"知道不一定做到""知道与做到是两码事"的道理。为此我们精心研发的《家庭公约·范本》《家庭公约·手册》《家庭公约·台历》《家庭公约·扑克》《家庭公约·留言卡》等家庭幸福的工具，将帮助家长"从知道到做到""从理论到实践"，切实解决家庭问题，促进家庭和谐，让许多对家庭教育失望的家长重新找到希望。

第六步：养成习惯，"上士闻道，勤而行之"

老子有云："上士闻道，勤而行之；中士闻道，若存若亡；下士闻道，大笑之。不笑，不足以为道。"意思是：高明的人听了道的理论，努力去实行；平庸的人听了道的理论，将信将疑；下等的人听了道的理论，就大加嘲笑。不被嘲笑，那就不足以称其为道了。我从思维的模式考虑，把人类划分为三种：句号、惊叹号、问号。你希望孩子成为其中的哪一种人呢？

我们先要判断自己。句号、惊叹号、问号，这三种符号就代表每个人的样子。每个人都有自己的样子，你这个样子为什么不让人喜欢，为什么让别人拒绝呢？这三种人是不一样的。

"上士闻道，勤而行之"，这类人在不断的重复中能达到一个标准，这类人就是上士，就是画句号的、圆满的。就运动员来讲，每个优秀的运动员知道准确的动作后都需要重复练习。因此知识是力量，但知识的应用、不断的重复才是力量，要有一个转化的过程。从科技角度来分析，有多少科技能转化为生产力，能转化为现实的产品呢？这些都需要一个过程。

很多人一生知道得很多，但做得很少，不能画句号，三天打鱼，两天晒网。不能将学到的知识、内容反复有效地应用于日常生活中，就不可能形成良好的家庭教育习惯，教育过程就有可能半途而废。这种人就是画惊叹号的，属于中士。比如，有的家长听了专家讲座后有所感悟，认为专家说得对，心想一定要按专家说的做一下，但坚持三天就放弃了，打回原形。大部分家长处于这种状态，所以一生中的成就可想而知。

我们把人一生中的成就列为纵坐标，横坐标为时间，可以发现很多人年轻的时候就很有成就了，因为人年轻时的思维比较快，毅力比较强，不容易或很少犯他人的错误。很多家长说孩子做作业马虎，马虎是什么？不认真。那什么叫认真？家长能不能告诉孩子什么叫认真？大部分家长根本说不清楚，因为自己很少认真过。

还有很多人都是画问号的人，这类人属于下士。"下士闻道，大笑之。不笑，不足以为道。"比如说，有些长辈一提起毛泽东时代创业的老红军，有些人会笑道："都什么年代了，还讲老红军，都老掉牙了。"好多家长认为："孩子要不撒点谎，老师能喜欢吗？""要不送点礼，孩子上学还能混吗？"成人的世界已经走进孩子的生活，孩子没有天真的童年，从幼儿园开始就懂得送礼，懂得成人的这一套方法，这是非常可悲且可怕的事情。

中国用三十年走完了欧洲两百多年的工业化路程，日本则用了七十多年才走完这一路程。所以当今中国的现状需要我们了解社会的大环境，我们每个人都好比在吃压缩饼干、快餐面，就算您的胃口再好，吃"钢筋""混凝土"一样的东西终究是要犯胃病的，所以大家需要吃一些"酵母片"。

很多人想要学习，通过学习也掌握了很多的知识，但锻炼、运用得很少，知识得到得太容易，就不懂得珍惜。而非常有意思的是，部分学习机会不多的人非常珍惜，反倒把知识运用得恰到好处。很多打工子弟经常抓住一点不放，反反复复地训练，成为某一方面特别优秀的人才，最终从打工仔变成老板。

了解了以上三种人的样子和轨迹，你希望孩子成为什么样的人？从大脑的思维准确度考虑，你不但观点要正确，更重要的是行为要准确。随着科技的进步和社会的发展，我们的生活水平大大地提高。过去的生活相当于"小米加步枪",而现在人人都有冲锋枪。但我们拿冲锋枪连兔子都打不着,那水准也就太低了。我们要做一个狙击手,一枪一个,距离远且瞄得准,因此,行为一定要准确,教育要有真实的作用,也就是一次管一生的教育。

"六步走"的家长提高模式一经推出,就受到了广大家长朋友的欢迎,因为这种方式简单易懂,可操作性强。经过广泛的推广试用,收效显著,同时也印证了"有效果比有道理更重要"这一教育理念的有效实践。

通过以上六个步骤的学习和练习,证明我们只是找到了从"自然型父母"向"有效型家长"转变的幸福之路,但我们要想走到幸福之路的终点,还须持之以恒地坚持下去,形成良好的家庭教育习惯。只有这样,才能为我们的人生画上圆满的句号。

第二章
如何让孩子更听话,
也更爱你?

孩子爱你,天性使然,你的态度却
将他们越推越远。

开门原理：想改变孩子，先改变自己

❈ 开门原理：

如果希望孩子及家人有所变化，就要从自己开始改变。"开门靠自己"，先要有改变的心愿，要打开自己的心门。不主动去触动改变的"把手"，"门"自己永远不会开，这是最为关键的。自己先"改"，通过门轴"活页"的转动，"门的角度"有了改变，"门外的风景"也有了变化。"门被慢慢地打开，风景慢慢地进来"，当自己有了变化，就会带动他人的变化。

著名教育家苏霍姆林斯基认为："要教育好孩子，就要不断提高教育技巧。要提高教育技巧，那么就需要家长付出个人的努力，不断进修自己。"如果我们希望孩子及家人有所变化，首先要改变自己。

教育是"打开心门"的过程：想改变孩子，先要改变自己

在教育孩子面前，众多家长上下求索，都希望孩子武如鹏举，文过东坡，经邦治世，运筹帷幄。实际情况则是，孩子一哭就六神无主，孩子一闹就手足无措。孩子一天天地长大，却与家长越来越疏远，不但不听话、

第二章 如何让孩子更听话，也更爱你？

不爱学习，还叛逆……于是，家长千方百计地想改变孩子，找到我后，真诚地请求："齐教授，您教给我一种方法，让孩子变得听话、爱学习……"

大多数家长想要改变孩子，却少有家长想要改变自己。不少家长都想一招鲜地来学习，希望通过我的帮助，让自己的孩子有所改变，成为自己心中合格的孩子。我给这些家长开的"药方"是：要想有合格的孩子，家长首先要合格。要想改变孩子，先要改变自己！

这就是开门原理的内涵——如果希望孩子及家人有所变化，就要从自己开始改变。"开门靠自己"，先要有改变的心愿，要打开自己的心门。不主动去触动改变的"把手"，"门"自己永远不会开，这是最为关键的。自己先"改"，通过门轴"活页"的转动，"门的角度"有了改变，"门外的风景"也有了变化。"门被慢慢地打开，风景慢慢地进来"，当自己有了变化，就会带动他人的变化。

"改"是过程，"变"是结果。我们开门的时候就是自己在改，看到门外的风景就是家人在变。

教育是"开心门"的过程，你"改"了，孩子就"变"了。这就是改变原理，又称为"开门原理"，是家长教育工程中的核心原理，也是家长教育过程中最重要的原理之一。

我们想要看到美好的风景，也就是别人好的变化，就要有耐心，用自己的耐心和一定的时间去换取孩子、家人的进步。

教育孩子不能单纯依赖学校教育，家庭教育才是根基。因为家庭教育影响孩子终身的人格和习惯，会伴随孩子的一生。要提高家庭教育的水平，不是家长改造孩子，而是家长从自身做起，改变自己。

我在讲课时，经常提起肯尼迪家族。老肯尼迪是从爱尔兰移民到美国的一位码头工人，他说："我来到这个新世界，要与人不同，我的家庭一定要从我这一代开始改变，我们家要出一个总统。"他不只是口头说，还有实际行动。

目标确定了，他就开始在行动上下功夫。当其他劳工挣了钱去花天酒地的时候，他却把钱攒下来当学费，去夜校学习，提升自己。他年纪虽大，但学习非常认真。当老师问他来到美国有什么理想时，他说："我要认真学习，改变命运，而且我的家族里要出一名总统。"

班里的同学都笑话他，认为他口出狂言。可他并不在乎，仍坚持努力学习，考试总是考第一名。之后，他和一位富商的女儿结婚，到第三代时，他的家族就真的出了一位总统。

我们要想拯救孩子，首先要拯救自己，让自己走出旧的教育观念。家长进步是孩子进步的前提。作为家长，我们要有理想，要做正人君子，也要为孩子做出1%的改变，多把时间分配到为家、为孩子做一点事情上，这样才能真正把家搞好，孩子才会有所改变。

杭州的一位家长，她的儿子14岁。她一心想让儿子成绩优秀，多才多艺，想让孩子考上重点大学，找到理想的工作。在生活上对孩子全盘包办，学习上步步进逼，还常常给孩子开小灶。孩子成绩好时，认为理所当然，全是自己的功劳。孩子成绩稍不理想，就训斥、责骂孩子，看到的全是孩子的缺点。她的这种态度，让孩子很不开心，造成成绩下滑不说，还使孩子迷上了网络游戏。家长看到孩子这样，苦恼、焦虑、失眠接踵而至。这样的恶性循环，让母子关系不断地恶化。

听过我的讲座后，这位家长反复思考，决定先改变自己。她按我的建议少唠叨，多行动。每天6:00起床，读古诗、练书法。刚开始，她是做给孩子看的。慢慢地，她自己真的爱上了读古诗词和练书法，开始享受其中的乐趣，心情变得开朗了。儿子看到妈妈的变化，也开始有了改变，对学习慢慢地有了兴趣……

在这一过程中，家长并没有去改变孩子。我们改变不了任何人，包括我们的孩子；只有改变自己，才能影响别人，包括我们的孩子。改变自己就是重塑家长的自身魅力，重建良好的亲子关系。

教育是"打开心门"的过程，首先我们要有"开门"的心愿，"抓住把手去开门"是关键，然后我们先"改"，这或许是一个艰苦的过程，其中的捷径就是从某一件小事开始，不要着急，不要急于想看到孩子有什么变化，更不能贪多，不要想着一下子什么都改了。坚定信心，不断地坚持自我的转变，自然会带动家人的变化，家庭和谐了，孩子也就随之改变了。

家长改变1%，孩子改善99%

每位家长都想把孩子教育好、把家搞好，这并不比我们干事业来得容易，这个过程是非常不易的。

家长们每天都在教育自己的孩子，可是怎样才能教育好孩子呢？现在很多家长把教育搞得很复杂，其实越累的家长越不是好家长。

大连实验班高二的学生小辉迷上了网络游戏，学习成绩直线下降。不管家长如何劝说都不管用，一气之下，家长动手打了小辉，小辉竟以自杀相逼。双方只要一说话就会起冲突，家里的气氛剑拔弩张。家长万般无奈地向我求助。

了解了一些情况之后，我才知道，小辉从小到大，一切事情一直由父母包办，依赖性很强。半年前，小辉开始上网时，情况并不严重，父母却视其为洪水猛兽，不是予以疏导，而是极力阻止，没想到反而激发了孩子的逆反心理，导致其在网络上越陷越深。

然而，令两位家长吃惊的是：在小辉的心目中，父亲是个整天抽烟，污染空气的人；母亲有空就看电视剧，毫无追求。

双方情况都掌握之后，我给两位家长现场分析，并讲了开门原理，告诉他们只要家长改变1%，孩子就能改善99%。要想让孩子远离网络游戏，首先家长必须改掉自己不好的生活习惯，充分地尊重孩子……

回家后，这两位家长按我的嘱咐，故意冷落小辉，吃完饭就回到自己的房间。小辉吃没吃饱、做不做作业、玩不玩游戏，一律不管。

几天后，小辉就忍不住了，主动找父母说话。又过了几天，他发现父亲抽烟和母亲爱看电视剧的习惯都改掉了，于是感觉到了压力。

与小辉接触，我发现他上网玩的是一种篮球比赛的游戏。事后与小辉沟通，我说："这种游戏我早就玩过了，现在已经淘汰了。"

小辉听我这么一说，表现得很失落。我趁热打铁，给小辉讲起了NBA、CBA等赛事及明星的趣事。小辉很感兴趣，之后主动要求母亲："能不能给我买一套运动服？我想去打篮球。"

从那以后，小辉的课余时间多数给了篮球场，电脑游戏越打越少，身体渐渐地变得强壮，学习也比以前自觉了……

我们都希望孩子能有所成就，也希望自己的一生有所作为。要想让孩子有所成就，不是我们改造孩子，而是家长从自身做起，为孩子做出1%的改变。

当我们开始改变时，孩子是能感受到的，短时间内孩子可能没有发生任何变化，但孩子心里可能会认为"家长又在想新招治我，看他能坚持多久"。我们在改变自己的过程中，不要太关注孩子的感受与行动，自己的坚持最为重要。只有我们发自内心地想改，并付诸行动了，孩子看到了我们真实的变化，此时他才会开始发生变化。

但这个时候，孩子只是尝试着去改变自己，我们家长还要不断地坚持，因为一个良好习惯的形成至少需要21天，甚至更长的时间。只有自己改变行为，进而养成习惯，对方才会改变行为，进而养成习惯。改变就像打开一扇门，"改"是过程，"变"是结果。改的部分需要我们自己敲门，首先要打开自己的心门。这在时间上是有先后顺序的。

随着门一点点地打开，我们先改门的角度，看到的风景就在变。我们开这个门的时候就是自己在改，看到门外的风景就是家人在变。但是这里面是有技巧的，那就是门轴在转。我们只要懂了开门原理，改变想当然的教育观念，改变对孩子固定的认知，改变与家人的沟通方式……慢慢地就会发现，通过我们主动且耐心的"改"，孩子也"变"了。

从"五子登科"做起，我做，孩子学

父母是孩子的榜样，孩子的样子就是家长的影子，要让孩子看到您的好样子，您就要以身作则，为孩子创造好环境。我们的日常行为往往会无意识地影响到孩子的习惯中。我们都希望孩子有所改变，有所进步，这就要我们自己先改变，认真对待自己的行为。

教育是做出来的，而不是说出来的。教育所讲的方法都是共性的，能够运用的办法却都是个性的。如何从共性走到个性？我们真正要做"行为作业"并活学活用。身教重于言传，改变孩子先改变自己。

多年来，我走访了三十多个城市，做过成千上万的实验，也总结出了一套"五子登科"游戏，上万个家庭都将其作为家庭的行为作业执行过，效果非常好。我们不妨从"五子登科"做起，改变自己从点滴生活小事做起，认真地对待自己的一言一行。把每一件小事做好，日积月累，便会有所长进，给孩子树立学习的榜样，行动的模范。

早上起来"叠被子"。

现在很多家庭已经不叠被子了，清晨起床立刻叠被子的好习惯对成人和孩子的一天情绪有很好的影响，可以起到稳定人的神经系统和满足心理安慰的作用。

入洗手间要"刷池子"。

通常我们入洗手间洗脸刷牙之后，都忘记了刷池子。大部分家庭的盥洗池都是脏脏的，到处都是水渍，洗手间就是我们的"家庭公共社区"。这也是我国公民素质差的一个重要原因，因为孩子从小缺乏家庭公共社区意识的有效教育。

公共场所能"静手机"。

我们要做社会文明的公民，不要制造"人为的环境污染"，在公共场所把手机调到静音，非特殊的情况不要打开声音。

看一个人有没有素养，这一点就可以证明。不管你是多大的领导、多大的老板，你的手机天天在会场等公共场所大声地响，那便是一点修养都没有。

杯碗下面要"放垫子"。

日常的餐饮生活应养成卫生、美观、有效并有人文修养的好习惯。杯子和饭碗下面放个垫子非常实用，也符合上述的好习惯：

第一是卫生，杯碗与桌面干净；第二是美观，桌上减少盖印现象；第三是有效，收拾杯碗时减少个人劳动量；第四是有人文修养，每个用餐人的举手之劳便会给后勤员工带来爱心，并减少了其大量的工作。

凳子用后要"复位子"。

在家中，或者办公室、餐馆等公共场所，养成凳子复位的好习惯，这是一种重要的民族素质。凳子复位可以体现环境的美观、道路的通畅、人文的关怀、个人的修养与民族的素质。

一个民族的素质与文明程度如何，在其家庭与社会的"就餐习惯""桌椅文化"上会得到充分的体现。

养成杯碗下面"放垫子"及凳子用后能"复位子"的好习惯，不仅对"桌子"和"环境"有保护和美化作用，同时能提高清洁的工作效率，也是对下个使用者和清洁工的一份爱心体现。

改变不是说出来的，而是做出来的。只要我们把这些日常小事做到位，孩子看到便会跟着学，此时我们再把做这些事的寓意告诉孩子，孩子养成了爱心习惯,就会每次用完家里或社会上的"桌椅板凳"后,把其都横平竖直地摆放好,这也算一种人文环保。人的真实改变都源于环境的影响,人在"身临其境"时最容易改变,但环境是在不断变化的,把好的改变坚持住是不容易的。

如果我们希望家人、孩子有变化,那就自己先改。只有我们学以致用,从自我改变开始,从微小的细节做起,日积月累,我们的孩子就会有所进步。

没有成熟的家长,何来懂事的孩子?为了孩子的未来,为了家庭的幸福,我们为什么不能改变自己呢?

杠杆原理：想让孩子听话，先听清孩子内心的合理需求

☀ 杠杆原理：

家长把支点靠近自己，从成人的角度出发，观察教育孩子，就会出现杠杆原理中家长跟着孩子走的被动状态。要想把家长的状态从被动变成主动，家长就要把支点靠近孩子，了解孩子的合理需求，这样孩子才会跟我们走，此时，家长便处于"主动状态"中了。那支点代表什么呢？支点代表着利益和情感。如果只考虑情感，并不足以让孩子听你的。

目前，"孩子不听话"是家长公认的难题。其中，多数家长认为，孩子越大越不听话。部分家长找我咨询问题时，亲子关系已经接近崩溃的边缘。一些家长为了不把亲子关系弄僵，放弃了自己的原则，孩子想干什么就让他干什么，完全处于被孩子牵着鼻子走的状态。

之所以会出现这种状况，主要是因为我们的教育理念和教育方法出了问题。一些人混淆孩子的年龄，在不同阶段采取同一种方法来教育孩子。

我曾提出"三个十年"的教育理念：第一个十年，是孩子从出生到10岁，孩子的生活需要家长全程监护，孩子也需要家长的呵护，此时的孩子对家长多是无条件服从；第二个十年，从11岁到20岁，孩子具备一定的

独立性、自主性，家长与孩子的关系若即若离，教育此时的孩子如同放风筝，要适当地给孩子一定限度的活动自由；第三个十年，就是20岁到30岁，家长应该完全放手，让孩子自己选择、成长。

很多家长在"第二个十年"阶段仍采用"第一个十年"的管理方法来教育孩子，亲子关系自然会出现问题。

当孩子想玩沙子的时候，家长提醒"不能玩，把手弄脏了"；当孩子想与同伴做游戏时，家长提醒"不能玩，该去学习了"；当孩子正在认真地做作业时，家长提醒"做错了，应该用这个公式"……常常利用自己的权威对孩子进行管教，从而控制孩子的行为，让孩子去做家长认为"好的、对的"事情。

越了解孩子的需求，越能调动起孩子的主动性

阿基米德曾说："给我一个支点，我将会撬起整个地球。"在教育孩子的过程中，同样存在杠杆原理，我们找准支点，一样可以撬动孩子，让孩子跟我们走。

用杠杆原理来分析亲子关系，一般有三种状态：交流状态、被动状态和主动状态，见下图。

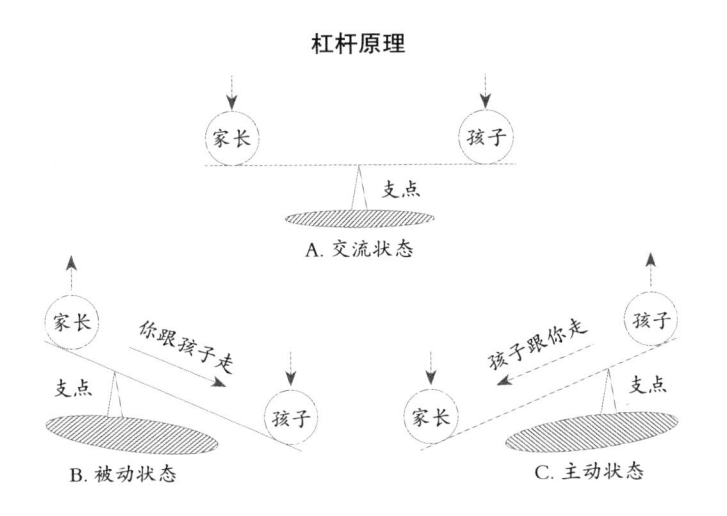

杠杆原理

A. 交流状态

B. 被动状态

C. 主动状态

在交流状态下，家长和孩子是平等的，双方通过交流和互动，互相理解，互相支持，利益诉求是同一个方向。在被动状态下，通常是家长被孩子牵着鼻子走，完全处于被动地位，因为家长只站在成人的角度去考虑问题，支点太靠近自己，比如，现在很多孩子做作业时，遇到问题就问家长，家长就赶紧来帮忙，久而久之，孩子做作业就形成了依赖家长的坏习惯。要想让孩子跟我们走，就要了解孩子的合理需求。移动支点，撬动孩子，这样孩子自然会跟我们走，此时，家长便处于"主动状态"中了。

有一次，一位家长来咨询我。她的孩子刚上一年级，放学回来做作业，问她这个题怎么做，那个题怎么做。她说："齐教授，一年级的题很简单，我想帮孩子一次，但想了想，我有点发愁。如果我帮他，他要成瘾了、成习惯了，那可就麻烦了。现在家长帮孩子做作业的不在少数。我文化水平低，他爸的工作又忙，没时间陪他做作业。"

我听后跟她详细地解释："要想让孩子独立完成作业，让孩子跟你走，就要理解杠杆原理。你不妨给孩子'撤拐棍'，把支点靠近孩子，不要因为怕孩子做错题就帮他，要把握孩子利益的平衡点，以及孩子情感上的心理状态……"

要想让孩子独立完成作业，撬动孩子的主动性，首先，家长要准确地了解孩子的内心世界和情感需求，这是一个关键的突破口。

美国心理学大师马斯洛根据他长期的实验和观察，把人的需求从基本需求到高级需求划分为五个层次，分别是：生理需求、安全需求、社交需求、尊重需求、自我实现需求。作为家长，要仔细地分析自己的孩子在情感需求方面哪一点最强烈，然后"对症下药"，获取他从"内心"的支持，这必然会收到良好的效果。

小学年龄阶段的孩子更关注别人的尊重和信赖，希望通过家长的帮助，能够获得老师和同学的尊重。家长可以给孩子分析做作业的目的是巩固已学知识，提高自己的能力，而通过家长帮忙完成的作业的情况，反映的不是自己真实的学习情况。然后，家长再提出自己的要求，一般都会事半功倍。

家长要先编剧本后演戏，帮助孩子"撤拐棍"。家长可根据自己孩子的真实情况，设定好剧本再演戏，给孩子设计"圈套"，让孩子往里"跳"。

> 后来这位家长就想了一招，告诉儿子题怎么做。
> 她把孩子要做的题全给做错。做完后孩子特别高兴。可第二天孩子哭着回来了，说："妈妈你怎么那么笨？我们班就我一个人得零分。"
> 她说："怎么会呢？做得都对呀！"
> 孩子说："都不对，得了零分，以后我不听你的了，我要自己做作业。"
> 孩子经受一次羞辱后，自发产生了学习的动力，这正是这位家长所要达到的目的。

让孩子跟你走的方法就是要移动支点，多关注孩子的诉求。

那支点代表什么呢？支点代表着利益和情感。尽管是自家孩子，也要考虑利益平衡点的问题，这是人性的本质。如果只考虑情感，并不足以让孩子听你的。

现在这个孩子上三年级，成绩在班里一直是前几名，做作业都是自己独立完成的。这样把支点靠近孩子，解决了孩子做作业的问题，也是一次管一生的教育。

"为孩子好"的教育一定适合孩子吗？

俗话说，"先人后己，吃亏是福""让利受益，争利受损"，这其中也包含着教育孩子的杠杆原理。虽然家长与孩子之间谈不上什么吃亏和利益的问题，但道理是相通的，那就是我们要考虑孩子的感受，理解与尊重孩子，满足孩子合理的愿望，从而引导孩子成长。

常常有一些家长找我咨询孩子的教育问题，说他们实在不了解孩子，又担心孩子出事，于是常常偷看孩子的手机、信息或孩子的日记，有的甚至跟踪孩子。作为孩子的父亲，我十分理解家长的良苦用心，懂得家长心中的恐慌。但家长这样的爱，孩子领不领情、接受不接受呢？

实际上，孩子是充满智慧的，家长与孩子斗智斗勇，未必能取胜。我在学校做过调研，孩子们给我讲了很多对付家长的窍门。有一个学生说："我知道我妈妈偷看我的日记，只好选择'声东击西'的方式写两本日记：一本日记专门写学习方面的内容，放在妈妈容易发现的地方；另一本写自己的心里话，把它藏起来。"还有的学生说："我把日记都存在电脑里，设置密码并且隐藏起来，父母根本找不到……"

家长把支点靠近自己，从成人的角度出发，观察教育孩子，就会出现杠杆原理中家长跟着孩子走的被动状态。要想把家长的状态从被动变成主动，家长就要把支点靠近孩子，只有尊重和信任孩子，才能获得孩子的尊重和信任。

2011年，我辅导过的一个家庭让我印象深刻。这对夫妻都是高级干部，家里条件特别好，住别墅，有司机，有保姆。孩子在一所国际学校上初中。因为孩子学习不好，在学校老闯祸，他们托人找到我，希望通过我来拯救他们的孩子。

跟这夫妻俩在一个咖啡馆见面后，我了解了这个孩子的状况。其实，当时我在经贸大学做副院长，就经常接触到这样的孩子。虽然家长都不同，但孩子的表现非常相似：基本都是学习差，不喜欢上学，也不好好学习，在学校里不是捣乱，就是惹事。

这个家庭中的主要矛盾是孩子在不在国际学校上学。孩子小学是在公立学校上的，他不喜欢国际学校的环境氛围。但父母站在自己的立场考虑，希望给孩子最好的教育，认为孩子在国际学校上学，毕业后可以直接去国外发展。

作为家长，都想给自己孩子最好的教育。有的家长为孩子选择名牌学校，认为"好学校"就是"好教育"；有的家长为孩子报很多补习班，认为"高投资"就是"好教育"……其实这些都不能称为最好的教育。那么什么才是最好的教育呢？

适合您孩子的教育才是最好的教育。

对于一个一直在接受中国教育的环境下成长的孩子，父母在未征求他的意见的情况下，突然给他变换环境，这便是亲子关系出现问题的核心。父母针对孩子的表现分析原因时说，孩子一方面不想住校，另一方面是英语基础差，根本跟不上。

通过沟通，我给他们现场画了杠杆原理图，并告诉他们，孩子的愿望只要合理，就应该先满足孩子的要求。若让孩子天天去做自己不喜欢的事情，以后孩子会变成什么样子，咱们都不敢想象。如果先满足孩子的这个要求，那么孩子开心地去做事，比什么都好，这样亲子关系也会变好。如果经你们调查，国际学校真不适合孩子，他不愿意在那里上学，就别强迫他去。在不适合孩子的环境中学习，对他来说就是一种煎熬、痛苦。在这种状态下，他怎么可能学习好，不闯祸呢？

我的建议很明确：如果先满足了孩子的合理要求，尊重孩子的需求，就等于把支点移动到了孩子那一边。我们移动了支点，满足了孩子的合理愿望，孩子接下来自然会听我们的教导。孩子不住校，家长跟孩子见面的机会多了，就能给他更多的关照和帮助，他会收获更多的爱与情感。在这样良好的环境中成长，孩子肯定会变优秀。

后来夫妻俩听了我的建议，把孩子从国际学校转回了公立学校，正好那个班级又有孩子之前的同学，孩子的意愿得到了满足，学习状态、精神状态很快就恢复到之前的样子，一切都归于平静。

这个案例是比较典型的，尽管孩子住校，没和家长在一起住，但家长还是很用心的。他们及时了解到孩子的困境,知道孩子为什么要闹腾。很明显,他们既想让孩子听话,又想让孩子上国际学校,这显然是家长强求孩子上国际学校所导致的矛盾。先让孩子在公立学校完成义务教育,等上了高中,孩子的自立能力强了再上国际学校也没问题。我只是帮他们确认了让孩子转校的正确性,最终拿主意的还是他们。

家长一定不要拿钱换陪孩子的时间

现实生活中,并不是每个家长都足够了解孩子。一般都是母亲忙忙碌碌地照顾孩子的生活,父亲忙于工作,没时间搭理孩子。等孩子出问题了,家长就手忙脚乱地跟孩子"死磕"。其实,我们了解了教育的杠杆原理后,就会发现跟孩子相处并没有那么复杂。用杠杆原理教育孩子,照样能引导孩子健康出色地成长,关键是我们要足够地了解孩子的合理需求。

在济南给妇联的干部做培训时,前来旁听的一位家长通过熟人找到我,希望我能帮助她。这位家长介绍了她家的情况,孩子正上初二,学习成绩很差,家长担心孩子考不上高中。

经过沟通我了解到,这位妈妈是公务员,爸爸在做生意。他们原来没时间管孩子,就把孩子交给爷爷奶奶照顾。直到初一,他们才把孩子接回来自己照顾。由于孩子由爷爷奶奶带大,跟他们有些生疏。他们想跟孩子亲近,想弥补对孩子爱的缺失,于是拼命地给孩子买东西,但似乎买再多东西,孩子也高兴不起来,情绪反而更糟糕,学习成绩也一直下降。

前一阵,他们发现孩子爱看书,就买了很多图书。可他们等孩子不在时,到其房间一看,发现他们买的图书孩子根本没看,有些图书的塑料封皮都没撕开。他们心里感觉很委屈,但又不好意思当面质问孩子。

后来,他们通过孩子的同学才打听到,孩子喜欢的书并不是他们

第二章 如何让孩子更听话，也更爱你？

买的这些。他们就注意观察了，原来孩子看的书都是从班上的同学那里借的。因为班上流行什么书，孩子就看什么书，而他们也不知道班上下一阶段流行什么书，所以只好不再买书了。

这位家长听了我讲的杠杆原理后，还是不明白怎么用。我就帮她分析，要用杠杆原理引导孩子，最关键的是要知道孩子对什么感兴趣，孩子有什么合理需求，千万不能按我们成人的思维去想当然地教育孩子。如果孩子的需求没搞明白，那就只能被孩子牵着鼻子走。

这个家庭出现问题的关键是家长跟孩子的感情不深，不懂得孩子的合理需求，用自己想当然的方法教育孩子，出现"孩子不好做，家长不好当"的局面。对孩子来说，他是受害者，其实，家长也是受害者。

而要想让家庭和睦、幸福，孩子快乐成长，最好的方法就是满足孩子真正的合理需求。但因为与孩子感情不深，所以跟孩子沟通时就会有距离感，了解孩子的真正需求就会有难度。再加上孩子正处在青春期的叛逆阶段，双方沟通不到位，就容易出现冲突。这位家长就是因为这个才焦虑的。

针对这种情况，我建议他们工作之余多陪陪孩子，多花些时间、精力在孩子身上，而不是用物质来代替爱。平时再多观察孩子的喜好，满足孩子对感情和生活的真正需求，一定会好起来的。

后来，这位妈妈还专程来北京找过我，说按我的建议，他们夫妻在时间上为孩子付出了很多，找到了与孩子平等相处的关键点。有一次孩子对这位妈妈说："小时候，爷爷、奶奶经常说，你爸妈不要你了，你再不听话，我们也不管你了……"原来孩子抵触、反抗父母，是认为父母不要他了，更谈不上爱了。

其实，孩子需要家长用更多的时间去陪伴，以及家长的言传身教。家长一定不要再拿钱来交换陪孩子的时间，以获得些许心理安慰，也不要忽视自己的德行在家教中对孩子的影响！后来这个家庭的亲子关系达到了前所未有的和谐状态,现在,孩子的学习成绩稳步提高,最后还以高分考上了本地的重点高中。

阿基米德曾说:"给我一个支点,我将会撬起整个地球。"同样的道理,弄清楚孩子真正的合理需求,再满足孩子,就相当于移动了支点;移动了支点,就等于撬动了孩子,孩子自然会跟我们走。

正态分布原理：鼓励比表扬高妙，评价比批评有效

❋ 正态分布原理：

少表扬，多鼓励；少批评，多评价。

表扬是讲结果：如孩子很棒，孩子很优秀，孩子很聪明，等等。鼓励是讲过程：如做事的状态很好，做事很努力，做事很用功，等等。评价是讲观点：如孩子犯错，不是故意的，是家长没有提醒，等等。批评是讲感觉：如孩子不听话，孩子不好好学习，孩子真笨，等等。

少表扬，多鼓励

我们天天都在说话。什么叫表扬，什么叫鼓励？

我们做过很多实验，开完家长会后，我们把摄像机对着大门口进行拍摄，家长陆续地往外走，把家长、班主任、学校其他老师都录进去，再做概率统计。经常看到有些家长眉飞色舞、悠闲自得地走过来，这些家长回家后，大多会表扬孩子：

孩子，你太聪明了。

你真是个天才。

和×××比起来，简直一个天上、一个地上。

别骄傲，还不是第一名呢！

……………

当我们表扬孩子聪明、真棒时，等于是在告诉他们，为了保持聪明、真棒，不要冒可能犯错的险。受到表扬的孩子在遇到其他困难的事情时，便会为了保持看起来聪明，而躲避出丑的风险。

孩子接受的表扬越多，就越会关注结果；当孩子执着于结果时，结果就会变成他的欲望；当孩子为结果担心时，他就会变得焦虑或恐惧。

此时此刻，家长要知道，孩子需要我们多鼓励，但不需太多的表扬。表扬是讲结果，鼓励是讲过程，这两种行为及其结果完全不一样。我经常给家长讲美国斯坦福大学心理学家卡罗尔·德韦克和她的团队对受到表扬和受到鼓励孩子所做的实验。

他们对纽约20所学校400名五年级学生做了长期的研究。实验中，他们让孩子们独立完成一系列智力拼图任务。

首先，研究人员每次从教室里只叫出一个孩子，进行第一轮简单的智力拼图智商测试。几乎所有孩子都能相当出色地完成任务。每个孩子完成测试后，研究人员会把分数告诉他，并说鼓励或表扬的话。

研究人员随机地把孩子们分成两组：一组孩子得到的是关于智商的夸奖，即表扬，比如："你在拼图方面很有天分，你很聪明。"另外一组孩子得到的是关于努力的夸奖，即鼓励，比如："你刚才一定非常努力，所以表现得很出色。"

随后，孩子们参加第二轮拼图测试，有两种不同难度的测试：一种较难，但会在测试过程中学到新知识；另一种是和第一轮类似的简单测试。孩子们可以自由地选择参加哪一种测试。结果发现，在第一轮中受到鼓励的孩子，有90%选择了难度较大的任务。而大部分被表扬聪明的孩子，选择了简单的任务。

接着，又进行了第三轮测试。所有孩子参加同一种测试，没有选择。这次测试很难，是初一水平的考题。孩子们都失败了。在测试中，被鼓励的孩子非常投入，并努力地用各种方法来解决难题，他们认为失败是因为他们不够努力。其中有好几个孩子说："这是我最喜欢的测验。"而被表扬聪明的孩子，在测试中一直很紧张，抓耳挠腮，做不出题就觉得沮丧。他们认为，失败是因为他们不够聪明。

最后，在第四轮测试中，题目和第一轮一样简单。被鼓励的孩子，在这次测试中的分数比第一次提高了30%左右。而被表扬的孩子，这次的得分和第一次的相比，退步了大约20%。

在后面对孩子们的追踪访谈中，德韦克发现，那些认为天赋是成功关键的孩子，不自觉地看轻努力的重要性。这些孩子会这样推理：我很聪明，所以，我不用那么用功。他们甚至认为，努力很愚蠢，等于向大家承认自己不够聪明。

西方心理学家的实验再次说明，我们教育孩子要少表扬，多鼓励。

当我们开完家长会，得知孩子近期成绩一直很好，回家见到孩子时，我们常常脱口而出："宝贝，你真棒！"有时孩子会不接受表扬，认为家长太虚伪。因为我们表扬注重的是结果，只把注意力放在孩子的天分上，对孩子的天分加以肯定，起到心理强化的效果。但当孩子的成绩下降时，孩子会感到自己不如人，从而失去努力向上冲的动力。

过多地表扬、夸奖孩子聪明，就等于告诉孩子，成功不在自己的掌握之中。这样，当孩子面对失败时，他就会变得很脆弱，往往束手无策。久而久之，其终身发展也会受到影响。不管孩子生活在什么样的家庭背景下，都受不了被表扬后遭受挫折的失败感。

鼓励孩子，孩子比较容易理解，并且知道今后应该怎么做，以及如何努力。因此，家长要学会有训练、有素养地多鼓励孩子，少表扬孩子。

少批评，多评价

当然，开完家长会后，我们也拍摄到很多家长闷闷不乐，走路很急，攥着双拳。这些家长回家后，大多会批评、训骂，甚至打孩子。我们回访过很多孩子，他们这样描述家长：

每次开完家长会，我妈就罚我站。

开完家长会，我妈经常骂我："你怎么这么不争气！"

你们比我好多了，开完家长会，就是我的受难日，我爸没有一次不打我的。

…………

这就是家长的行为写真。孩子的学习情况都写在每位家长的脸上。这样，开家长会的日子变成老师的告状日、家长的上火日、孩子的受难日。这些批评仅是家长的感觉，并不是开家长会的目的。我们有没有考虑过孩子的感受呢？我们真的关心孩子、了解孩子吗？

开家长会前，家长应该写下"孩子的优点"和"最近你所认为的孩子出现的问题"，准备好笔和本，与老师沟通时，认真地做记录，并"翻译"老师的评价。比如，老师说："你的孩子不按时到校，不做作业，上课笔记乱……"家长应翻译："噢，老师，你是不是说我孩子应该准时到校，按时完成家庭作业，保证笔记本整齐……"

孩子成绩不好时，往往会"难过、痛苦、不安、自责、焦虑，甚至感到耻辱"。这是每个有自尊、想上进的孩子的心态。不只是在成绩下降时，孩子在其他事情上犯了错误也都会有这样的心态。作为家长，我们应该做的是，保护孩子这样的心态，做到"少批评，多评价"，然而很多家长不但不这样做，还见不得孩子犯错，只要孩子一犯错，就是一顿批评！

孩子不与人打招呼，"怎么这么没礼貌？连个叔叔都不会叫呀！"

孩子忘带作业了,"总是丢三落四,不知道带作业呀!"
孩子做错题了,"这么简单都不会,你笨不笨呀?"
孩子做错事了,"你怎么什么都不会做?我像你这么大时都能上街打酱油了。"
……

孩子早被数落得垂头丧气、信心全无。当孩子承受不了开始辩解时,又会衍生出很多的牢骚。

"你还敢顶嘴,看我怎么收拾你!"
"我说你还不听,反了你了,看我怎么教训你!"
……

不管孩子如何表现,都会受到家长更为严厉的批评。久而久之,孩子就会不再难过、自责,会产生"家长打了、骂了,我就不欠了"的心理。

孩子知错不改,问题越来越严重,根源多是家长过多的批评。当孩子犯错时,我们的所作所为是为了教育孩子,而不是为了批评孩子。

开完家长会家长最该做的几件事

开完家长会后,我们知道孩子成绩很糟糕,但千万不要无目的地批评孩子,对孩子发脾气,进行情绪宣泄。在这个时候,我们最应该给孩子提供的就是帮助,最好的方法就是"少批评,多评价"。

首先,要控制自己的情绪,如果自己有情绪,就不要处理孩子的问题。现在有很多家长认为孩子不好教育,其中一个重要的原因就是家长的情绪不对。很多成年人不太会说话,从老师到家长,所说的话,都传递了很多负能量。有研究表明,一次沟通中,有70%是情绪、30%是内容。如果沟通情绪不对,那么内容就会被扭曲。

其次，分析孩子考试成绩下滑的原因。其实孩子的学习成绩好不好，取决于三个因素，即爱不爱学习、会不会学习和能不能学习。爱不爱学习是态度问题，它包括学习动机、学习兴趣、学习目标等；会不会学习是行为问题，它包括学习方法、学习技巧、学习习惯等；能不能学习是能力问题，它包括学习的注意力、记忆力和自制力等。综合以上因素分析孩子究竟哪一项出了问题。另外，我们要注意观察孩子近期的身体状况，不要为了追求好成绩而不顾孩子的身体。

然后，客观评价这件事，告诉孩子你现在的真实心情。一定要注意，只描述孩子的行为，说出行为的结果，表达自己的感受。

例如，孩子考试成绩不好，家长要从内心认可孩子下次肯定行，只有家长有信心，孩子才会有信心。对孩子的近期行为进行具体描述和肯定，"你这次没考好，爸妈知道你最近身体不好，耽误学习了，爸妈能理解你""你没考好，爸妈虽然心情不好，但知道你每天都已经很努力地学习了"，或者"这次题比较难，你其实进步了"。

接着，鼓励孩子，并提出建议，一起讨论，最终找出解决问题的方法。

不管孩子做的事情是好是坏，说出孩子做得好的地方，再告诉孩子下一步努力的方向和方法。告诉孩子："孩子，老师说你有很多优点……也提出你最近的问题……爸妈认为……你觉得可以吗？"或者"这次没考好，没关系，谁也不能保证次次都考好，我们努力改正提高，这才是最应该做的，爸妈相信你下次成绩不会再像这样；我们一起看看试卷，是在哪些知识点上丢的分……"或者给孩子一个拥抱："下次我们继续努力，爸妈永远在背后支持你！"

最后，与孩子充分沟通后，讨论具体的建议，帮助孩子制定目标。并运用三事原则（详见第六章的《三事原则：约定、提醒、总结，孩子自己守规矩》），互相监督，提醒和约束孩子，适当进行奖罚，他下次肯定会有所提高。

这样正确地评价孩子，让孩子认识到自己的优缺点，最重要的是通过正确的评价，让孩子明白：错误也是学习新知识的良机，学习、做事都是这样，即使这次失败了，也可以从中学到很多东西。

鼓励比表扬高妙，评价比批评有效

当孩子做好一件事时，我们经常说："宝贝，你真棒，你真聪明！"这句话似乎已成为我们家长的流行语。

虽然这句话一度引领无数中国家庭从教育的"功利心态"走向了和谐、幸福，但是，什么叫真棒？在哪儿真棒？是在学校真棒，是在全省真棒，还是在中国真棒？我们没有说清楚，这就是误导孩子。

我们这样一说，容易让孩子没有坐标，沾沾自喜。在成长中再遇到一些问题时，就很容易骄傲，就会贻误良机。

> 我的一个朋友老朱，谈到自己的父母时，这样说："我小的时候，学习算比较好的，但是我怎么努力都得不到表扬、鼓励，不管是得满分还是拿奖状，爸爸一辈子给我最大的鼓励就两个字'还行'，所以我就不断地努力……"

我们有很多家长教育孩子，要么把孩子捧到天上，要么把孩子打入"地狱"，天天这样折磨孩子。为什么家长教育孩子就不能像正常人一样踏踏实实地站在地球上呢？

孩子需要的是实实在在的鼓励、评价，而不是不切实际的表扬、批评。表扬是讲结果，批评是讲感觉，鼓励是讲过程，评价是讲观点。我们夸奖和批评孩子时要注重事情的过程和对事情的观点，还要讲究一个度，这个度就是"就事论事"，客观地对孩子进行评价，而不是一味地指责。

"孩子，你这段时间一直很努力，这次考试成绩排进前五名了。你努力做到了，进步很大，我非常开心。""昨天错了三题，今天只错了一题。"……如果我们用事实且有针对性地进行鼓励、评价，把孩子近期的表现及自己所观察到的行为表达出来，孩子就会乐意接受，心想：我的努力得到了父母的肯定，证明我是个有用、有能力做事的好孩子！

我们鼓励、评价孩子努力、用功，会给孩子一个可以自己掌控的感觉。告诉孩子还有很大的提升空间，可以更进一步，从而培养孩子的进取精神。孩子也会认为，成功与否掌握在他们自己手中。没有什么能够比这种信息更能激励孩子的自信心和主动性了。

其实在孩子眼中，这种实实在在的鼓励、评价会让他感受到诚意，而能用于任何情形的"真聪明""真棒""真傻""真笨"，对他来说可能一文不值。

我们要给孩子一个印象，就是无论失败还是成功，都不会影响家长对他的关注和爱护。多用评价和鼓励的方式对待孩子，才是有效的激励和惩戒措施；而多用批评和表扬的方式对待孩子，是无效，甚至负效的教育方式。

孩子最需要的是鼓励和评价，而不是表扬和批评。这样一来，可能很多人会反问：那我们是不是不能表扬或批评孩子了呢？

当孩子总在同一件事情上犯错时，我们首次可以理解，第二次可以谅解，但第三次就需要适当地批评了。

我所说的"少表扬，多鼓励；少批评，多评价"并不是不让家长表扬或批评孩子，而是强调要少表扬、少批评。这个表扬与批评的使用要有"次数限制"，我们家长一定要慎用。很多家长在孩子的幼儿园时期就用完了，孩子具备了"抵抗力"，往后就会没有"药效"。

我们在教育孩子时，一年中对孩子不要表扬或批评太多次，但要经常鼓励和评价孩子。我们要学会有训练、有素养地多鼓励与评价孩子，一定要把注意力放在孩子要做的事情上，多表达我们的观点，多重视事情的经过，少发泄情绪，少表扬结果。

我曾经在一次讲座中，遇到一位家长，他非常困惑地说："我希望孩子多才多艺，并且尽力激发她的兴趣。孩子爱唱歌、跳舞，我都表扬她'真聪明！''真棒！'；如果她取得了好成绩，我会加倍地夸奖

第二章 如何让孩子更听话，也更爱你？

她。结果孩子现在有个'毛病'，凡事都要争第一，如果不能得第一，就怎么劝说都不干……"

这位家长的"夸奖"教育，并未起到有效的作用，究其原因是家长不懂得正态分布原理，未掌握对待孩子的四种方法。

标准的正态分布是什么样的呢？就是像小山一样的形状，中间高，两边低。在家庭教育中，我们对孩子都会使用到表扬、鼓励、评价、批评，但也要使其所占比例符合正态分布，如图所示：少表扬，多鼓励；少批评，多评价。这就是正态分布原理。

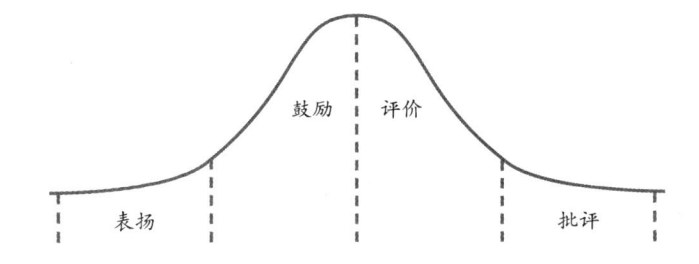

表扬是讲结果：如孩子很棒，孩子很优秀，孩子很聪明，等等。
鼓励是讲过程：如做事的状态很好，做事很努力，做事很用功，等等。
评价是讲观点：如孩子犯错，不是故意的，是家长没有提醒，等等。
批评是讲感觉：如孩子不听话，孩子不好好学习，孩子真笨，等等。

懂得正态分布原理对待孩子的家长，一年中对孩子的表扬或批评不会太多，但会经常鼓励和评价孩子。这样才能有效地教养出更有勇气，有自信，做事更加积极主动的孩子！

弹道原理：想要孩子进步快，找对方向很重要

☀ 弹道原理：

家长素养的高低决定着炮手能力的大小，炮手的能力越大，孩子就越有成就；反之，孩子的成就就越小，甚至没有成就。

家庭教育中的原点错误

美国第16任总统亚伯拉罕·林肯曾表示，如果他算有所成就的话，全因为他有一个伟大的母亲。与林肯相比，我们孩子的第一声啼哭多半不会逊色，智商、情商也不低，相貌体态或略有胜算，生活环境也多有优越，但数十年后，成就能否直追林肯呢？

目前，很多成年人在各方面的表现并不成熟，一些家长的不良行为给孩子做了坏榜样，这是家庭教育中真正的原点错误。

我常在课堂上播放这样一段视频：一对父母在用餐时训斥孩子不要在吃饭时玩手机，但刚训斥完，视频中爸爸和妈妈的手机前后响起，他们都以要谈工作为由接听了电话。所谓工作，其实全是闲事。

第二章 如何让孩子更听话，也更爱你？

显然，这对父母在孩子面前的表现不佳，他们不但撒了谎，而且让孩子觉得他们的训斥根本毫无意义。

家长素养决定孩子的生活态度、家庭观念、价值取向、行为修养、生活动力、幸福指数与事业成就等。家庭教育的成功与否取决于家长是否能对孩子施以正面的示范影响，在孩子意识与行为上树立好的榜样，这直接关系到孩子能否健康地成长及其一生的命运。成功的家庭教育是一项不可逆转、无法估价的社会实践，也是家长送给孩子一生不变的、受用不尽的真正财富。一个孩子是否有成就取决于家长素养的高低。

差点当了美国总统的美国前国务卿、前第一夫人希拉里·克林顿，是位传奇且颇具影响力的人物，她小时候却是个胆小鬼。

4岁时，希拉里全家搬到芝加哥。起初，邻里的孩子们不接纳她，与大家玩不到一起的她总是灰溜溜地回家，有一天，她妈妈终于忍不住问："为什么不出去玩，你讨厌玩吗？"

希拉里说："不是，我也想和小朋友一起玩，但他们只会嘲笑我。"

妈妈问："怎么嘲笑你的？"

希拉里说："他们说我讲的话和他们不一样，我也不知道他们的名字，还说我是一个怪小孩。"

妈妈说："嘲笑不会让你有什么损失。如果小伙伴们嘲笑你，你也可以嘲笑他们。跟小伙伴们说，不要相互嘲笑了，一起开心地玩吧。"

听妈妈这么说，希拉里就又出去了，并尝试和小朋友们说了几句话，然后，他们就玩到了一起，但有些时候希拉里还是会哭着跑回家。

妈妈问："不是玩得好好的吗，怎么哭了？难道你是一个爱哭的孩子？"

希拉里说："才不是呢，有一个小朋友总欺负我，对我拳打脚踢，所以我才哭的。"

妈妈问："为什么呢？"

希拉里说:"这附近的女孩都得听他的话,可是我不想那样。"

妈妈说:"那你就跟他说'不'。如果他打你,你也可以去打他。只要别人先打你,你都可以打回去。"

后来有一天,希拉里又一次哭着跑回家时,妈妈狠心地将她堵在门口:"我的女儿不能就这样回家,你要用你的方法去融入他们,今天不玩到一起就别回家吃饭!"

被逼无奈的希拉里用尽浑身解数征服了那些调皮的小孩,并真的跟那群孩子玩到了一块,还玩得很开心,都不想回来吃饭了。

希拉里的领导能力就是这样在母亲指导下一点点地培养起来的,她的母亲就是她的人生教练,将胆小的她培养成了政界的精英。孩子好不好,家长是关键,只有家长做对了,孩子才会变优秀。

教育≠只是学习

学习不是教育的全部。目前,很多家长把培养孩子的方向仅定位在学习上,把学习看作知识的灌输,只是一味地追求分数、知识。教育的核心是人,而不是知识,更不是分数。作为家长,我们不该只关注孩子的学习成绩的提高,而是要追求孩子各方面能力的均衡发展,培养孩子学思结合、学习与实践相结合的素养。这就是教育最根本的概念。

剧作家萧伯纳曾说"我们所希望看到的是孩童在追求知识,而非知识压迫孩童",当今的教育偏离了教育的轨道,多数人对孩子的培养普遍存在重"智"轻"德"的误区。我们重视孩子的智力开发,这无可厚非,但问题是不要过分地偏废在这一点上,而不注重德行的教育。这样做是培养不出优秀的孩子的。

美国第43任总统乔治·沃克·布什(习称"小布什"),他在母校耶鲁大学演讲时曾说:"今天是诸位学友毕业的日子,在这里我首先恭喜家长，恭喜你们的子女修完学业，顺利毕业，这是你们辛勤栽培后享受收获的日子，也是你们钱包解放的大好日子！最重要的是，我要恭喜耶鲁的毕业生，对于那些表现杰出的同学，我要说，你真棒！对于那些丙等生，我要说，你们将来也可以当美国总统！

"耶鲁学位价值不菲。我时常这么提醒切尼（理查德·布鲁斯·切尼，美国第46任副总统），他在早年也短暂就读于此。我想提醒正就读于耶鲁的莘莘学子，如果你们从耶鲁顺利毕业，你们也许可以当上总统；如果你们中途辍学，那么你们只能当副总统了。

"……读书期间，我坚持'用功读书，努力玩乐'的思想，虽然不是很出色地完成了学业，但结交了许多让我终身受益的朋友。也许有的同学会认为，大学只是人生受教育的重要部分，殊不知，'大学生活'这四个字的内涵十分深厚，它既包含丰富的学科知识和学术氛围，也蕴含着许多支撑人生成败的观念，还有那丰富多彩的生活，以及许多值得结交的朋友……"

家长要遵循孩子的天性来培养孩子，不要从小就只盯着孩子的"知识学习"，其实，生活与玩耍才是孩子学习中的首要任务。我们应先让孩子学会"生活学习"，让孩子及早具备"自己玩好，与人处好"的能力。有远见的家长不会计较孩子偶尔的成败，而是鼓励他善待生活，去发展自己的兴趣。这样孩子将成为一个坚持不懈，努力奋斗，向着理想目标前进的人。

当今社会有很多杰出的企业家，包括能为社会做很多贡献的人才，大多数人上学时并不是尖子生，但是在德、智、体等方面全面发展。仔细想一想，我们逼迫孩子往一座独木桥上走，向一个模式上发展是不对的，这说明我们成年人不成熟。如果我们真正地理解弹道原理，不去逼孩子学习，聪慧和高尚兼顾，帮孩子找对方向，那孩子的进步就会非常快。

每个合格公民都是从一个具体的家庭中走出来的，今天我们给孩子什么样的教育，明天我们的家庭、社会与民族就将收获什么样的未来。

要想让孩子有所成就，我们不但需要给孩子提供一个良好的炮体，而且需要把握好炮弹的方向、距离、角度。作为炮手，我们是孩子的领路人，我们不仅仅是给孩子动力、知识，最为重要的是给孩子正确的指导方向、角度。

聪慧≠高尚

在家庭生活中，家庭教育的效果往往并不取决于家长学历高低、知识多少及家庭条件好坏，而更多的是看家长对孩子教育的重视程度及自身做人的原则、教育的常识与个人行为修养。家长是家庭教育的主导施教者，这种主导作用不应停留在主观认知与讲道理上，而应该更多地体现在相互尊重、彼此了解与榜样的力量上。

第二次世界大战结束后，曾有一位美国的中学校长发表了致美国教师的一封公开信。信中写道："我是集中营的幸存者。

"我看到过别人大概不曾看到过的事情：

"训练有素的工程师建造的毒气室；受过教育的职业医师毒死的儿童；经过培训的女护士杀害的婴儿；学院和大学的毕业生枪决和烧死的妇女和娃娃。

"所以，我对教育信不过。

"我的请求如下：帮助你们的学生学习做人。千万不要以你们的心血造就一帮受过教育的妖怪、训练有素的精神失常者……"

我们的社会需要更多良好的公民，而非超常的不正常的人。教育是一门科学，是一门艺术，教育的第一件事是教孩子做人，而非让孩子成为聪明的野兽。德国著名教育学家福禄培尔曾说："国民的命运，与其说是操在掌权者手中，倒不如说是握在母亲的手中。"

聪慧而不道德的孩子往往会更危害社会，最终也将成为社会的弃儿，父母、家庭、民族将为此蒙羞。现在许多孩子很聪明能干，但今后也许成为逆子或罪犯，这是家之不幸、国之耻辱。我们每一位家长都是炮手，一定要明白"聪慧并不等于高尚"的教育原理。

教育有两个伟大目的，它不仅要使人聪慧，更要使人高尚。人和人的日常生活没有太大差异，但如何对待每天所发生的事，是会有不同结果的。教育也是如此，家长对待孩子的方式不同，教育的结果也会不同。先有合格的家长，才会有合格的孩子。

孩子间的差异是家长为孩子人生跑道所设的目标不同导致的。一个人一生只做一件事，坚持一个方向，这是极其简单的事情。教育就是这样极其简单的事情：只要朝正确的方向坚持去做，那么一定就能够成功，就怕三心二意。

家长素养高，教育能力强，孩子成就大

中国古训"从小看大，三岁知老"与近代物理学的"弹道原理"相互对应。在物理学中，炮弹的弹着点由弹道轨迹决定，而决定弹道轨迹的要素有三个：炮弹、炮体、炮手。与教育关系对照可看成：孩子是"炮弹"，有差异但差异不大；环境是"炮体"，有差异且很大，如出生在中国还是外国，出生在富裕家庭还是贫穷家庭等；家长是"炮手"，是决定弹道轨迹的最关键要素，而影响炮手（家长）水平的要素有三个：方向、距离、角度。

炮体的仰角和方向，是考验炮手技巧的重要指标。能否射中一个射程范围内的目标，要求炮手精确地计算和稳定地操作。要想让孩子这颗炮弹能够按照我们既定目标准确地前行，并射中目标，不仅要有合理的初速度和完美的出膛轨迹，还要给孩子提供合适的炮弹的推力及合规的膛线等，也就是适合孩子成长的家庭环境。

炮弹一出膛，落点早已确定，包括弹道的轨迹。影响炮弹落点的是炮手（家长）使用的炮体（家长是用加农炮、迫击炮，还是榴弹炮），以及炮手的操作，比如，朝哪个方向打，测距准不准，以什么角度打的。炮弹只要打出去，就已经在轨迹上了。每个人都是家长发射出来的"炮弹"，一生

的"落点"发射前就基本定型了，落哪个坑都基本确定了。一个射程只有5000米的大炮，是无论如何也打不到7000米外的目标的。家长素养的高低决定着炮手能力的大小：炮手的能力越大，孩子就越有成就；反之，孩子的成就就越小，甚至没有成就。

美国前总统克林顿是非常有才华的人，他之所以这么优秀，离不开他母亲正面的培养，他母亲总是鼓励他朝自己的梦想努力奋斗。克林顿的母亲一直希望儿子做领导，有一天成为美国总统，一直称呼他为"克林顿总统"，并要求朋友一定也要称呼克林顿为"克林顿总统"。

克林顿从小就很优秀，在他十几岁时就到白宫参加优秀青少年代表活动，当他握过肯尼迪总统的手，摸着白宫总统沙发背时，他曾经说："30年后我一定要坐在这个位置上！"结果他真的成功了。

其实，教育是极其简单的事情，只要以正确的方向坚持去做就可以，但我们一定要给自己孩子设定一个适合他的方向、目标。如果给孩子一个不可能达到的目标，这样孩子三五次失败后就没了信心，就会气馁，甚至放弃了。

家长与孩子、老师与家长、家长间（比如，父母与祖父母）需要协同作战，目标一致、步调一致，才能定位精确，教育目标才能达到。如果一个家庭没有方向，或家长总是变换方向，孩子也就只能原地打转。

第三章
如何让孩子和你有说不完的话？

善于和孩子沟通的父母，能更多地体验到为人父母的幸福。

发报原理：想和孩子有效沟通，就要避免输赢的对决

☀ 发报原理：

时间滞后，空间分隔，公平交换。

家长都希望自己能在孩子面前树立威信，说出的话像发出的指令，孩子能够立刻执行。然而，很多时候孩子就是不给面子，拖沓、哭闹、顶嘴、发脾气，着实让人烦恼，于是，我们常常说："孩子不听话""孩子叛逆"……其实，孩子的问题本质是家长的问题，许多孩子不听话、叛逆，并不是想惹家长生气，而是不接受家长的行为、态度。

很多时候，家长总是埋怨孩子不听话，其实是自己在教育方面存在着巨大的误区，缺乏沟通的方法与技巧。每个人都有不同的认为，一个人就是一个世界或一个国度，人人都生活在自己的认为当中。家长与孩子的对话，就是两个世界的对话，就像男人和女人，领导和下属，当不同的认为发生冲突时，一定会产生争论或战争。

在孩子眼里，家长很多话是没有意义的，家长的行为往往有劳而无功。教育做得很成功的家长是不用太多语言的，他们懂得找准孩子接受的时间段，运用沟通的原理与技巧，正面、精确地与孩子沟通。一次有效的沟通

往往能影响孩子的一生。

和孩子沟通从来不是输赢的对决

俗话说:"家家有本难念的经。"我们看到的和谐家庭并非没有冲突,只是他们善于处理冲突罢了。

经常有家长跟我反映,与孩子沟通有时会非常困难,不但达不到沟通效果,反而会发生争吵,走向输赢的对决。孩子一天天地长大,逐步有了自己的主见,对家长不再唯命是从,甚至有时候会因为一些事情和家长赌气、争论或争吵。孩子和家长因沟通不畅发生的"战争"越来越多。

其实,如果家长和孩子沟通时,利用好"时间差",可能就能避免"战争"。下面这个案例,会向我们证明:有时间差的沟通更理性,此时提出的建议更容易被孩子接受。

我曾遇到一个地产商,多大的买卖都能举重若轻,唯独对教育自己的儿子很苦恼。

平时,他对儿子的要求特别严,父子俩常常会因为一些事情发生冲突,有时他还动手打儿子;儿子也很叛逆,常与他吵架。教育孩子的问题令他非常头疼。这位家长对我说:"齐教授,我跟儿子只要一说话就抬杠,都没法进行沟通。现在我们彼此都不讲话,见面跟仇人似的。

"今天我出门时,孩子说想买一双1000多元的运动鞋。往常我一听到这种话,肯定得摆出一堆大道理来教训他,然后,儿子不服,我们肯定又得吵半天。我听过您的课,知道发火也无济于事,就直接来请教您。"

我说:"通过和你的交流,我判断平时你和孩子沟通,'你一句,孩子一句',就像互相打机关枪似的,中间没有延时,彼此完全不顾对方的感受,同时'发射'意见,彼此都没听进去对方的意见。这个过程中，你们犯了沟通之大忌，从而使矛盾加剧。"

他说："的确是这样，我平时让他怎么做，他总是跟我唱反调，我也是个急性子，一着急了，还动手打他。事后我也知道自己没控制好情绪，但是我不知道采用什么方法，能让我避免情绪化，与他进行愉快的沟通。"

我说："在当下的教育中经常由于我们的情绪化表现而引发矛盾。当一件事情发生后，你一定不能做'机关枪'，不能无休止地指责，而要做'发报机'，让时间滞后，你可以用给孩子写字条或发短信等方式说出自己的想法。

"在跟孩子说话时，'你一句，想一想；孩子一句，想一想'，一次只要一个人说话。这样一来，你们的意见表达存在时差，就像发电报，电报发出去再发回来，有一个反应时间，这个反应时间非常重要。比如说，你给孩子发短信，既不用看见愤怒的脸色，还可以避免听到刺激的声音和语调。

"另外，在编辑短信时，你也很少会用文字去骂人，一般都用嘴巴去骂人。发的文字会经过理性的思考，在某种程度上避免了激烈的情绪化沟通。在整个过程中，彼此都有理性的思考时间。

"教育有时需要时间滞后。在短时间的滞后之后，我们就会发现自己情绪化的力度会小很多。空间分隔，可以让自己对事件有一个更冷静理智的看待，这是化解冲突的一种技巧。不论与孩子还是与家人沟通，当沟通中出现冲突时，都需要双方不说话，将时间延后，创建一个独立空间，再通过交流达成共识，进行公平交换，才能有效地解决问题……沟通不是对决，要想改善你们父子的关系，让沟通变得简单有效，就要学会这种理性的沟通模式。"

后来，这位家长按我说的方法给孩子写了字条：

"儿子，爸爸不是不给你钱，我不认为这个鞋的贵与贱有多么重要。但现在你是中学生，我希望你做学生就应该像学生的样子，做任何事情都应该有一个适当的标准，这个标准你可以自己定。爸爸给你

1500元，足够你买了，你认为应该怎么做？买不买由你决定，你看可以吗？免得咱俩吵架。"

这样一写，孩子理解了父亲的用心，他高高兴兴地选择了一双200元的运动鞋，还特意穿上给父亲看，这也是父子俩第一次没有吵架就达成了协议。其实，大道理孩子懂，孩子就是不满意父亲语言交流时指责的态度。

家庭沟通中之所以会出现许多冲突，主要是因为大部分人都采用"机关枪"式的沟通模式：同时发射，没有时差。而要想解决与孩子沟通中有冲突的问题，达到沟通的最佳效果，仅仅采用我们平时的沟通方式是不够的，还需要掌握沟通的原理及其相应的方法。

沟通时，不做"机关枪"，多做"发报机"

在日常生活中，家长似乎总面临着孩子的挑战，永远不知道孩子下一刻会做出怎样的举动，却必须在第一时间做出回应，常常因为一时着急，与孩子发生冲突。没有一个家长愿意把家里变成战场，但有时真的会发生这种情况。家长和孩子沟通为什么会有冲突？一旦发生冲突，我们该如何解决，才能达到沟通的目的？

由于大部分家长采用了"机关枪"式的沟通模式，在双方交流过程中"你一句，我一句"，中间没有延时，没有仔细听取对方语言表达的意思，从而使沟通中的矛盾加剧。沟通不是对决，目的是通过双方各自意见的表达，相互了解对方的观点、兴趣和需求，通过交换意见达成共识，通过交流达到需求平衡的过程。

一件事情发生后，不论是亲子间还是夫妻间，一定不能做"机关枪"，立刻无休止地指责，而是要学会多做"发报机"，少发火，多发报，也就是"你一句，想一想；我一句，想一想""你先说，我听听；你别急，我问问"，电报发过去再发回来，有个反应时间，这个"反应时间"非常重要，要通过这个时间差来倾听孩子、家人的意见。

我们来仔细地分析以下两种沟通模式：

原理要素	发报机原理	机关枪原理
沟通时空	时间滞后，空间分隔	同时发生，同一空间
交流介质	文字	语言+表情
感官刺激	无	有
情绪管理	理性管理	被情绪操控
沟通效果	理解加深	冲突加剧
行为倾向	找问题，共同解决	争对错，埋怨彼此
工作建设	多发报	少发火

在实际沟通中若采用"机关枪"式的沟通模式，"你一句，我一句"，缺少"滞后时差"的延时倾听和充分思考的过程，双方往往因"同时发射"意见而造成沟通情绪化的误解与冲突，常常发生"说东道西，南辕北辙"的沟通效果。结果，双方完全不顾对方的感受而大吵大闹或谁也不理谁，这是沟通中的大忌。

我见过很多家长和孩子在公共场合发生冲突，做家长的非常难堪，碍于面子狠狠地把孩子训斥一顿，还会说出许多不理智且伤害孩子的话。比如，"你怎么这么笨""你怎么什么事都做不了""要你有什么用"，等等。

一般内向的或年龄较小的孩子可能慑于家长的权威，暂时不吱声，但由此产生的后果是非常严重的。因为这不仅伤害了孩子的自尊，还影响了家长在孩子心中的形象，为以后的严重冲突埋下隐患。当然，还有一些外向的或年龄大些的孩子会直接反抗，与家长争吵，产生"你伤了我，我也要伤你"的心理模式。

都说"人前莫教子",作为家长,一定要学会管理情绪,做理性的沟通。而此时最好的沟通模式是掌握"发报原理",用最有效的非语言和孩子进行交流,彼此互相"发报",让时间滞后,比如,可以通过给孩子写字条、发短信的方式说出自己的想法。这样做的优势是:家长和孩子都经过了思考,可以更理性、更全面地看待发生的事;孩子与家长在众人面前都有面子,孩子还会为自己的行为产生愧疚的心理。通过时间滞后的过程,家长还可间接地倾听孩子的意见,这样就很容易实现理解和合作的无冲突解决方案。

发报原理有两个特点:第一是时差概念,第二是非语言方法。时差概念指的是,当我们与孩子进行面对面的沟通时,我们提问时孩子倾听,孩子表达时我们倾听,双方的意见表达因存在时差而被充分地倾听,因倾听而感到被尊重。双方在彼此尊重的气氛中表达意见,容易避免情绪化,也更容易相互理解和接受对方的观点或建议。非语言方法指的是,当情绪不稳定时,要多发报,少发火,采用空间分隔的非语言文字的交流方式往往能达到更好的效果。因为交流时,文字的表达相对更准确,可以对字句重复看、反复想,而且没有面对面时的表情、语调、用词等含有情绪的因素的干扰,从而达到有效沟通的目的。

当我们与孩子有冲突时,一定要以"找问题"为出发点,不要为"争对错"而坚持己见;交流方式为文字,而非语言加表情;情绪管理要理性,而非被情绪操控;多发报,少发火。这样的沟通易彼此理解,从而避免冲突。如果家长能坚持做到这些,给孩子充分的关爱、宽容与智慧,那孩子也会尊重、爱戴家长。这样,才不会枉费我们的心血,孩子才会健康、快乐地成长。

通过以上两种沟通模式的对比,我们会发现,不同的沟通的模式会产生截然相反的沟通效果。家是人最爱的地方,也是最伤人的地方。与孩子沟通,其实是件非常容易且简单的事情。利用现代的工具来做沟通,很多问题将会迎刃而解。

少发火，多发报，家庭矛盾少很多

在日常生活中，我们与家人沟通，本来说的是一件事，但往往会"说东道西，南辕北辙"，结果双方完全不顾对方的感受而大吵大闹，最终是谁也不理谁，这是沟通中的大忌。

在望京实验学校里有一个二年级的孩子，她给父母拉架，很好地运用了发报原理，帮父母解决了矛盾冲突。

这个孩子的爸爸对我说："齐教授，这个发报原理真是比讲多少道理都重要，不但能解决与孩子的冲突，还能解决家庭的矛盾。最近我们家里发生了很多有趣的事。

"有一次，我跟爱人因一点小事在家中吵了起来。女儿放学回家，进门就发现情况不对。一看女儿回来了，我稍微收敛了一点，但她妈妈不依不饶，我们俩就又吵了起来。女儿一看我们吵得很凶，观察了一下。往常她不是站在妈妈这边，就是站在我这边，要不就给爷爷打电话告状，但这回我发现孩子的反应不一样了，她的方法变了。她先是左看看右看看，然后就去找她的手机。

"我意识到女儿要录音了，这不能让齐教授听到。我马上对爱人说：'别吵了。'但她说：'不成，今天这个事一定要说清楚。'

"我说：'反正我不说了，你要说，就把你的话录下来，带到实验班，跟大家分享吧。你不嫌丢人，我还嫌丢人呢。'

"一听被录音，爱人马上对女儿说：'宝贝，你不能录音啊，不能录啊！'我们马上就不吵了。

"女儿说：'你们都不让录音，那这样，时间滞后、空间分隔、公平交换。爸，您拿一支笔、一张纸，您上那个房间。妈，您拿一支笔、一张纸，您去另外的房间。你们俩把意见写到纸上，半小时后"交卷"！'

"女儿又对她妈妈说：'妈，您说今天因为什么事对爸有意见，您不要情绪化，把您的话写到纸上。您不要说了这个又说那个，就说今天因为什么。'然后又跑到我这里，说了同样的规则。

"最后她当裁判说：'爸，我判断今天是您的错，您是男人，要给妈妈认错。'

"我一想，也是今天我心情不好，回家说话重了。但碍于面子，我对女儿说：'这样吧，明天我单独向你妈认错。'

"女儿说：'那不行。'

"我说：'那你也有耍赖的时候嘛，那不能时间延后吗？咱延后一天。'

"女儿接着说：'您用到这里不对，刚才已经让你们分开半小时了，现在是公平交换，要"交考试卷"，这就相当于考试，考试是不能耽误的。'

"她思考了一下又说：'这样，你俩再缓和一下，您发个短信道歉，然后再见面。'

"我们互相发了短信进行交流，两人一见面就都笑了。经女儿这么一折腾，我们互相认了错，找到了争吵的根源。当时感觉自己还不如孩子考虑问题周全呢。这个发报原理在解决家庭矛盾上真有效！"

其实一家人没有什么大问题是解决不了的，大部分是沟通不畅的误解造成的。多发报，少发火，家庭矛盾少很多。而要想达到沟通的最佳效果，就要用最理性的沟通模式"发报原理"——时间滞后，空间分隔，公平交换。

聪明家长的杠杆养育法：家长改变1%，孩子改善99%

沟通的五种方式：说话越少越高效

沟通的五种方式：

利用语言、文字、图像、曲线和数字这五种沟通工具，可清晰地表达每个人的观点，了解对方的沟通死角。但任何沟通工具都有利有弊，这就需要我们根据实际情况灵活取用一种或多种。综合各种有用的信息，用最合适的方式，表达准确的沟通内容。

人的一生都在证明自己是对的，做任何事都围绕着这个出发点。然而，每个人的认识又不尽相同，所以沟通中会出现矛盾，甚至会发生冲突。那怎样沟通才有效率呢？

沟通不等于说话

沟通是有方法的，要用更少的语言达到更好的效果。

我们一起来看下面这个三角图形，1、2、3、4、5，依次对应数字、曲线、图像、文字、口语，最上面的口语是我们最常用的沟通方式，它的数量最多，但沟通力度是最弱的；图中越往下数量越少，但沟通的力度明显

沟通的五种方式

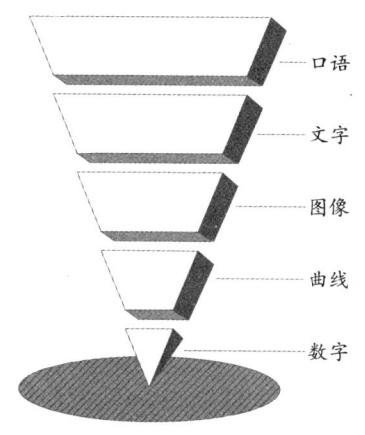

口语
文字
图像
曲线
数字

沟通方式不同、理解效率各异

地增强。

沟通方式的选择，直接影响着我们沟通力度的强弱，而沟通力度的强弱，直接关系到对方理解效率的高低。

利用语言、文字、图像、曲线和数字这五种沟通工具，可清晰地表达每个人的观点，了解对方的沟通死角。但任何沟通工具都有利有弊，这就需要我们根据实际情况灵活取用一种或多种。综合各种有用的信息，用最合适的方式表达准确的沟通内容。

> 在一次学校讲座中，我分别请男女同学各一名来读同一句话："叔叔亲了我妈妈也亲了我。"
> 男同学这样读："叔叔亲了我，妈妈也亲了我。"
> 女同学这样念："叔叔亲了我妈妈，也亲了我。"

如果听到后面这句话，那么家里肯定会产生矛盾；如果听到的是前面这句话，那么家里就会很和谐。每个人的思维方式不一样，在大脑中产生的断句也是不一样的。这就是家庭、生活中的冲突的源头——"认为"。

面对同一件事情，听到的表述不一样，我们的行为就会不一样。大部分家长都是用自己的"认为"或感觉来说孩子的问题，但往往大人与孩子的"认为"是不同的。由于"认为"在反映事实真相的程度上也有极大的不确定性，而每个人又都活在自己的"认为"中，这就造成了家长与孩子之间的沟通矛盾。同一句话或同一件事情，在不同的场合，用不同的语气、语调来表达，意思就会出现很大的差异。而不同的受众也会对同一表达产生不同的理解。由于理解存在误差，"认为"不同，采取的"行为"就会不同，很有可能会产生冲突。

沟通的五种方式中，我们最常用的是口语。口语沟通最为直接，方便，但口语沟通的失效期最快且不可重复，它受观念和情绪的影响产生的表达误差大，理解误差也大，有时往往会使沟通陷入具有不可调和的境地，比如"一言既出，驷马难追"，这句话说出，就会把沟通中可缓和的空间压缩到最小了。

生活中孩子难免会犯错，当孩子忘记带作业时，家长经常会说："整天丢三落四，怎么就丢不了你自己呀？"孩子不吭声，家长看孩子没反应，气更不打一处来，继续训斥道："怎么不说话，你聋了？"

胆小的孩子会哭。一哭，家长就会责骂："哭什么哭，就知道哭，认个错不就行了吗？"

胆大的孩子就会开始辩解，常被家长视为"顶嘴"，于是家长就会训斥道："你还敢跟我顶嘴，看我怎么收拾你……"

孩子不管怎么表现，得到的总是家长的责备与批评。殊不知，孩子已经知道错了，也想纠正但是不知道如何表达，好像怎样表达都只会让家长更生气。很显然，此时用口语进行沟通，是很难达到沟通效果的。

我们用嘴说话很容易，但要做到准确有效的沟通就很困难了。沟通中最大的误区就是，说的人总认为自己说清楚了，听的人也总认为自己听明白了，但其实往往不是那么回事。

在沟通不畅的情况下，我们应减少使用口语沟通，尽量不要用嘴。我们首先要知道沟通不仅仅只是说话，还有其他的非口语的沟通方式。

多用非口语的方式交流

老子的《道德经》第二章中指出："是以圣人处无为之事，行不言之教。"管理的最高境界就是无为而治。一流的家长和领导，用眼神管理，眼神一到，孩子或员工就知道怎样做，立刻心领神会。二流的家长和领导，用嘴巴管理。现在有一些老板天天板着脸，骂人。难道只有骂人才能树立权威，只有板着脸才能称为老板？很显然，这是无能的表现。

不管在自己的公司，还是在自己的家里，道理都是相通的。在大脑程序上，都是同一个位置。从教育的角度讲，沟通的最高境界是非口语的交流——行不言之教。

文字沟通比口语沟通更有准确性

在非口语的交流中，我们首先来说文字。就沟通内容的准确性来说，文字沟通明显比口语沟通的准确性要高；就沟通效果来说，文字沟通要比口语沟通的效果好，而且沟通的过程，都有证据留存，避免有人出尔反尔。比如，我们读过的古文，就是古人在几千年前写出来的文章，如果通过口口相传，那肯定早就失传了。用文字来表达内容，受众或许会对内容产生分歧，无非是理解得深浅程度不一，但不会有较大的差异。这也正是日常办公使用邮件、合同等进行沟通的原因。那么在教育教导孩子时，我们如何用文字来沟通呢？

事实上，写一封信比唠叨几百句话都强。因为孩子收到一封家书，会在不同的时间反复地阅读。所谓家书值万金，正是因为家书里有情感的传递，有家风的传承。我们可采用写书信的方式，也可以采用发短信、微博、微信的方式，与孩子及家人沟通，沟通效果会更好。

我们"家庭公约"中有一个辅助的提醒工具——留言卡，这是一套非口语交流的精确家庭管理工具，其功能是避免情绪化沟通产生的误会和伤害，促进家庭成员间的理性沟通，提升沟通效果与生活质量，达到管理好家人情绪和经营好家庭情感的目的。听过我课程的很多家长都用过这个卡片。

有位家长跟我说："齐教授，我的孩子写作业常常磨蹭，不管我怎么说他，他改善的效果都不明显。后来，我想起您课上讲过，沟通可以不用嘴巴，可借助一些工具。我就拿出留言卡写上'好孩子快点'，经卡片提示，孩子立刻加快了速度。

"后来，孩子也学会了用留言卡，我让孩子做其他事时又犯了爱唠叨的毛病，孩子就亮出'好妈妈别啰唆'的提示。当我看到卡片时，才意识到自己又说了太多无用的话。这个卡片虽小，但作用不小，它是家庭成员之间有效沟通的桥梁，是亲情之间相互理解、表达爱的见证。"

用文字沟通往往逻辑性较强，在理解的准确性和确定性上比语言沟通更好。文字沟通的有效期最长，受观念和情绪的影响小，可重复性强，更有说服力；但文字沟通的不足之处就是缺乏面对面的交流，有时观点一经表达，就没有再调整的机会，容易使表达显得僵化而无弹性，刺激性的文字表达在某种程度上还会加剧分歧而无回旋的余地。

图像具有超强沟通力

记得有一次，我走进我们的实验班，感觉有些异常，经仔细观察才发现，原来学生们的眼镜都换了，全是双色的、扁平的样子。我好奇地问学生们："一个月不见，怎么大家的眼镜都变了呢？"

其中一个活跃的学生回答："齐老师，您真老土，现在到处都在刮"韩流"，我们也被吹到了，所以大家都变了样子，非常好看吧！"

媒体运用的便是非口语交流中的第三种形式——图像。我们常看到很多明星在电视上抛头露面，他们的宣传画也经常被贴在墙上，这都是运用图像来进行沟通的。

图像的视觉冲击力最强，我们也最容易从图像中抓到信息，而且无须太多语言看图的人就能理解。

我在一所学校做调研时，让学校的校长做三段三分钟录像。早上的录像：同学们，老师们，早上好，祝大家一天学习愉快！中午的录像：同学们，老师们，紧张的上午学习结束，祝大家中午好胃口！晚上的录像：同学们，老师们，一天很辛苦，祝大家晚安！每天循环在学校的闭路电视中播放。很快，整个学校的学习氛围好了起来。

当时有个一年级的学生回到家中，给父母讲："我们校长真好，每天笑着跟我们问好，还说我们一天很辛苦，有这么好的校长，我一定好好学习。"家长听了不相信，认为自己的孩子撒谎，于是打电话问老师，老师向家长解释后，家长才知道是自己错怪孩子了。这个调研就是通过图像沟通，调动学生们的正面情绪，从而引导他们努力学习。

在生活中，我们也可以利用图像跟孩子沟通。比如，孩子画一个妈妈的笑脸，我们一看，便知道孩子是希望妈妈高兴，别再生气了。孩子画一个自己的哭脸，意思是告诉爸爸、妈妈自己很痛苦、委屈、难受，快哭了，提示爸爸、妈妈不要再使劲地批评了，此时我们理解后就不会再说下去。

因此，有时，图像的沟通方式用得恰当会产生比口语和文字沟通都好的效果。当然，更多时候，图像作为独立的工具使用时，图像会显得较单薄，仍需口语及文字的配合。

曲线和数字是效率最高的沟通方式

非口语交流中还有两种沟通方式，那就是曲线和数字。曲线包括各种线条，在表述事情发展规律及事物的相互关系时，用曲线沟通最容易达成共识，双方会有相对统一的认识和理解。比如，炒股票的人经常看股票的走势图，音乐人也是靠掌握五线谱来展示音乐的优美旋律。

我将曲线运用在教育上，比如，把"家庭公约"中的评分表用矩阵图、曲线图进行统计，这样家庭成员的行为改变情况便清晰可见了。目前在中国的教育史上，我们是第一个用曲线来分析教育问题的。我们可以将孩子的某项目标，比如，将孩子的学习时间、玩的时间或其他时间分配用矩阵图、曲线图进行统计，这样孩子的时间分配是否合理，便一目了然。

曲线和数字可以说是最高级的交流方式。如果说曲线是规律，那数字就是力量。数字沟通最为精确并权威，沟通效率最高、沟通效果最好。这也是生活中我们常常忽略的一种沟通方式。比如，我们经常会对别人说"等我一会儿"，那"一会儿"是5分钟还是1小时呢？我们不妨说"等我10分钟"或"等我20分钟"。

相比之下，数字沟通更为精确，不会存在理解偏差，许多工作被量化后，都能精准地反映出事情的本质情况。我们要从小给孩子建立时间概念、数字概念，一定要让孩子学会用数字沟通。

一位2岁半孩子的家长向我求助："齐教授，孩子前一阵生病不舒服，我们全家人抱得比较多。现在好了，他还是总喜欢让抱着，睡觉也让抱着，一放到床上就大哭。给孩子讲道理，他又不听，生气时真有打他的冲动，我该怎么办？"

许多初为父母的家长在处理孩子的习惯问题时，时常感到很苦恼，明明自己的想法正确、有道理，可是孩子就是不听你的，执意按自己的意愿来做。此时，家长要跳出成人的逻辑，可以用数字与孩子进行沟通。

我告诉这位家长："教育孩子不但要有好的目的，还要有好的方法。当孩子因为某种倾向而不接受家长的想法，并表现出冲突的时候，只要这个冲突不涉及根本的道德问题，都可以用数字、曲线与孩子沟通解决……"

这位家长听了我的意见后，孩子再让她抱时，她便提前与孩子约定："妈妈只能抱10分钟，手表从10变成20时，你就下来，自己走。"孩子与妈妈有了约定后，变得非常乖，再也不执拗地发脾气了，还时常提醒家长："时间到没到？到了，我就下来自己走。"

其实，有时候不是孩子不听话，是因为家长缺乏一些教育的智慧；不是孩子不讲理，是因为家长缺乏正确的沟通方法。

口语、文字、图像、曲线、数字是我在多年的实践及调研中，归纳出的五种沟通方式。要想通过沟通解决问题，达到我们预期的教育目的，须根据实际情况综合利用这五种形式的沟通工具，这样便可在最短的时间内达到最佳的沟通效果。

沟通的三种语调：语调因事而不同

> 沟通的三类事和三种语调：

我把日常生活中的事情归为三类事：原则事、正经事、平常事。人与人沟通最常用的也有三种语调：命令式、讨论式、撒娇式。面对生活中的三类事情时，要学会选用合适的语调进行沟通，这样才能达到好的沟通效果。

同样内容的一句话可以把人说笑，也可以把人气跑。以不同的语调说出的话，给人的感觉是不同的，好的教育与家长的语调有着相当大的关系。

有时，孩子听不听话，取决于我们说话的语调是不是正确。因此，我们在教育孩子时，说话时一定要注意自己的语调，这样才会更容易达到沟通的目的。

孩子不听话是因为家长说话方式不对

当我们埋怨孩子不听话时，我们先想一想自己说话的方式是否正确。中央电视台少儿频道在我们的实验学校对孩子进行过采访，目的是通过孩子的描述来了解家长是如何对孩子说话的。

孩子1（小学）：我爸妈常对我说的一句话是："学习要主动，不能老靠家长逼着你学！"

孩子2（小学）：我爸妈常对我说的一句话是："你别老看电视、玩电脑，得好好学习啊！要是以后考不上大学，那怎么办啊？"

孩子3（小学）：我妈妈对我说得最多的一句话是："好好学习，不好好学习，我就把你的电脑给砸了！"

孩子4（小学）：我爸爸妈妈总爱对我说："孩子，如果你考不上重点高中，怎么办啊？"

孩子5（中学）：我妈妈经常对我说："你别老惦记着玩，现在好好学习，学好了以后，就什么都有了！"

孩子6（中学）：我妈妈经常跟我说："你要敢不好好学习，长大了考不上大学，我可不管你！"

…………

很多时候，家长总是埋怨孩子不听话，其实是因为家长自己在教育方面存在着巨大的误区。许多孩子不听话，并不是想惹家长生气，而是不接受家长的行为、态度，而"不听话"也是孩子反抗的表现。许多孩子跟我说："我妈天天唠叨，我的耳根都生茧了，好烦！"

这样的沟通，不是家长缺乏爱心，而是缺乏对孩子的理解；不是缺乏知识，而是缺乏与孩子沟通的智慧方法。家长说出的话，往往是很随机的表达。家长说话时，不考虑说话的环境，不考虑孩子当时的情绪，也不管说话的方式方法，比如，生气时，说话的语气也不好，用的词也多为负面的词语。在这样的情况下，孩子怎么会听话呢？这样跟孩子说话肯定是不行的，就是成人之间用这种方式交流也是不可行的。

命令式、讨论式、撒娇式的语调在沟通中各有用处

家长不经意地长期说"负面"语言，对孩子的成长会产生不良的影响，孩子甚至会因此产生"心理阻碍"和"行为误差"。大多数家长没有意识到不良语言的破坏力量。在进行录像调研后，给这些家长回放，他们发现自己说出来的话正是以前自己的家长对他们说过的，他们正用一种自己不喜欢的语调跟孩子说话，他们原本没打算这样做。

无效的教育是随意性的经验发挥，有效的教育是有原则的规律影响。如果是我们没有把握好说话的时机，或者是说了太多没用的话，没有把握有规律可循的原则，那就不能责怪孩子不听话。

我把日常生活中的事情归为三类事：原则事、正经事、平常事。人与人沟通最常用的也有三种语调：命令式、讨论式、撒娇式。面对生活中的三类事情时，要学会选用合适的语调进行沟通，这样才能达到好的沟通效果。

对于原则事，我们就不能采用讨论式或撒娇式的语调，这样会削弱主动沟通一方的权威。我们应采用命令式的语调沟通，这也是多数家长在日常生活中普遍运用的。但最为重要的是，我们要区分要沟通的事是不是原则性的事。

对于正经事，我们要用讨论式的语调沟通。我们与同事、朋友、邻居等进行沟通，多采用讨论式的语调；但对自己的孩子及家人，经常采用命令式的语调。家人是我们生活中的一部分，对家人好就是对自己好。尤其是与孩子沟通时，我们要多采用讨论式的语调进行，这样孩子才能"听话"。

对于平常事，我们应多半用撒娇式的语调沟通。对于生活中的平常事，我们不妨把板着的脸变成一张笑脸，给孩子一个亲近的机会，采用撒娇式的语调与孩子说话，让孩子感受到家长的爱，并体验到做事的乐趣与愉快。

现在许多家长，自己做事马马虎虎，却总要求孩子做事要认真；自己经常犯错误，却强烈要求孩子做事不能犯错；自己天天打麻将，却要求孩

子学习要天天向上；自己在旁边看电视，却要求孩子要专心地做作业；自己满口粗话，却要求孩子要讲话文明；自己做事磨磨蹭蹭的，却说孩子做作业慢！这样的例子不胜枚举，这样的事情每天都在生活中上演。

因此，孩子马虎、老犯错、满口粗话、做作业慢等，都是有原因的。从根源上分析，有些孩子的问题，其本质是家长的问题。

我们所谓的"孩子不听话"的现象，在每个家庭中都有发生，但有些是完全可以避免的。一个不争的事实是：孩子还小，基本没有准确判断是非的能力，容易按照自己的喜好来判断。但家长的喜好大多是感性的、不理智的，也是容易犯错的。如果我们不是一棒子打死，而是运用"标准"的语言，或者说"准确"而"有效"的语言，耐心引导，平等沟通，那不听话的现象就会很少出现。

教育不是要孩子听话，是会和孩子对话

作为家长，不要总是居高临下地命令、指使孩子去做事，长此以往，孩子容易产生排斥心理。

在福建省妇联组织的一场专题讲座上，一位妇联干部向我咨询："我孩子13岁，现在读初一。最近只要我跟她一说话，她就不分对错地反抗我。我知道她到青春期了，我要让着她，可她也不该不分青红皂白地和我对着干啊！齐老师您说，有没有更好的办法让孩子听话呢？"

我说："能说的都是共性问题，而孩子的问题往往都是个性化问题。您说的仅代表您的'认为'，到底孩子怎么样，我得和孩子沟通之后才能给您说办法。"

第二天，这位妇联干部把这个"不听话"的孩子带到了我讲课的现场。课间，我跟这个女孩聊了一会儿，熟悉之后我就问她："怎么妈妈跟你一说话，你就不爱听呢？"

这个女孩说:"齐叔叔,您不知道!我妈妈在单位当领导当习惯了,回家也喜欢用领导的口气来命令我!天天这样说话,我听到就很烦!"

其实,这也是我猜到的原因,只是在孩子这里得到了进一步证实。

讲座结束后,我又单独和这位妇联干部进行沟通:"您所说的孩子不听话,问题不在孩子,而在您自身。"

这位妇联干部疑惑地说:"在我?我说孩子都是为了更好地教导孩子呀!"

我说:"我们家长都是爱孩子的,这毋庸置疑。对孩子严格要求也没有错,错的是您与孩子沟通所用的说话方式不恰当。"

她说:"我说话方式不恰当?那我应该用什么方式来说呢?"

我说:"我们教育孩子不是要孩子听话,而是要学会与孩子对话。比如您渴了,想让孩子给您倒杯水。您通常会怎样对孩子说?"

她说:"女儿,去给我倒杯水!"

我说:"您这属于给孩子发布命令。生活中不是原则性的事,一定不要采用命令式的语调,只有原则性的事才须保持沟通的权威性。原则事多涉及孩子的健康、安全、道德等重大事件,此时要家长以老板的身份采用命令式的语调与孩子沟通。"

多数家长在日常生活中普遍运用的是命令式的语调沟通,但最重要的是,我们要区分和孩子沟通的事情是不是原则性的事。

"让孩子去倒水,属于平常事。如果这样说:'女儿,我渴了,帮我倒杯水,可以吗?'假如您是孩子,您喜欢听到哪句话呢?"

她说:"当然是您说的这一句。"

我说:"我们再来打个比方,假如今天我要当个乞丐,见人就说:'老兄,给点钱。'您觉得我像乞丐吗?"

她说:"一点不像。"

我说:"很明显不是,这叫强盗。路人肯定会抗拒。我应该这样说:'求求你,行行好……'这才是丐帮文化。我们在亲子沟通的过程中,不妨先改变自己,放低姿态,说几句好话——帮帮忙、求求你、

如何让孩子和你有说不完的话？

行行好，您观察孩子会有何反应？尽管有时孩子会觉得我们比较神经，但孩子的内心是非常开心的。运用这种语言，家人肯定会很好地配合我们，孩子也肯定愿意听我们说的话。这便是撒娇式的沟通。

"从传统意义上来讲，乞丐的职业虽然不被社会认同，但我们不妨换个思路，为什么这些人在这样反感他们的社会当中，仍能够从别人手中得到他们的生存资本呢？

"乞丐自古就能通过放低姿态，获得别人的同情和认同。我们为人父母，不妨尝试放低姿态，然后再和孩子交流，您就会发现结果完全不同。

"对于日常生活中的平常事，我们可以以孩子的身份与孩子沟通，可多用撒娇式的语调和孩子沟通，这样可以让人感到亲切、不见外，可以快速与家人打成一片。"

有时候孩子不听话，不是他不接受老师，也不是不接受家长，而是他本能的情绪反应。所以，无论是家长，还是老师，都应当注意调整自己的语调。

非原则性的正经事，多讨论，少命令

那位妇联干部说："不管什么事，我多用的是命令式的沟通。我的确没有注意到这一点。但孩子犯了错，我能说求求你？"

我说："当孩子犯了错时，孩子需要教育，这属于正经事。生活中一些可商量或可做可不做的事情都属于正经事。此时需要家长把孩子当朋友，沟通时采用'讨论式'的语调。

"在与家人沟通时，最大的忌讳是语调选择的错误。在与孩子沟通时，我们要多采用讨论式的语调沟通，孩子才能'听话'。

"比如，孩子不小心把碗摔碎了，您可以说：'好女儿，这个是我没提醒你，是我的错。如果托住碗底就不容易脱手了，我想下次你一

定能做到，你看可以吗？'

"跟孩子说：'你是我的好女儿，这个是我没教育好，是我的错。我想……你看可以吗？'这样与孩子讨论，您观察下孩子的反应和表现，她肯定会很惊讶，感觉很奇怪，认为不正常。但她的内心一定是高兴、喜悦的。因为人的大脑总是喜欢好听的话。当孩子因好奇而盯着您时，教育的时机便来了！这样的沟通肯定更有效果。"

她说："是的，这样说话，容易让人接受。"

我说："我们要知道，教育不是讲道理，只讲道理是没有效果的。有效果比有道理更重要。讨论式的语调让人感到平等、受尊重和感动，最容易达成双赢的效果。采用讨论式的语调，同时还要配合一个语句：'好（孩子）……我想……你看可以吗？'另外，我们还要多说肯定的话，说'好'字就行。我们多说'好'字，我们的家庭就会有好的情绪，我们的家才会更和谐、更美好。我们要想教育好孩子、经营好一个家，这都是需要方法和智慧的。"

她连连点头，说："齐教授说得太好了，这些沟通方式的确是日常不可疏忽的。"

由此可见，说话语调对于沟通的效果是多么重要。在什么情况下就用什么语调，这样才能达到有效的沟通。

很多家长在教育方面存在着巨大的误区，总是埋怨孩子不听话，却并未意识到自己与孩子沟通的语调有问题，反而自我感觉很好，全然没顾上孩子的感受，结果说出的话多是空话，根本达不到沟通的效果。其实有时候孩子不肯听话，是因为我们家长说话的语调不当。

生活中，很多家长经常出于好心而去说一些话，然而因为语调问题，反而让孩子反感，因此家长说话一定要分清"三事"，掌握"三调"。总之，在教育孩子时，驾驭沟通的语调，无疑会达到事半功倍的效果。

沟通的陈述技巧：用"我"代替"你"，孩子更爱听

☀ 沟通的陈述技巧：

讲话时用"你"来开端，多是"你怎样怎样……"，不妨改成用"我"来开端，"我想……可以吗"。这是一种尊重人的习惯，也是一种沟通的陈述技巧。

在与孩子沟通时，对于人称"你、我、他"，你第一个说出口的通常是什么？

我在很多讲座上做过统计，大部分家长都用"你"打头跟孩子对话，仅有一小部分家长用"我"开始。然而，当我问孩子时，多数孩子都是用"我"来开始讲话。

孩子一般比较被动，他愿意用："我怎么了？我犯错了吗？"

家长有主动权，通常都很权威，所以大部分用："你怎么搞的？""你怎么又犯错了？""是不是你？"

我从大量的调研中发现，很多孩子认为大人讲话不中听，所以就不愿意听了。比如，很多家庭每天晚上都有"睡前战争"，也就是孩子跟家长因为看电视时间的问题争来争去，很多家长都很无奈。

你怎么还在这看啊？不许你再看电视了！

把电视关了，你赶紧给我做作业去！

还看电视，再看，就把电视给你砸了！

这样的话，您是否似曾相识？类似情况是否经常在您的生活中上演？作为家长，此时最好不要进行语言批评、说教，只要写张字条，就可以解决问题。比如："宝宝，还差几分钟就该去学习了！我想……可以吗？"提前半小时把字条放在孩子面前做提醒，孩子看到这些话，会自觉地去执行。

讲话时用"你"来开端，多是"你怎样怎样……"，不妨改成用"我"来开端，"我想……可以吗？"。这是一种尊重人的习惯，也是一种沟通的陈述技巧。如果我们养成说"我想……可以吗？"的习惯，就是个文明的、有修养的人，而且是懂得遣词造句的人。不只是跟孩子讲话，跟亲人说话时学会这个原则、句型，你身边的矛盾也会少很多。

沟通中的"你、我、他"

说话会体现表达的能力，也会展现沟通的智慧。能说会道、能言善辩的家长不在少数，而能以情感人，以理服人，让孩子听了自己（家长）的话之后心服口服的家长寥寥无几。

用高超的语言教育和培养孩子并不简单。不了解情况就随意去说，不考虑周全就信口去说，不顾及孩子的自尊就粗暴地说，不分时间场合就无休止地说，这样的话父母说得越多，孩子就越不爱听。

家长与孩子的对话是两个世界的对话，正确定位关系是最重要的，要学会使用"你、我、他"三个人称，这样彼此的矛盾会减少很多。如果这样做，不仅是和孩子之间的矛盾会减少，夫妻之间、同事之间的矛盾同样也会减少。

对于人称"你、我、他"，包括我们的肢体语言的使用，都是有规律的。用"你"开头的沟通往往效果不佳，因为直接说"你"实际上是一种进攻语言，就像刀、枪、剑一样。它会让交流对象感到一种心理上的不愉悦。

而以"我"开头的时候，属于中性语言，他人就会比较关心、在意我们，注意力会集中在我们身上。我们应多用"我"开头表达期待，少用"你"开头说话，说话时只说愿望，不下结论，来征求孩子的意见。

比如，孩子在外面玩了一天，身上特别脏，但是他特别累，一点也不想动弹。很多家长会直接下命令："宝贝，你赶紧洗澡，洗完去睡吧！"孩子听到后没回答，也没有行动。此时您可能还会接着说："你听到没？让你赶紧去洗澡，快点行动。"过了一会儿，再看孩子，可能已经坐着睡着了。

听过我课的家长，知道如何正确处理这件事。听过课的家长会说："宝贝，我知道你玩了一天，非常累，但是身上脏着去睡觉，会很不舒服，还容易被蚊子叮，导致睡不好。咱们洗完澡再睡，你看可以吗？"

用"我"代替"你"开头，可避免对孩子、家人的指责、攻击、批评，同时又能有效地表达出我们的意见、正确地描述问题，不但让孩子和家人认识到自己的错误，同时又能让他们感受到我们的关心，从而减少孩子、家人的叛逆、反抗心理。日常生活中，我们一定要注意人称"你、我、他"的运用，这是沟通的关键之一。

"他"则经常会出现在大家闲聊的时候。老百姓常扯闲事，通常越聊越高兴，为什么呢？因为大家都在说"他"，把矛盾转移到了别处。

少"指"点，多"掌"请

大多数家长、老师都习惯用手指指点孩子，这是个共性问题。我们不能用手指去指孩子，因为这本身是进攻式的肢体语言。不论家长还是老师，都不能用手指头去指孩子。我们要把手指头变成手掌向上，再去与孩子沟通。"掌"请是一种善意的肢体语言。

平时我在接待家长和做演讲结束时，喜欢伸出手掌且掌心向上，这样对家长学员说:"我讲明白了吗?"

很多家长学员都跟我讲:"齐教授,我感觉您跟其他教授不同。他们的课程结束时,多数会说'你们听清楚了吗''你们听明白了吗'。第一次听说'我讲明白了吗?',还用掌心向上的手势对着我们大家。"

我说:"我运用的是沟通中的'你、我、他'的称谓原则,用掌心向上的手势是一种尊重式的肢体语言。如果我们掌握这个原则且学会运用正确的肢体语言,生活中是非常受益的。这也是一种沟通的智慧。"

家长学员1:"的确如此。您这样讲话,感觉您与我们非常亲近。"

家长学员2:"这些沟通原则和技巧怎样用在教育孩子中呢?"

我说:"平时您让孩子做一件事情时,通常会怎样说?"

家长学员2:"孩子,你把报纸拿过来;不许再看电视了,你听清楚了吗……"

我说:"那孩子会按您说的去做吗?"

家长学员2:"有时候会做,有时候就是不听话。"

我说:"通常我们讲话时用'你'来开端,这样的沟通往往效果不好。因为'你'的称谓实际上是进攻式的。而以'我'开头,这是中性的,对方就会比较在意您,注意力会集中在您身上。'他'则经常会出现在大家闲聊的时候。

"您以后与孩子沟通,不妨用'我'来开端,'我想……可以吗?'如果这样跟孩子沟通,孩子感到被尊重,也愿意配合您,肯定会很高兴地去执行。"

家长学员2:"好像是这个道理。有时候孩子虽然是去做了,但不是心甘情愿的。"

我说:"在与孩子及家人沟通的过程中,我们一定要注意对人称'你、我、他'的使用,沟通中运用好'你、我、他'的称谓原则,您身边的矛盾就会减少很多。"

家长学员1:"那您刚才的手势怎样用呢?"

我说:"现在很多家长总习惯无意识地用手指点孩子。这种无意识的习惯是一种错误的手势,相当于进攻式的肢体语言,孩子有时会反感,进而躲避您,进而产生负面情绪,这极大地影响到沟通的效果。

"我们应力戒进攻式肢体语言,把手指变手掌,让手掌向上,这样才是正确的手势。孩子才愿意靠近我们,才能体会到被尊重,才会有动力去执行……"

我们一起来看下表中的两种沟通,您常用哪种沟通呢?
现在,我们将两种手语给孩子表达的信息在下面进行比较:

手语要素	手指点人(攻击信号)	手掌请人(和平信号)
家长口头禅	"你"听明白了吗?	"我"讲清楚了吗?
孩子心里话	你说我很笨!	你愿意听我的意见!
面部表情	情绪不好(长脸)	情绪好(笑脸)
行为倾向	身体躲避你	身体靠近你
责任主体	推责任(你没听懂)	担责任(我没讲清)
沟通效果	不配合(你算老几?)	愿配合(你瞧得起我!)
建议	少"指"点人,少出现"你"的信息	多"掌"请人,多出现"我"的信息

在与孩子及家人沟通的过程中,用不正确的"沟通手势和词语"都容易引起不必要的误会和反感,且会给人留下一种居高临下或挑衅的感觉。

我们一定要注意自己的身体语言对孩子产生的负面情绪影响,尤其在手势上应戒除进攻式的肢体语言，学习尊重式肢体语言。

当然，正确、有效的身体语言还有很多，比如，讲话时看着孩子的眼睛，蹲下来与孩子平等交流，等等。然而，用手指指点孩子是家长常常忽略的错误举动。我们要杜绝使用某些导致误解或伤害性的肢体语言。我希望"用手指指点"这个手势以后在我们的家庭中消失。

我们要把"指"变成"掌"，手掌向"下"变成向"上"，少"指"点人，少说出现"你"的信息，多用"掌"请人，多说出现"我"的信息。少"指"点，多"掌"请，是一种非常有效的肢体语言。它可以告诉孩子，我们与孩子是平等的，而不是居高临下的；我们尊重孩子，发出的信号是和平的，而不是攻击性的；我们愿意跟孩子协商事情，而不是喋喋不休地指责。久而久之，孩子就愿意靠近我们、配合我们、体谅我们，从而远离不听话、叛逆的行为。

五句良言引导孩子变优秀

每个人都有自己的问题，这个问题就如同我们拥有一个大西瓜，一直想把这个西瓜一口吃掉，可能吗？显然不可能。教育需要一个积累的过程，问题同样也需要我们一点一点地去解决。

家长《教育公约》有"十项全能"文明习惯，分"五子登科"与"五句良言"两大部分。这些习惯实际上都是生活中的小事，但是如果我们做到了，家一定变得不一样，孩子也肯定有所不同。在这里介绍一下"五句良言"。（"五子登科"见本书第二章第一节《开门原理：想改变孩子，先改变自己》）

第一句：早上好，一天愉快！（早晨见面及出门时）

日常生活中，我们送孩子或送伴侣出门，总是习惯性地说一些传统的负面信息，"别搞小动作""好好学习""别在外面喝酒""早点回来"……

其实我们说的这些话不但没用，有时还会促使家人去做这些事。

每天早晨，在与家人及同事见面时，请问候"早上好"，送家人及孩子出门时，请祝愿"一天愉快"。这种温馨的话语和文明的习惯，会在自己身边营造出一份和谐的气氛和良好的人文环境。每天坚持，会把"爱"传出去，将"幸福"带回家。

第二句：亲爱的，我回来了！（回家进门时）

每天回家进门时，应养成"先称谓、后报到"打招呼的习惯。如"儿子，我回来了"（语音上扬）。每一次回家进门时，都是与家人交流的新开始。一句称谓、一声报到，便能营造出良好的家庭气氛。这种"人未见声先到"的打招呼习惯，会在心理上让家人对你有一份喜悦的期盼和良好的交流心情。

这种良好的家庭文化，本是中华民族的传统文化，却常被我们忽略，而我们的邻国如日本、韩国等都还保留着这一久远的中国传统。我们有责任带领我们的孩子学会这样打招呼，传承优良的中华文明，建设和谐的家庭与社会。

第三句：晚上好，一天辛苦！（晚饭前后）

孩子对劳累了一天的我们说："爸爸妈妈辛苦了！"有这样懂事的孩子，我们在外面忙活，挣钱受累，都是值得的！我们满心是愉悦、欢喜。

每天晚饭前后，应养成"对家人说一句'晚上好'，道一声'一天辛苦'"的习惯。这种良好的家庭习惯会拉近家人间的心理距离，并感到家人间"知冷热"的关心。道一声辛苦，会使家人觉得一天的劳累付出是值得的，从而产生更强的奋斗与爱家的动力。

第四句：晚安，做个好梦！（睡觉前）

每天睡觉前，应养成"对家人说一句'晚安'，道一声'做个好梦'"的习惯。这种良好的家庭习惯会使家人安心并愉快地入睡，对家人，尤其对孩子的身心健康及睡眠质量极其有益。

第五句：我想……可以吗？（与家人沟通时）

每当我们与家人沟通时，特别是与孩子出现冲突时，应改掉"你要……""你就是……""你老是……"的用语及语调习惯，可以尝试多说"可以吗？"。

我们应养成不下结论，用商量的语调、征求意见式的说话习惯，比如，孩子放学回到家，可以尝试着跟孩子讲"咱们先做作业可以吗？"，也可以在准备饭菜前尝试着对自己的另一半说："晚上咱们吃饺子，你看可以吗？"这种协商的语气会有神奇的效果，可让孩子变得更听话，家庭变得更和睦。如果养成这种良好的说话习惯，还会让家人，特别是孩子感到被尊重，从而愉快地接受我们的想法、建议，并积极地沟通，尽力满足我们的需要。

我们在使用五句"金玉良言"——"早上好，一天愉快！""亲爱的，我回来了！""晚上好，一天辛苦！""晚安，做个好梦！""我想……可以吗？"的时候，一定要用升调来表示喜悦的心情。家人之间只要能够坚持每天用这几句话互相问候，想吵架都吵不起来。

很多家长将精力用在调教孩子上，尽力让孩子的行为符合我们的标准规范，但教导孩子的行为符合成人的标准是非常艰难的一项工作，因为我们总是站在成人的角度，让孩子外表干净、守秩序、懂礼貌、按程序办事，可孩子一点也不在意这些行为规范。以上五句良言很简单，只要我们坚持去做，做和不做的结果一定是不一样的。

沟通的三步逻辑——讲事实、谈感受、提建议，孩子开心地接受

沟通的三步逻辑：

第一，讲事实，就是描述问题的实际情况，也就是我们所看到的。第二，谈感受，就是说出此问题给我们所带来的感受，可以是正面的，也可以是负面的。第三，提建议，就是针对问题，说出自己认为切实可行的意见及建议，并与孩子协商。

"去洗干净……"
"去把毛巾挂好！"
"去刷牙！"
"穿上睡衣再上床！"

这样的话语是否似曾相识？类似的事情是不是也在我们身上发生过？现在每天还在发生？

我们在与孩子沟通、交流时，是否时常感到力不从心？原本是自己关心孩子，可是孩子并不领情；与孩子平心静气地沟通，孩子却心不在焉……很多家长的反馈是：我和孩子说过，经常说，天天说，可还是没用；

对孩子真是没办法了，不知道该怎么说……其实，孩子与家长沟通时往往会选择性地收听，如果我们无法引导孩子听，那也就无法正确地与孩子进行沟通。家长在沟通前掌握孩子对信息的接收量和接受度，这对能否达到一次成功的沟通非常关键。

打骂的方式，真的是为孩子好吗？

这个孩子晚回家的场景是否似曾相识：

孩子上学出门时，家长再三嘱咐："上课认真听讲，放学早点回家……"

当孩子在该回家的时候还没有回家，家长开始责备："肯定是又贪玩了。"家长继而气愤地说："都什么时候了，也不知道回家！"接着愤怒地说："不管他了，我们先吃饭，让他饿着去吧。"然后，家长一边吃饭一边想：回来了，非得好好教育教育他，这孩子真没有时间概念。

吃完饭晚上8点多了，孩子还没回来。家长越想越担心，心想："这孩子，不会出什么事了吧？"越想越害怕，开始挨个给孩子的同学家里打电话。此时，门响了，家长气不打一处来，开口就骂："你不知道回家呀，总是回来这么晚，干什么去了？肯定是跟×××玩去了吧，现在才回来，你从来都不听话！"

孩子解释，但家长根本不给孩子说话的机会，甚至有更厉害的家长，伸手给孩子一巴掌，孩子哭着跑到自己房间。

家长用打骂的方式对孩子进行管教，孩子会刻骨铭心，以这样的方式与孩子沟通，有损孩子的健康成长。您或许认为这都是为了孩子好，但孩子很难体会到您发自内心的关爱。很多家长往往沉浸在自己"为孩子好"的出发点而一意孤行，甚至根本没有考虑过孩子的感受，没有想过孩子对自己的看法，一味地认为自己非常爱孩子。

三步让沟通变简单

对大多数人来说，我们从小耳濡目染的说教、警告、打骂、威胁式沟通，已经植入大脑当中，所以当孩子犯错时，我们会下意识地使用这些拙劣的沟通手段，过后往往后悔不已，有什么办法可以代替拙劣的沟通，又能够让我们轻易做到呢？更好的沟通是让孩子直接且及时地感受家长的关爱，需要"讲事实、谈感受、提建议"。

第一，讲事实，就是描述问题的实际情况，也就是我们所看到的。需要注意一点，一定要实事求是，切不可夸大其词，更不能武断地下结论，给孩子贴标签。

不管是表扬孩子还是批评孩子，一定不要夸大事实。因为那样不但不利于孩子认错，还容易激发孩子的反抗。比如，"你总是……""你肯定……""你从来……"这样说，平心而论，我们的本意并不认为孩子真的"总是如此""肯定如此""从来如此"，所以这样的话语我们应该避免。

我们不妨这样对孩子说："下午6点放学，学校离家这么近，最晚6点20分也能走回来，现在是8点20分了，你才刚回来。中间足足差2小时。我已给10多位你同学的家里打电话了。"

第二，谈感受，就是说出此问题给我们所带来的感受，可以是正面的，也可以是负面的。谈的感受是自己在冷静理智状态下的感受，而不是自己愤怒、激动的感受，也不是笼统的指责、训斥或认错。

谈自己的感受、心情，准确地传达出自己的意思。这样做可避免对孩子的指责、攻击、批评，又能有效地表达出家长的心情。结果是不但让孩子认识到自己的错误，又能让孩子感受到家长对他们的关心，从而减少叛逆、反抗的心理。

我们可以这样说："我真是急死了，你回来这么晚，我还以为出什么事了呢。我们都非常为你担心。"担心是家长真正的感受，等人的滋味非常难受，愤怒是由担心衍生而来的。我们只要把自己"担心"的感受与孩子沟通，这样，不管孩子晚回的原因是正当的还是不正当的，孩子听到家长这样的话，大多都会被家长感动，并产生愧疚感。较好的教育方法就是能让孩子感动，让孩子认识到自己犯错的地方，有了感动和对错误的认识，孩子就会努力地弥补回来。

第三，提建议，就是针对问题，说出自己认为切实可行的意见及建议，并与孩子协商。可向孩子提建议："因为你回来晚了，吃饭，再完成作业，会很晚才能睡。咱们商量一下，以后没有特殊原因下午6点半到家吧，如果有什么事情，提前给我们打电话，你看可以吗？"

若家长具有这样的沟通逻辑，那接下来的教育就会变得非常简单。只要建议合理，孩子就会非常痛快地答应并严格地执行。

有效沟通的基本技巧不是武断地给孩子下结论、贴标签，而是与孩子沟通、讲事实；不是指责、打骂孩子，而是与孩子谈自己的感受、心情；不是全盘否定孩子、命令他服从自己，而是提合理的建议，让孩子自己做出正确的选择。

与孩子沟通是每天必不可少的，通过与孩子沟通，家长才能更好地了解孩子的成长状态，而与孩子的沟通主要通过对话进行，但有些家长感觉与孩子对话是一件很累的事情，甚至有时不知道该说些什么，怎样才能做到有效沟通，这就需要我们学会与孩子沟通的三步逻辑：讲事实、谈感受、提建议。

与孩子进行沟通，不是要孩子听话，而是要家长学会与孩子对话。

"4D1K"原理：沟通有效，孩子做对的选择

☀ "4D1K"原理：

解决无效沟通的问题并不难，关键在于我们与孩子沟通时，要学会"4D1K"原理，即"好的""你的……""我的……""咱的……""……可以吗？"

总要求、总夸奖、总批评、总讲理，都是无效沟通

很多初为父母的家长来咨询：让孩子洗手，就是不洗；让孩子刷牙，就是不刷；让孩子别玩水，偏要玩；让孩子多吃蔬菜，就是一点也不吃……这些家长可以说是为了孩子用尽了心，但就是拿孩子没办法。

家长们为孩子都是好心，但经常没有好结果，为什么？因为家长没有真正学习过如何与自己的孩子沟通，换言之，家长说的话孩子不听、家长说的做法孩子不去执行，都是家长在做"无效沟通"，这是家长不成熟的普遍现象。

比如，当小孩子身体各方面都正常时，就是不吃蔬菜，自然型父母的做法就是"要求"孩子："你必须多吃蔬菜啊！""你一定得多吃蔬菜！"这

样做，孩子会去吃蔬菜吗？很多家长发现要求孩子不管用，听他人说"要想让孩子听话，得夸孩子"，于是开始"夸奖"孩子："吃蔬菜的孩子才是好孩子""只要你吃蔬菜，就是好孩子""我们宝贝最爱吃蔬菜了"。用了类似这样的虚假表扬，孩子真的开始吃蔬菜了吗？

家长发现表扬也没有用时，就想起自己所受过的教育方法，开始批评孩子："你怎么回事，不吃蔬菜！""你再不好好吃蔬菜，小心我收拾你！""如果你再不吃蔬菜，我就把你扔出去！"这样的沟通，能让孩子乖乖去吃蔬菜吗？

肯定不能，指责式的沟通往往使孩子更不愿意吃。家长实在没有办法时，就会坐下来跟孩子讲道理："宝贝，你不能不吃蔬菜，如果不吃蔬菜，身体就会缺乏营养，浑身就会没有力气，身体没力气，会导致不能和其他小朋友玩，再严重了，就只能每天躺在床上，什么好玩的都玩不了。但是只要你好好吃蔬菜，这一切都可以实现，天天与小朋友玩，有十足的力气去野外郊游……"

家长的每一句话都非常正确，但这样的沟通能让孩子爱上吃蔬菜吗？不能。家长与孩子讲道理沟通时，孩子往往会说出更有理由的道理，于是家长变得面目狰狞，开始动手！

其实，孩子在出现不爱吃蔬菜的现象时，最希望得到的是关于"我为什么不喜欢吃蔬菜""我怎样才能爱上吃蔬菜"的答案。孩子可能知道不吃蔬菜不好，也非常努力地去尝试着吃蔬菜，但是他们失败了。这个时候，家长就要有包容心、耐心和切实可行的沟通，帮孩子找到不喜欢吃蔬菜的原因及爱上吃蔬菜的方法。然而，很少有家长能做到，取而代之的是"总要求、总夸奖、总批评、总讲理"。时间一久，孩子就会发现，靠家长的帮助也解决不了任何问题，于是自动放弃，认为自己就是不爱吃蔬菜了。

了解孩子的需求，是有效沟通的第一步

孩子不听话很正常，事事都听话的孩子反而不正常。因为孩子在成长

的过程中，不断地探索、发现问题，不断地做出自我分析，思考适合自己的方法去解决问题。虽然有些方法在我们成人看来是那样幼稚、荒谬，但孩子在不断的尝试中可获得一些经验。我们家长要适当地让孩子获得生存和生活的经验，只有这样，孩子才会成长、成熟、成才、成功。

我的一个学生，他家儿子3岁多，就只吃肉，不吃菜，不管家长、老师说什么，都不起作用。

有一次，我们一起吃饭。孩子又是只吃肉不吃蔬菜，家长感觉孩子当着我的面这个样子很不好，就又开始制止孩子。

孩子说："爸爸、妈妈整天说我不吃蔬菜，我也确实不爱吃蔬菜，我就是不喜欢吃蔬菜，那又怎么样！"

孩子又笑着冲我说："齐叔叔，我吃肉了呀！"

家长向我摆出无奈的表情。

我看着孩子吃饭的样子，慢慢地与孩子沟通："好的，吃吧。叔叔知道宝贝喜欢吃肉。"

孩子听到我这句话，马上注意力集中到我这："叔叔，您真了解我，不像我爸妈，还有爷爷奶奶，他们总不让我吃肉，嫌我长得胖。"

我说："你的意思是爸爸妈妈，爷爷奶奶怕你长胖，都在制止你吃肉，每次吃饭还特别强调你不爱吃蔬菜，命令你多吃蔬菜、不准吃肉，是吧？"

孩子连连点头，说："是的，是的。我都快两周没吃肉了，他们现在都不给我做肉菜。"说完显出很委屈的样子。

我接着说："我的意思是同意你吃肉。"

孩子的身体向我这边靠了靠，调皮地说："叔叔，您真是太好了。"此时他认为我是站在他这边的。

我说："咱的目标刚刚定的是想当超人，你刚说超人非常厉害，你知道他们为什么那么厉害吗？因为他们有能量，才有那么大的动力，才变得非常厉害。"

孩子听到这些，立刻问我："叔叔，他们的能量是什么？"

我说："他们的能量就是蔬菜，都是绿色的。"

孩子疑惑地问："真的吗？"

我说："是的，大象、牛、马个子都大吧，它们都是吃草的，狗、狼个子都小吧，它们都是吃肉的。你看大象、牛、马的力气是不是比狗、狼的力气大？你要想学超人，叔叔可以到美国见他，帮你跟超人要个明信片，但是超人只把明信片给有能量的人。"

孩子说："我要明信片，我要当有能量的人。"

我说："那为了目标，咱们不光吃肉，还要天天吃蔬菜，可以吗？"

孩子站起来说："当然可以，我现在就吃，顿顿吃，叔叔放心。"

当孩子的行为与正确的引导相违背时，要想让孩子转变过来，首先，要了解孩子的真实需求。家长让孩子吃蔬菜、让孩子听话、让孩子认真听讲——这些都是家长站在自己的角度考虑孩子的需求，我们需要站在孩子的角度，了解孩子的真正需求。

其次，与孩子做交换。这个交换不一定是金钱上的，要以孩子的需求为出发点。

最后，运用"4D1K"原理。这是最为关键的，因为只有遵循孩子大脑的思维模式，孩子接受了，他才会跟你走。

"好的""你的……""我的……""咱的……""……可以吗？"——"4D1K"原理，很有效

其实，解决无效沟通的问题并不难，关键在于我们与孩子沟通时，要学会"4D1K"原理，即"好的""你的……""我的……""咱的……""……可以吗？"这原理遵循人大脑的思维模式。

第一个D，好的。不论是孩子还是家人，在与我们沟通时，不管他们

说出对的还是错的想法、建议，我们首先要回复对方："好的。"这是与对方沟通的第一步，让对方感觉到我们在认真地倾听，同时也是对对方所说内容的初步反应。对方会认为你在认真听他所说的，并且得到了初步认可，心情会非常愉悦，就会愿意继续跟您进行沟通。

第二个D，"你的……"，孩子、家人表达自己的思想是向信息接收者发出信号，我们作为接收者，在听到信号后，应该对信号进行解码，并用语言描述自己的解码程序。让孩子、家人再次确认自己的理解是否是他自己的原信号。

第三个D，"我的……"，与对方编码、解码互动无误，双方沟通建立在平等和谐的氛围中，此时提出自己的"认为"、意见，对自己的"认为"进行编码，发送给孩子、家人。

第四个D，"咱的……"，对方倾听、思考"我"刚才发出的信号的同时，我们再接着说出"咱的目标"，再次发出信号，引导孩子、家人考虑整体，引导对方思考。

另外一个K，"……可以吗？"，在上述四步都讲述完成后，提出自己新的建议、方案，征求对方的意见，做到不下结论，征求意见。孩子、家人感到充分被尊重，认真思考之后，认为建议合理，多数都会乐意接受且去执行。

读到这里，您或许认为"4D1K"原理只能解决家庭中的分歧，其实，在与朋辈的相处中，"4D1K"原理同样适用。

沟通有效，孩子会做对的选择

我曾经辅导过一个高三的孩子，他对自己的家人说："我不想去学校上课了，我就在家里学习。"

当时我是这样说的："好的，我们赞成。

"你的意思是在家里学习，这样一个人可以静下心来去学。

"我的想法是老师会临时教学生一些答题技巧，还有学校会公布一些高考考试政策，这些是我和你父母都不知道的。

"咱的目标是高考考好。如果缺乏老师教的技巧、学校临时公布的高考政策，可能会影响到你的成绩。

"此时同学们都在努力学习，学校环境也是非常适合学习的。如果自己努力，再掌握了老师教的技巧，加上了解高考的考试政策，我想你的成绩肯定会更好。

"去不去学校上课，你自己来定，你看可以吗？"

然后，这个孩子高兴地回到了学校。

遇到这种处于青春期，叛逆但还想要学习的孩子，运用"4D1K"原理，先接纳孩子，让他从心理上得到满足；再说出我们自己的看法，孩子自己会分析利弊；然后与孩子商议；最后让孩子自己做选择。而这时候，孩子往往可以自己做出对的选择。

几乎在所有的讲座、家庭课程中，我都会提到"4D1K"原理，无论家长是否听过或看过，我都会不厌其烦地重复，因为这是我们与孩子、家人沟通中常常被忽略的，也是家长们最应该掌握的原理。

第四章
教育有冲突时，家长最该做的事

家庭成员间观点不同时，不争对错，解决问题。

聪明家长的杠杆养育法：家长改变1%，孩子改善99%

几何原理：求同存异免冲突，过后协商有原则

几何原理：

男人和女人是具有个性和不同认知的两个主体，而家庭习惯与沟通方式决定家庭幸福。参看下图，我们用正方形代表男人，三角形代表女人。

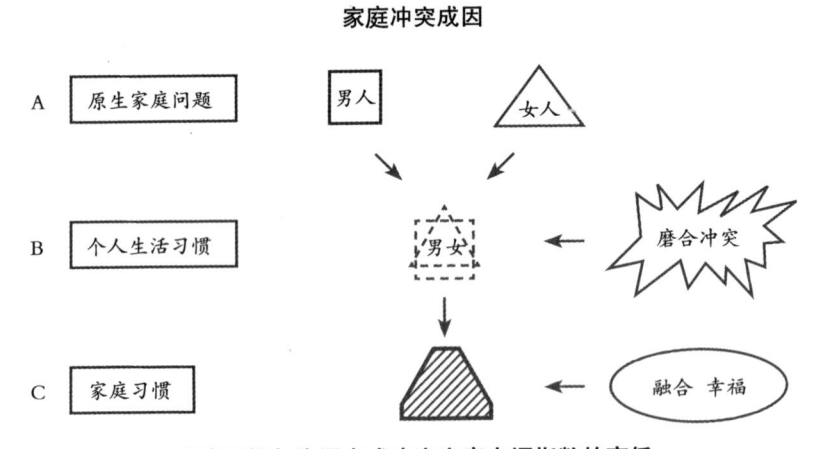

家庭冲突成因

A　原生家庭问题

B　个人生活习惯　　　　男女　←　磨合冲突

C　家庭习惯　　　　　　　　　←　融合 幸福

家庭习惯与沟通方式决定家庭幸福指数的高低

当把这两个图形放在一起时，在某些问题上双方意见不一致时，应该客观地分析问题，彼此宽容地对待，而不是针锋相对，强迫对方按自己的主张办事。

把重叠的部分保留，各自凸出的部分删除，就形成了一个梯形。这个梯形代表男人和女人，也可以看作家长和孩子彼此理解，遵循求同存异的原则，融合后达成的完美模型。这便是相处的秘诀——几何原理。

在冲突中，家长赢了孩子，也是输

常常听到父母抱怨为孩子操碎了心，可孩子并不买账，甚至因此酿成恶果。出力不讨好的问题出在哪儿呢？长期研究发现，这个问题主要出在家长平时没能跟孩子处理好关系。

大多数家庭在平时积累了大量的"怨气"，一旦遇到事情，孩子就会爆发出来，与家长发生冲突。一旦爆发冲突，家长的权威和平时的付出立刻化为乌有，孩子变得非常冲动，家长感到非常受伤，亲子关系向更加糟糕的境地发展。这是我们最不愿意看到的情况。

平时和孩子相处，几何原理是家长必须遵守的根本原理之一。要处理好亲子关系，就要按照几何原理跟孩子互动，将矛盾在第一时间化解。若我们一直跟孩子保持好关系，遇到问题自然也就好解决。

我们用正方形代表家长，三角形代表孩子。当家长和孩子在一起时，家长有家长的习惯，孩子有孩子的认知，在同一件事情上每一个人肯定都

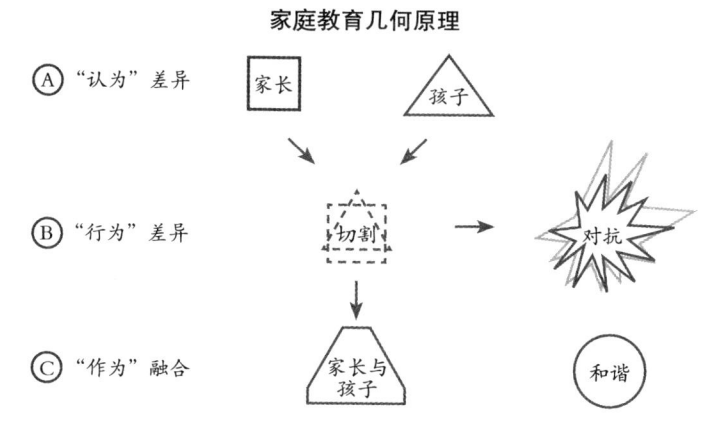

家庭教育几何原理

Ⓐ "认为"差异　　家长　　孩子

Ⓑ "行为"差异　　切割　→　对抗

Ⓒ "作为"融合　　家长与孩子　　和谐

家长与孩子交往是两个世界对话，要融合、沟通

有各自的意见，但是家长就此事如何与孩子相处非常关键。如果家长与孩子各持己见、互不相让，初次可能会产生情绪矛盾，但长期如此，将会出现冲突对抗的局面。

如果家长能够客观地分析问题，宽容地对待孩子、包容孩子，不强迫孩子做事，将会出现图中最下方的几何状态。这个几何图形代表家长和孩子彼此理解，遵循求同存异的原则，融合后达成的完美状态。

只有家长拥有掌控全局的能力，包容孩子，针对问题进行客观地分析，并在双方共同认可的基础上去沟通，不强制性地将自己的意见加给孩子，才能达到几何原理的和谐合作状态，才能与孩子和谐相处。

亲子冲突的根源在于"认为"不同

当您送去了过多或不当的"关照"时，家人不但不接受，还有可能感到这种"关照"是"负担"，甚至可能造成"战争"，让您的生活增加了许多"烦恼"。

我用一幅图做过一个思维测试：在图中有一头大象，大象的腿部通过线条进行勾勒，让不同的人去判断：这头大象有几条腿？

我进行过现场测试统计，有人认为这头大象有四条腿，有人认为有五条腿，也有人认为有六条腿、七条腿，还有人认为有八条腿。通过这个思维测试可以说明，眼睛看到的东西和思维认可的东西不一定客观正确地反映事实。人与人之间思维存在着差异，所以在教育孩子的过程中，实际上是两个世界——家长的世界和孩子的世界——之间的对话。从军事学角度分析，如果测试的所有人组成一个加强连，去消灭一个班的敌人，假如把大象腿看作高地的代号，会出现四号、五号、六号、七号、八号高地，全连一出发，大家就会分散到不同的地方，就会分散火力，导致不战而败。

怎么做才能力量最大化呢？力量越集中就越大。不过通过"大象腿"测试可知，人的"认知"是不可靠的。因此您在教育孩子时，不要太相信自己的"认知"。

第四章 教育有冲突时，家长最该做的事

我在北京市东城区的一个社区做讲座时，一位母亲焦急地对我说："我们家孩子和他爸爸已经水火不容了。只要两个人一说话，就会发生矛盾。轻则动气斗嘴争吵几句，重则动拳动脚大打出手。我总是在中间调和，但有时调和也解决不了问题，一家人都感觉很累。眼看孩子越来越大，我担心将来我们家会出大乱子……"

这位妈妈是家庭主妇，孩子已经上初三，孩子的爸爸在一个市场的固定摊位上做生意。一家人本该和和气气、快快乐乐地过日子，但父子俩都脾气不好，只要在一起就闹别扭："前几天孩子从学校回来，想让我给他买身800多元的运动服。我想了想，就带孩子去附近的商场买了一套。可晚上他爸爸看到这套衣服就冲孩子发脾气。他爸爸认为正在长身体的孩子，不应该穿这么贵的衣服，100多元的衣服就完全可以了，现在应把重点放在学习上。

"可孩子不这么认为，他觉得学校里的同学都穿这个品牌的衣服，自己不穿，就会被同学看不起，自己也应该有一件像样的衣服……"

这对父子各自都有自己的"认为"，孩子父亲的说法不无道理，但在亲子关系不和的情况下，要让孩子认可这个说法，让孩子心服口服，的确是个非常棘手的问题，且有一定的难度。

由于平时亲子关系没处理好，这件小事导致他们矛盾加大。这对父子关系发展到今天，已经有很多的积怨存在于双方的认为中。如果父亲不让孩子买这套衣服，孩子会认为父亲平时也是这样，一直就是跟自己过不去。而父亲认为，孩子平时不听话，一点不考虑家里的情况，将来会更加任性和不好管理。双方的误会会进一步加深。

当矛盾上升到这种情况时，要完全处理好这件事并非易事。就当下这件事，最好的处理方式还是遵循几何原理：在家庭条件允许的情况下，爸爸保持宽容，暂时搁置意见，满足孩子的这次要求。这便是几何原理的真实运用。

但此事不能就此结束。父亲应该以此为契机，寻求与孩子和平相处的

机会。同时创造和寻找最恰当的机会，跟孩子说清楚自己的意见，让孩子懂得父母的不易，更加体谅父母。

客观地讲，青春期的孩子对父母的指责和批评非常敏感，如果这位父亲用缓和的办法来跟孩子相处，还是能够达到顺畅沟通的目的的，亲子关系也会变得和谐、融洽。只要少发生正面冲突，采用更加智慧的办法，少发脾气，多跟孩子沟通，就不会出现大问题。

其实，不论是夫妻关系还是亲子关系，所有冲突的根源都在于认为的不同。当一件事情发生时，你坚持你的想法，我坚持我的想法，这样双方很容易起冲突。亲子关系尤为如此。虽然我们天天与孩子生活在一起，但我们掌握的信息与孩子理解的程度不匹配，彼此各有各的想法，难免会出现磕磕碰碰的。

这个案例告诉我们，不仅当下要多用几何原理，最主要的是，一定要提前用好这个原理。在平时的交往中就应该多用这个原理，让亲子关系一直保持良好的状态。至于不同的认为，慢慢地再找机会来沟通。每天只要用好几何原理，保持良好的亲子关系，那就有机会再来沟通不同的意见，寻求相同的利益点。

用好几何原理的四大原则

孔子说："君子和而不同，小人同而不和。"意思是君子在人际交往中能够与他人保持一种和谐友善的关系，但在对具体问题的看法上不必苟同于对方；小人习惯于在对问题的看法上迎合别人的心理、附和别人的言论，但在内心深处并不抱有一种和谐友善的态度。这个说法用在亲子关系上可以理解为，我们对待孩子首先应该保持和谐和包容的心态，但每个人都可以拥有自己的不同意见和不同风格。绝对不能表面上看上去是一家人，实际上一家人却不团结、不和气，甚至彼此结仇。

几何原理的本质就是求同存异。大家都是一家人，追求团结与和谐，不妨奔着求同存异的心态去解决问题。有了不同的意见，对未成年人来说，应该理解家长。但对家长来说，更多的应该是包容孩子，客观地分析问题，而不是一味地让孩子来服从。在保持亲子关系和谐的基础上，再用别的办法来说服孩子，而不是硬碰硬地强制孩子来服从自己的威严。在运用几何原理时我们应该把握好以下四大原则：

第一，差异性原则。针对不同的个体或不同的利益需求应使用不同的对待方法。这一原则是很多家长容易犯的错误。多数家长与孩子相处，常说：

"我像你这么大的时候，早能自己做……"
"你爷爷就是这样教育我的！"
"别人家孩子能拿第一，你为什么就做不到？"
"我花钱养活你，你就得听我的！"
…………

我们成人不成熟，天天用自己想当然的办法教育孩子，就会出现"孩子不好做，家长不好当"的局面。这些家长只顾教育孩子，而忽略了自己小时候与现在的孩子在时代、环境、区域、生活水平等方面的差异，自己孩子与其他孩子的区别等，违背了差异性原则，就可能导致利益满足中"牛头不对马嘴"，虽然我们花了很大力气，孩子却并不领情。

第二，适度化原则。孩子的想法、需求的满足既是有限的，也是无限的。所以，在运用几何原理时应该注意"度"的把握。

有些家长听了我的课后，自认为掌握了几何原理，回家后事事都使用。对孩子提出的想法、需求，自己能满足的都尽力满足。然而当有一天，孩子再有新的要求，而家长无法满足时，孩子就会与家长再次出现矛盾。这样的家长根本没有了解几何原理的精髓，应用效果当然可想而知。比如，有些孩子对家长说"我想去公园玩滑梯"，等家长带他去了之后，没玩一会儿，他又说"我想去超市"；等家长带着他去超市了，他又说"我想去河边"……

当孩子的一种想法或需求满足过快，而我们家长又没有做好满足孩子更高要求的准备时，这种过快的满足往往容易制造出新的差异矛盾。

第三，公平性原则。在同一件事情上，我们应该坚持统一、公平的满足标准。

我们每位家长都很注重孩子的安全，天天强调孩子要遵守交通规则，然后当自己与孩子同时过马路时，虽然是红灯，可是见路上左右都没有车，拉着孩子就向前跑。孩子努力强调是红灯，可是家长坚持过马路，不但不向孩子承认错误，还为自己狡辩："我是大人，分辨能力强，这样的情况，我认为能过，但是只有你自己的时候，一定不能过……"

很多人对这种小事满不在乎，感觉没什么。但反过来我们想一想，如果您的上司给员工定的规矩，他不遵守，还带头违反，违反后还要求："你们不能学我，你们还要遵守规矩……"您会是何种感想？

在同一件事情上，家长与孩子的标准不同，或家长对自己和孩子设定不同标准，会导致同一需求层次的波动，以至于在同一需求层次上孩子的需求出现数量或质量的差异。此时，新的矛盾就又会产生。

第四，契约性原则。与孩子和谐相处，就要研究孩子的想法、需求、利益等。然而孩子的想法、需求、利益等会随着环境的变化而变化，或随着他的成长经验而产生新的变化。作为家长，我们应该深刻地认识到这个客观规律，不断改进自己的习惯、态度、方法，不断调和与孩子的关系。但不可无原则和无底线。此时，需要我们坚持契约性原则，通过契约规范孩子需求的扩张性与无限性。

当然，几何原理中，要求孩子也要求同存异。这就要求家长要教会孩子用几何原理来对待不同意见。双方都有不同意见，但都愿意保留不同意见来追求统一认识，那么也就不会发生亲子冲突了。

如果我们能真正用好几何原理，相信亲子关系就不会发生冲突。平时用好几何原理，亲子之间就会风平浪静，和谐相处。遇到问题时，因为有之前的默契，孩子也会顾及家长的意见而有所收敛。

第四章　教育有冲突时，家长最该做的事

情绪处理原则：生气先问自己三句话——事大小，调高低，脸香臭

情绪处理原则：

当孩子产生问题行为的时候，其行为经常会激发家长的愤怒、烦躁等情绪，很多家长难以控制自己的情绪，将自己了解到的教育理念和方法置之度外，对孩子进行又一次"不理智的教育"。所以，要想完成这一挑战，需要掌握情绪处理原则：事大小，调高低，脸香臭。

在孩子成长的过程中，遇到问题时，我们是不是对孩子大吼大叫过？吼完又后悔？从某种意义上来说，情绪的管理是家长教育过程中的最大挑战。

当看到孩子做出你认为不对的事情时，不要立刻就指出，先想一想：这件事情到底有多大，我是不是小题大做了？（事大小）再问问自己：我说话的音调是不是太高了？（调高低）接着想一想：我的脸色是不是太不好看了？（脸香臭）如果将所遇之事提升到智慧的高度，就会控制情绪、避免冲动、回归理智了，就算遇到天大的事，都将很快找到解决办法。

111

孩子的问题究竟是什么？

面对孩子在成长过程中出现的各种各样的问题，家长常常感到棘手且无奈，轻则唠叨、发火，重则打骂，但这对解决问题并不奏效，孩子根本不会因我们唠叨而改正，因我们发火而听话，因我们打骂而进步。

人，终其一生都是在为大脑打工，大脑中潜意识的正确反应是人生制胜的法宝。孩子如同一部新电脑，家长输入的原始程序对孩子的一生影响至关重要，教育孩子的诀窍就是给孩子的大脑输入正确的原始程序。如果通过一次正确的强化教育，让孩子大脑的潜意识形成重复动作训练的程序，为孩子提供一次管一生的精确教育，那孩子一定会成为优秀的人才。

现在教育过程的问题可主要归结为三点：孩子情绪不好，家长办法不对，孩子动力不足。

首先，孩子情绪不好。孩子情绪不好大都是大人折腾的，不是老师就是家长。大人的脸色不好看、声音不好听、沟通不到位等，都是教育原理、原则上的错误，都是需要大人学习和改进的。比如，家长刚收拾好屋子，孩子立刻把玩具倒了一地，家长立刻面目狰狞，指责孩子，导致孩子情绪不好。

出现这种情况是因为家长和孩子的认识不统一。家长希望家是整洁、干净的，而很少有孩子会考虑这些，他们只想着自己如何探索会更有趣、更好玩。孩子往往不明白家长与他交流的内容是什么、为何这样做，但是家长希望孩子按照自己说的去做，这就导致孩子反感，违心地去做事。孩子从心理上认为家长不对，产生抵抗心理。

其次，家长办法不对。成年人不管是老师还是家长，都很缺乏"一次管一生的教育"的办法。比如，《亮剑》中的李云龙两发炮弹干掉坂田指挥部总部，端掉问题根源，而我们现在的家长、老师有没有这个断掉问题根源的水平和办法呢？我们要对孩子做精确的要求和教育，争取一次教育管一生。

最后，孩子动力不足。现在的家庭条件都比较好，不管孩子提什么要求，家长马上就满足。孩子的愿望得到满足当然是好事，但没有经历渴望的过程，容易导致孩子不懂珍惜、没有耐性，这就需要给孩子做训练，不要事事都轻易答应。

陶行知先生表达过"生活即教育""社会即学校"的教育理念。其实，与孩子相处的最好方式就是帮助孩子成为最好的自己。很多家长都希望孩子把学习搞好，有的还常对孩子说："你只管学习就行，其他什么也别操心。"导致孩子在生活中付出劳动的经历非常少，家务、社会实践也很少，这就会让孩子做事情缺乏动力，家长一定要有针对性地去做自我调整。

情绪管理好了，关系自然也就顺了

现在的大部分家长，不管借鉴他人经验还是通过阅读图书，都能学到一些教育孩子的方法，但为什么不能有效地把这些方法运用在孩子的教育上呢？因为在实践过程中，很多家长忽视了一个非常重要的因素：家长与孩子的情绪管理。

情绪管理是指通过认识、协调、引导和控制情绪，保持良好的情绪状态并由此产生良好效果的管理方法和手段。在与孩子沟通的过程中，我们要注意多正向地传递好情绪。在家庭的情感账户里，好情绪是无形的人力成本，坏情绪却是有形的管理成本。

根据不同标准，情绪的分类也不尽相同。按方向划分，可分为正面情绪和负面情绪。正面情绪包括以快乐、满足、感恩、平和等为特征的行为，负面情绪是指以愤怒、恐惧、悲哀和破坏性等为特征的发泄行为。

> 负面情绪方向：家长与孩子沟通的消极方式
> 命令，给孩子下命令、指示，告诉孩子必须做什么。
> 警告，训诫，威胁，告诉孩子他的行为将带来的后果。
> 告诫，说教，告诉孩子应该做什么。
> 评判，批评，给孩子负面的评价和评判。
> 嘲笑，使孩子感到很羞耻，瞧不起孩子。

正面情绪方向：家长和孩子沟通的积极方式

倾听，耐心听取孩子意见。

建议，给孩子答案和建议，告诉他如何解决问题。

表扬，给孩子正确的评论与评判，同意他的观点。

解释，分析孩子的动机，对他表示理解，知道他为什么有这样的言行。

安慰，试图使孩子的心情好转，改变他的心情，消除他的负面感觉。

查究，试图找到原因和动机，寻找能够帮他解决问题的更多信息。

人的行为轨迹中的时间是变化的，人在不同时间出现在不同的空间内；人的空间是分隔的，人在不同的空间活动，导致人与人之间的信息不完全畅通；人的情绪却是连续的，人在不同的时空中产生的情绪会积累并逐渐放大或缩小，并在一定时空条件下爆发或消失。

人的情绪是可以传播的，无论是好的情绪，还是坏的情绪，都可以跨越时空分布并传播或"感染"其他人。比如，一个孩子在家里心气不顺，可能把这种心气带到学校或其他场所；一个人如果在单位心气不顺，可能把这种情绪带回家庭，引起家庭的不快。如果个人的情绪没有得到及时的宣泄，被放大并感染了整个社会群体的情绪，那就成为社会情绪，将引发各种社会问题或社会矛盾。

在家庭中，管理好情绪，经营好情感，成本就会变资本，情绪就会变效益！我们只有注意家庭中的情绪管理，才能很好地处理孩子与家长之间的关系，将好的情绪融入家庭中。

不良情绪只会在教育孩子时帮倒忙

现在很多家长平时很少和孩子相处，也不陪孩子玩，不去了解孩子，更谈不上和孩子进行有效沟通，于是就会在教育中经常出现问题。家长所

第四章 教育有冲突时，家长最该做的事

谓的"孩子的问题"，在每个家庭中都有发生，但有些是完全可以避免的。

孩子还小，基本没有准确判断是非的能力，容易按照自己的喜好来判断，这是一个不争的事实，但问题是，很多家长的喜好也是感性的、不理智的、容易犯错的。当你看到孩子或家人做了你认为非常不对的事情时，通常你会怎么做？

多数人会立刻指出孩子或家人的错误，与孩子或家人沟通无果后，不管事情大小，多会丧失理智，从而音调升高，变成怒火，导致自己面目狰狞，让孩子、家人不敢直视。我们想一想：假如我们板着脸冲孩子吼叫："我很爱你！""这都是为你好！"孩子会认为这冷冰冰的语言是家长对他的爱吗？

有研究表明，一次沟通中，有70%是情绪，30%是内容。如果沟通情绪不对，那么内容就会扭曲。孩子接收的重点只会放在家长的情绪上，最后才会关注家长说话的内容。比如，孩子摔门而去，就是家长让冲动控制了自己，而导致孩子出现情绪化的表现。往往是道理很明白，但因家长说话的音调、方式不当，不但没有达到效果，还得罪了孩子。

记得有一次，我在理发店理发时，见一位家长带着一个十来岁的小女孩进来理发。家长与理发师沟通，要求给孩子把头发剪短些，只要能梳个小马尾辫就行，还用手比画着剪下多长。

孩子在一旁听着，委屈地跟妈妈说："我不想剪了，咱们走吧！"

此时，妈妈碍于面子，当场就冲孩子发火了，说："你这孩子怎么这么不听话，让你剪个头发怎么跟要你的命似的？再不听话，我让理发师给你剃光……"

听到这些对话后，我示意这位妈妈照照镜子。她从镜子中瞥了一眼，感觉很不好意思，忙向我致歉。

我与这个家长说："让我来与孩子沟通沟通。"家长点了点头。

我问孩子："小朋友，你是不是不想理发，想留长长的辫子？"

孩子摇摇头。

115

我接着问:"那妈妈带你来理发,你是同意的,对吗?"

孩子哭着"嗯"了一声。

"那你现在又不想理发了,有什么原因吗?"

孩子看了一眼坐在远处生气的妈妈,小声地对我说:"因为我妈妈刚才说给我理得剩一点点,那样会很难看。她常常自作主张,让我按她的要求去做,我要是不服从她,她就开始冲我发火。今天还当着这么多人的面,我不但心里难过,而且感觉没有脸面,所以就更不想理发了!"

掌握了情况之后,我又与这位家长沟通:"如果孩子的小情绪不及时观察和解决,便很可能在日后与家长之间形成大的冲突。负面情绪必须在安全线内得到及时有效的正面干预。长期的负面情绪困扰得不到解决,会降低个人和家庭的生活质量,影响孩子的性格形成,严重者会导致恶性事件发生……

"我们在与孩子相处时,对于孩子的情绪管理不仅要引导正面情绪,还要调解、控制负面情绪,减少负面情绪对人和社会的损害。"

这位家长恐慌地问:"我就是控制不住自己,我该怎么做呢?现在真拿孩子一点办法都没有!"

我告诉她:"当您看到孩子做出您认为不对的事情时,不要立刻指出来。首先想一想'这件事情到底有多大,我是不是小题大做了';再问一问自己'我说话的音调是不是太高了';接着看一看'我的脸色是不是太不好看了'。"

我接着对家长说:"生活需要智慧,在生活中遇到问题的时候就是智慧发挥作用的时候。当事情发生时,头脑应尽快反应:事大小、调高低、脸香臭。记住这个口诀,再去与孩子沟通一次吧。"后来这个孩子很高兴地去理发了。

无效的教育常常是随意性的经验发挥,而有效的教育是有原则的规律影响。如果没有正确区分事情的轻重、大小,或者说话的音调过高,又或者没有控制好自己的面部表情，那就不要责怪孩子有问题。

处理情绪事件时，提前做好心理准备

在运用"情绪处理原则"时，不仅要记住口诀——事大小、调高低、脸香臭，还需要一些心理准备。

首先，辩证地分析问题。任何事情都有好的一面和坏的一面。乐观的人总是能很快地看到好的一面，悲观的人却相反。当孩子考试成绩不理想时，如果家长能正确地对待，理解并体谅孩子，这对于孩子的成长将是一次宝贵的经验，孩子会因此而努力奋斗；如果家长不能辩证地分析问题，而是抓住孩子的问题不放，可能会导致孩子的问题变成真正的问题。

其次，生活是艺术，没有对错。人生赤条条地"来"，即使"去"也不会带走什么，没有输赢。遇到事情应多想办法，而不是相互争你我的对错。这是人与人之间相处最容易被人忽略的，也是最为关键的部分。

最后，对家人好就是对自己好。很多家长在家庭中践行"越亲越伤害"的行为，把家人当成自己负面情绪的垃圾桶，既伤害了家人，也伤害了自己，因为家人是自己不可分割的一部分。

如果我们具备以上心理准备，理智地看待问题，正确区分事情大小、轻重、缓急，然后调整说话的音量和音调、表情的轻松和严肃，让一切回归到理智的轨道，不让冲动的情绪控制自己，那么遇到再大的问题，都会变得不成问题。

读者实践反馈：

不知不觉，参加"家庭公约"训练营已经两周了。虽然时间不长，但家人之间的相处已经发生了变化。在上周末的小组视频分享会上，我分享了大宝的故事。

上周四早上，孩子的爸爸说："我们把家里的机顶盒报停吧，反正都不怎么看电视。"我点头表示同意了，大宝也同意了。因为听爸爸说想买网络机顶盒。孩子的爸爸和我沟通到底买不买网络机顶盒的时候，我明确表态"不买"。下班回到家，孩子的爸爸心平气和地对大家说："网络机顶盒还是不买了！"话音刚落，大宝一愣，跺着双脚大吼道："说好了买，又不买！"孩子的爸爸说："我没说一定要买啊！只是说想买！"大宝怒气冲冲地转身跑向角落的沙袋，不停地踹、踢、吼叫，甚至用手去捶打沙包。我就在一旁看着，没有作声。

爷爷正在厨房煮菜，听到大宝的叫声立刻冲出厨房，疑惑地看着我们，正准备说什么，我坚定而平和地说："爷爷，您什么都别说，别管，我们来处理吧。"爷爷犹豫了一下就慢慢地走进了厨房。这时，大宝的气还没有发泄完，他的吼叫又把在房间收拾东西的奶奶吸引出来了，我走过去轻轻地对奶奶说："奶奶，不要管他，我们会处理好的。"奶奶也是犹豫地回房间了。吃晚餐时，大宝自己盛了碗白米饭，坐到自己的书桌去吃，这时奶奶紧张地说："这怎么行，就吃白米饭？"我说："没事！他喜欢就好！不用管，不说话就行！"一直到小宝要上网课的时间了（我已经和小宝在房间里准备上课），这时，大宝悄悄地开门进来，轻轻地对我说："妈妈，能不能宽容一下，让我玩下游戏？我约了同学一起玩！"大宝边说边向我双手合十，我先是一愣，接着说："你自己看着办吧！"他脸上的神情让我感觉到，他很想我说同意，但我又不想明说，因为之前约定的游戏的时间并不是现在。接下来，我又说："你先出去，不要影响弟弟上课！"他走出了房间。

我接着用微信留言给他："我没有想到你会进来征求我的意见，谢谢你对我的尊重！我想你洗完澡再玩手机游戏，你看可以吗？"他愉快地接受了我的提议。

还有一次大宝写完作文后，我建议他读出来，这样才知道怎样修改，但他就是不读，还跟我顶嘴，我一时没反应过来，跟他顶了几句。后来马上冷静下来，我双手交叉在胸前，说："暂停！你先静下来，我一会儿再跟你说！"说完我走进厨房做菜。他冷静下来后，就主动过来问我，我一边做菜，一边和他说："想要写出一篇好的作文，要经过自己认真修改才行。"他接受我的建议，修改了作文，并得到老师的好评。

通过学习"家庭公约"，我们学会并运用了齐教授的情绪管理——闭嘴，转身，迈步走。当情绪上来的时候，离开是最好的处理方式。先处理各自的情绪，等情绪平复下来后，再处理事情，这样才能收到效果。

专家解读：

在这则故事中，先运用了齐教授的情绪处理原则。在孩子暴跳如雷的情绪下，你传递好情绪和正导向，引导家人长辈都先管理好自己的情绪。在处理孩子修改作业时，家长又做到了化解冲突，让问题得到很好的解决。运用了时间滞后（不出声），空间分隔（离开现场）。当孩子冷静下来后他才能思考这样做对不对。这叫作先处理心情，后处理事情。

孩子心情调整好后，再跟你沟通他的需求，你又运用了杠杆原理，当孩子知道上网玩游戏完全没有可能，他仍能有礼貌地请求你时，你及时鼓励、表扬强化了孩子尊重他人的表现，这对他将来做人做事是个很好的提升，同时你根据实际情况移动了杠杆的支点让他玩一会儿游戏。齐教授说：要想让孩子跟我们走，就要了解孩子的合理需求，移动支点，撬动孩子，这样孩子自然会跟我们走，此时，便处于"主动状态"中。

不知不觉中，分享者就运用了"家庭公约"中的几种处理问题的方式。分享者把学习到的公约理论，运用到和家人及孩子的沟通中，真正做到了学以致用。知识不是力量，将知识学以致用才有力量。

冲突原则：家庭教育有分歧，不争对错找问题

冲突原则：

冲突原则一：不争对错，只找问题。
冲突原则二：发现问题，分析问题，解决问题。

不争对错，只找问题

人们在遇到事情时，多会以自己的认知做判断，心里会盘算：
这事对吗？
这人行吗？
有好处吗？
…………

然而，认知来源于人的经验与价值观，人的经验来源于人的经历与环境，不同的认知便有不同的判断，不同的判断就会有不同的行为，不同的行为将产生不同的结果。

我辅导过一位出身于军人家庭的学生，他在部队是位军官，他的

第四章　教育有冲突时，家长最该做的事

父亲也是退伍军人，家有一个3岁半的男孩。本来大家庭非常和睦，但随着孩子一天天长大，家庭矛盾越来越突出。

这位学生在与我沟通时，满脸无奈地说："齐教授，我们家好几代单传，加上我结婚生子晚，现在有了这么个男孩，我老父亲那叫一个百般呵护。可在教育孩子的问题上，我爱人与长辈有很大分歧，他们一有争执，就让我来评理，但有时也分不出谁对谁错。一边是长辈，一边是爱人，身为五尺男儿，我夹在中间真的做不到能屈能伸。

"每天回到家中总是火药味不断，感觉活着真的非常累。我想邀请您去家中做客，帮我调解一下矛盾……"

我按约定时间来到学生家中。见面聊天，老人除了脾气有点倔，其他都非常好，待人非常热情；孩子妈妈温柔贤惠、孝敬长辈，感觉也是一个知书达理的人。可等孩子放学回到家时，"战争"就开始了。

孩子边换鞋子边与家人打招呼："爷爷、奶奶、爸爸、妈妈，我回来了。"

老人一看到孩子，脸上就乐开了花，说："乖孩子，快过来，让爷爷亲亲。"搂着孩子，左脸亲了右脸亲。

此时，孩子的妈妈从厨房走出来，立刻把孩子拽到自己身边，说："爸，我们知道你疼孙子，但是你这样亲他，对孩子真的不好……"

老人的脸一下子变得铁青，大声吼道："你们口口声声说对我好，可是我亲亲孙子都不让，叫什么好？是不是嫌我老了，嫌我脏呀……"

孩子爸爸对我说："平时爷爷亲孩子，妈妈下班也想亲孩子，但一闻到孩子脸上被爷爷亲过的烟草味，爱人就生气了，让我来说谁对谁错。两个人都爱孩子，我又不能说不让谁亲……"

紧接着老人走到我跟前说："正好，齐教授，您来评评理，到底是我的错，还是她的错？"

我安慰老人说："您没有错。您和孩子的妈妈都爱孩子，谁都没有错。咱们不争对错，只找问题，可以吗？"

老人不服气地说："齐教授，您别和稀泥了。我没错，那就是她

121

的错。"

我耐心地与老人沟通："您别生气，请坐下来。如果真要分个对错，我说她错了，您没错。您高兴吧？"

老人脾气缓和了一些，开始坐下来思考："是我对，我以后还亲孙子。"

我回答："虽然我判决出了输赢，但看起来您并没有想象得那样开心！如果以后您还这样亲孙子，那矛盾还会发生是不是？"

老人此时冷静了很多，略微点了点头。

我接着分析："刚才您是道理争对了，但想一想，是不是把人得罪了？如果她生气了，就会影响您儿子、孙子的心情，甚至影响整个家庭，从而形成恶性循环。这样的结果是您想要的吗？"

老人摇了摇头，问："那应该怎么做？"

我说："用'输、赢'来解决问题是沟通的一大误区。我们不应争对错，应该找问题。争对错针对的是人，而人是无限复杂的，所以很难争出个结果。争对错的结果是重复错误，让冲突越来越大，从而埋下隐患。

"我们要找问题，找问题是对事而言，而事是相对简单的，所以容易找到解决办法；找问题的结果是'改变'，避免重复错误。"

生活是一门艺术，而艺术是没有对错的，所谓清官难断家务事，正是因为家务的是非本来就是很模糊的，是没有标准的。一般在事情发生时，我们往往只想到谁输谁赢，甚至还会为此吵得不可开交。在这场论"输赢"的争斗中，经常是，道理争对了，人也得罪了。这样的结果是我们想要的吗？

我们如果不去争输赢，只找问题，然后解决问题，遵循冲突原则，反而能得到更多的爱、更和谐的家庭。相信，这也是我们每一位家长所期盼的。

老人想了想，单独跟我说："找问题的话，就是我喜欢孙子，想亲他，可孩子他妈不让我亲，但她有时候也亲孩子。凭什么她亲行，我亲就不行，这不就是针对我吗？"

我说："刚才您说的，是所发现的问题，是这个问题被我们所看到的表面现象。这是解决问题的第一步。我们要对事而言，一定不要针对人。

"第二步，需要我们分析问题。孩子妈妈不让您亲孩子，并不是阻止您爱孩子，也并不是嫌弃您本人。

"吸烟者的呼吸道、口腔中有尼古丁、烟焦油、一氧化碳、一氧化氮等有毒物质的残留。婴幼儿对这些物质非常敏感，容易诱发哮喘等呼吸道疾病等。不管是您还是孩子爸爸，吸烟后最好不要亲吻孩子，最好改变和孩子的亲近方式。"

老人听了我的分析后，意识到自己的错误，说以后尽力改正。但我知道，说到与做到是两码事。

第三步，解决问题。我又把孩子单独叫到屋里，跟他玩游戏：孩子扮演爷爷的角色，我扮演孩子的角色。当他模仿爷爷亲孩子时，我说："爷爷不能亲，嘴脏脏。嘴香香，才能亲。"他就模仿刷牙，之后再亲。接着我们互换角色，互相模仿几次后，孩子都学会了。亲吻孩子的问题就这样解决了。

后来这位爷爷给我打电话："齐教授，您的办法真是管用。我虽然答应你不亲孩子，但有时候还是忍不住，但每次刷牙又非常麻烦。我的孙子在你的引导下，现在又发明了一个好办法：爷爷亲左边，妈妈亲右边。再后来我亲孩子次数少多了。现在我已换了一种方式爱孩子，给孩子一个拥抱……"

孩子学习有问题，不等于孩子有问题

现在，很多家长仅仅把学习看作知识的灌输，很容易因为学习与孩子发生冲突。当孩子学习不好的时候，家长往往会说：

"我家孩子不爱学习，成绩不好，天天就知道玩。"
"我家孩子就是学不好英语，很偏科。"
"我家孩子脑子很笨，就是学不会数学。"
…………

这种不断强化的"负面定义"让孩子认同了自己是"不爱学习的人""偏科的人""脑子笨的人"。

其实，生活与玩耍才是孩子的第一项学习，请家长一定要理智地对待学习问题，正确处理学与玩的关系：学习是孩子的生活重心，通过学习，可以让孩子获得应有的知识和技能，为今后走上社会，为社会服务做好准备；玩是孩子的天性，孩子都爱玩，学习之余，参加适当的文体活动，玩一玩，让孩子脑子松一松，调节一下生理和心理节奏，对促进他们的新陈代谢、提高学习效率很有帮助。

真正会学习的孩子都是具有"发现问题，分析问题，解决问题"综合能力的人，就像我们小时经常玩的叫"剪刀、锤子、布"游戏的"三盘两胜"循环一样。所以，学习应是"手掌+手指"的"剪刀、锤子、布"完整的循环。

比如，我们发现问题——孩子偏科或成绩不好，若是两三科不理想，那我们就玩一下"剪刀"的游戏，批评孩子时就只说"剪刀"，也就是说在"处理"问题时一定要"局部"插入，就事论事，说完就完了！千万不能犯"眉毛胡子一把抓"说东又道西的低级情绪管理错误。

但如果在"分析"孩子问题时，一定要"眉毛胡子一把抓"，就是要从一个完整的"布"的全局看，这样能"及时提醒"家长看到孩子的优点而少犯错。

为了让大家能更好地处理好孩子的学习问题，我们可以先做一个"提醒游戏"：

第四章 教育有冲突时，家长最该做的事

我们伸出自己的手，它是由一个手掌和五根手指头组成的。手掌代表我们自己，手指就是孩子。手掌和手指连在一起就是家长和孩子的家庭关系。以后我们在唠叨或处罚孩子时，请先"打"自己的"手掌"，看痛不痛，用痛来"提醒"自己，避免自己沟通"情绪化"。然后再"数一数"自己的"手指"，提示自己全面看孩子的学习内容。如果我们先打自己手板再说孩子的问题，就一定会大有进步！

孩子的"成绩"问题无非是个"手指"不理想的局部问题而已。

"分析孩子问题"应从手的整体"布"形上看，只有用一个"全景思维"去分析和说明问题才能公平地对待孩子。

在"解决孩子问题"时，需要帮助孩子将手掌和五个手指攥成拳头、形成"锤子"才能解决问题，这需要家长逐项来解决，且情绪要正面、程序要准确，在适当的时间、地点做适当的事才能真正地解决好问题。

> 冲突原则一：不争对错，只找问题。我们在与孩子、家人相处时，不论发生什么事情，一定要记住"不争对错，只找问题"。
>
> 冲突原则二：发现问题，分析问题，解决问题。这也是解决问题的"三步理论"。

我们在"发现问题"时往往都是"片面的"，只是我们看到的表面问题，如同"剪刀状态"。而"分析问题"时又往往很不全面，不能如同"布状态"那样完整，很多人缺乏整体地、全面地分析问题的能力，发现不了问题背后的原因，只是就自己发现的表面问题去寻求解决办法，这往往会导致问题恶化；在"解决问题"时若手掌不能聚齐五指，攥成拳头形成"锤子状态"的合力，问题就不能很好地得到解决。

现在，我们多换几个角度想一想，应怎样理性地对待孩子的学习。我们在面对孩子的学习问题而头疼时，可以想一想冲突原则：

> 原则一：不争对错，只找问题。

原则二：发现问题、分析问题、解决问题。

为了方便大家理解，我把面对孩子学习问题时所运用的冲突原则转换为下面的公式：

看待学习＝身体（一个载体）＋德、智、体、美、劳（五项指标）
评价学习＝发现问题＋分析问题＋解决问题（三种能力）

一个载体：我们的"手掌"犹如孩子的"身体"，孩子能健健康康，该吃饭时吃饭、该睡觉时睡觉、该锻炼时锻炼就可以了，试想一下，有多少残障儿童希望拥有一个健康的身体。如果手掌代表孩子的身体，孩子拥有健康的身体，就已是我们做家长的天大福分了，我们要懂得知足与感恩。

五项指标：我们的"大拇指"相当于孩子的"品德"；"食指"代表智力，也就是我们嘴上常唠叨的学校"功课"；而"中指和无名指"代表"体育、美术"等文化素养，就是我们常说的兴趣爱好；剩下的"小拇指"就是"劳动"。

我们在看待孩子学习时，一定不要给孩子乱贴标签，要对孩子学习的某项弱势寻找问题的根源，进行分析，而不能直接否定孩子。

倾听原则：主动倾听，让沟通简单而有效

☀ **倾听原则：**

当孩子遇到问题时，到底应该怎样简单有效地沟通呢？我们可以尝试用一些非常简单的话来做引子，例如"嗯""啊""是吗"，或"说吧，我听着呢""来，我们好好谈一谈"等，来表明自己在"主动倾听"，这也是建立沟通最有效的方法。

生活中，很多家长都喜欢扮演管理者和审判者的角色，孩子一旦出问题，立刻就居高临下地"管理"孩子。首先训斥："你怎么搞的，竟然才考了60分……"接着暴打，让孩子感受肌肤之痛以增强孩子的记忆，然后惩罚孩子，比如，一周不许看电视，一个月不许出去玩……

很多家长根本不会采用正确的方法处理孩子的问题，非打即骂，或训诫，或讽刺，或嘲笑，或羞辱……我理解家长希望通过这种方式来刺激孩子，来唤起孩子的自尊心，让孩子奋起直追，但结果往往是孩子越来越差，问题越来越多，情况越来越严重。如果家长不知道方法错误，还一意孤行，就会把一个好端端的孩子逼上绝路。现在，寻找解决办法，亡羊补牢，为时未晚。

主动倾听，是有效沟通的前提

我从事家长教育工作多年，遇到过形形色色的家长找我解决孩子的问题，我经常让这些家长先描述他与孩子是怎样沟通的。当孩子遇到问题时，与孩子畅通无阻地沟通，才能真正地解决问题，这是每个家庭、每位家长都热切关注的问题，也是当今社会很棘手的问题。

家长们的回答各种各样，我将其归纳为以下几类：

命令、指示性的；警告、威胁性的；告诫、说教性的；建议、答案性的；教导、授课性的；批评、责备性的；表扬、同意性的；嘲笑、羞辱性的；解释、分析性的；安慰、同情性的；查究、询问性的；转移、说笑性的。

家长用这些办法与孩子沟通，一开始可能会非常有效，用的次数多了就不起作用了，家长们却坚持且广泛地运用以上方式，长此以往，容易让孩子失去自信心和对家长的信任。因为这些方法阻碍了家长与孩子的进一步沟通，只停留在表面，并没有进一步了解孩子的想法和感觉，从而造成沟通障碍。

当孩子遇到问题时，到底应该怎样简单又有效地沟通呢？我们可以尝试用一些非常简单的话来做引子，例如"嗯""啊""是吗"，或"说吧，我听着呢""来，我们好好谈一谈"等，来表明自己在"主动倾听"，这也是建立沟通最有效的方法。

倾听是家长以自己为信号接收器，理解孩子发出的信号，把所理解的意义再次传达给孩子，从而得到反馈，家长以核实自己的理解是否正确，使孩子真正认识到自己的感觉和表达。孩子不仅在被理解的过程中感到了家长的爱，家长也在这个过程中更加了解和爱孩子，并引导孩子更深入地思考自己的问题，找到解决问题的方案。

第四章 教育有冲突时，家长最该做的事

女儿说：今天老师叫我到办公室去了。

妈妈问：哦？

女儿说：语文老师说我在课堂上搞小动作，话太多。

妈妈问：是吗？

女儿说：不过他也太过分了，教课不认真，总是抱怨工作太辛苦，还总是提他家里的事。他的课太无聊了，同学们对他的课不感兴趣。

妈妈问：嗯？

女儿说：那上课一点事不干也不行，所以我就趁老师讲无聊的事时与同学聊聊天、开开玩笑什么的。这么差劲的老师也来教我们，我简直要疯了！郁闷！

妈妈沉默。

女儿接着说：嗯……其他老师都还行，我上课也认真，就是这个语文老师太差了，也不知学校怎么会用这样的老师。

妈妈沉默，耸肩。

女儿说：唉！也没办法，只好认了，将就吧！不是每个老师都是好老师，再说我要是不好好上课就拿不到好成绩，也就上不了大学了。

这位家长先让孩子真正地认识到自己的感觉和表达，然后让孩子在被理解的过程中感受家长的爱，而家长也在这个过程中更加了解和爱孩子，继而引导孩子更深入地去思考自己的问题，并找到解决方案。

当孩子有困惑情绪时，解除困惑最好的方法就是发泄内心的情绪，而主动倾听正是引导这种发泄的最好方法。家长主动倾听可以引导孩子发泄情绪，并使孩子真正地认识到自己的感觉。久而久之，孩子就不会因为畏惧负面感觉而不和家长沟通了，为温馨的家庭与亲子关系打下了坚实的基础。

倾听原则的技巧和必备态度

德国教育家卡尔·威特说:"我认为倾听是一种非常好的教育方式。因为倾听对孩子来说,是在表示尊敬,表达关心,也是在促使孩子去认识自己的能力。"人的思想往往需要通过语言表达出来,如果我们不愿意倾听孩子,又怎么能全面地了解孩子呢?一定要学会主动倾听,让孩子自己解决问题,我们也能了解孩子所采用的方法,通过这种方法让孩子体会到我们对他的信任,同样我们也会得到孩子的信任。

主动倾听还可以引导孩子更深入地思考自己的问题,及寻找解决问题的方案,而且,当孩子感觉自己的观点被接受时,也会更主动地听取家长的意见。当然,倾听原则也有一定的技巧及必备的态度:

第一,我们必须准备好去听孩子说话。当您正在看报纸时,孩子对您说:"爸爸,我想跟您说件有趣的事。""你说吧,什么事。"自认为很民主的您答应孩子的请求,但是,您并没认真去听孩子的话。沟通需要眼对眼,虽然您不断地"嗯""呀"地附和,但您的眼睛一直放在报纸上,根本没正眼瞧孩子。可以想象,孩子是什么样的心情。因此,当孩子想跟您沟通时,您必须准备好去听孩子对您说的话,必须为倾听孩子说话而付出时间。如果您没有时间,就应该跟孩子说没时间。

第二,我们必须真正接受孩子。当孩子手舞足蹈地对您说:"爸爸,猜猜今天发生什么事情了?我被选入学校足球队了!"

您应该说:"你一定感到非常自豪吧!"

孩子:"那当然!"

我们要真诚地接受孩子的感觉,即使这些感觉或想法与我们的认为有很大差别。

第三,我们必须相信孩子的能力。有些家长在碰到自己无法解决的问题时,常常会责备自己无能。比如,当读初中的孩子突然有一天对您说:"我不想去上学,因为我根本不想上大学。"

多数家长经常会犯同样一个错误,那就是承担起为孩子解决问题的任务，而这样做只会给家长带来沉重的负担，这样做是不正确的。因为一个人的智慧是有限的，而且我们所给的答案不一定能够完美地解决孩子的每一个问题。

其实，每个孩子都具备解决问题的潜力，家长的任务是帮助孩子开发这种潜力！虽然在某些问题上孩子需要帮助，但他更需要的是家长把寻找、发现答案的责任交给他自己去承担，使他能够找到满足自己需求的解决问题的方法。

第四，我们必须明白孩子的感觉是暂时的。经常听到孩子诉苦："唉，我们今年的新老师怎么又笨又蠢！我实在是无法忍受她。"面对这样的问题，您怎么办？

孩子发出信号，家长相当于接收器，作为家长我们要确认："听起来你对你的老师很失望。"这是把我们所理解的意义再一次传达给孩子，得到反馈，从而核实我们的理解是否正确。我们必须认识到孩子是一个独立的人。孩子有自己的生活方式与个性，也有自己的感觉与想法。我们必须明白孩子的感觉只是暂时的，而不是永久的，孩子一时的感觉不会永远留在他心里。

认真原则：当和孩子说要认真的时候，请给出明确的目标和行动计划

❋ 认真原则：

认真 = 目标明确 + 程序完整 + 结果达标

家长都希望孩子做事"认真"，且运用自如：上课要"认真"听讲；课后要"认真"写作业；吃饭前要"认真"洗手……干什么都要"认真"点！那什么是认真，您怎么理解认真，又是怎么教给孩子的呢？

你要孩子"认真"，你真的说清了吗？孩子真的听懂了吗？

大部分家长、老师教孩子的都是："认真就是不马虎""一心一意""不三心二意""一丝不苟""注意力集中""全神贯注""不分神"……可孩子该如何理解与实际操作呢？他们在想："我既不马，也不虎，你告诉我怎样做才能不马虎呀！""我没有三心二意，我在全神贯注、一丝不苟……但就是达不到目标呀！"

认真是一个非常重要的，从思维到动作的连贯式、结果性、评价类概

念与能力，对孩子而言是"一次管一生"的大脑精确教育，而我们大部分家长没有能力将孩子训练成具有认真达标能力的人，责任在"官"不在"兵"。

请家长在教孩子认真的概念时，把孩子当"士兵"看，您作为"长官"发出的每一个"指令"，都要有军事学的三要素：目标明确、程序完整、结果达标，让士兵明确"任务"、看懂"动作"、了解"程序"、检查"战果"。比如，说"向左转"，他便会向左转，说"向右转"，他也懂，也可操作达标。动作逻辑与结果状态要具备一致性的衡量标准，即认真＝目标明确＋程序完整＋结果达标。

一个"学做醋熘土豆丝"的朋友启发了我如何教孩子"认真"

有个教德裔的美国朋友做醋熘土豆丝的有趣的故事想要分享给大家。自从教他炒完土豆丝后，我发现比起他，我实在算不上个认真的人！

> 我在美国生活了许多年，周末经常跟朋友们聚会。他们的习惯是每人或每家带一两个拿手菜，放在一起分享着吃。我的特色菜经常是最简单的醋熘土豆丝、蒜蓉茄子等，但是非常受欢迎。当时有一位美国朋友就酷爱我的醋熘土豆丝。
>
> 有一天，他对我说："David（我的英文名字），我非常喜欢你的那个'中国炸薯条'菜！"
>
> 我说："那不叫炸薯条，那叫炒土豆丝。"他非常认真地重复"炒土豆丝""炒土豆丝"，一遍又一遍。我感觉很好笑。
>
> 又是一个周末，他问可否向我学"炒土豆丝"。
>
> 我说："好啊。"
>
> 他马上问："什么时候方便啊？"
>
> 我说："随时。"
>
> 他很认真地更正道："不能随时！"

我问:"为什么?"

他说:"你看,周一到周五大家都工作,肯定不行。周六、周日才可能,下周一我再约你具体时间。"

我一想合理,就说:"好的。"

周一上午,他来电话约我时间,问:"我想周日到你家,向你学怎么炒土豆丝,你看什么时间方便?"

我习惯地说:"随时。"

电话那边就没声音了,我突然意识到他的"不可操作感"又来了,我赶紧补充道:"你希望几点?"

他立刻说:"David,我希望周日下午两点到四点,耽误你两小时,可以吗?"突然间,我也找到了非常清晰的"可操作感"与被尊重的感觉,非常高兴地答应了。

周日下午两点整,"叮咚",门铃响了。我开门一看,果然是这位老兄,他手里还提了个工具箱。我看到门外的一辆白车,就好奇地问他:"那是你的车吗?"

他说:"是呀!"

我惊奇地说:"我十几分钟前就看到这辆车了,你为什么到了却没进来?"

"噢,我们约的是两点整。"他很认真地说,他让我突然想到一句话,"守时就是守信"。

进来后我赶紧引导他:"咱们客厅坐,先喝点茶,吃点点心再炒菜。"但他没动,而是问我:"厨房在哪儿?"

我一指,他坐都没坐,直奔今天的目标——厨房。

这就是完成"认真"的第一步——"目标明确"。

按中国的习俗,客人来了,会和客人先喝茶聊天、吃点心,然后再炒菜。结果是许多人经常聊过了头,把正事给忘了,或留给正事交流与操作的时间不够,造成结果不佳,你是不是也经常这样?很多孩子也是这样,

第四章 教育有冲突时，家长最该做的事

比如，做作业前准备不足，做作业中小动作太多，有效学习时间很少，学习成绩自然不理想。家长应及早训练孩子的"目标意识"，做好认真训练的第一步。

他进厨房后，就在操作台上用手比画："从这儿到这儿的空间，我可以用吗？"

我一看他要的大约有1.5米长的平台，说："没问题。"

然后，他把工具箱一放，就往外掏东西，笔、本、卡尺、秒表、量杯等。我非常好奇地问他："哎，你这是干吗？"

"准备跟你学炒菜啊！"他说。

我不理解地说："学炒菜？你用这些东西干吗？"

他说："不用这些工具，怎么学呢？你们中国人怎么学炒菜？"

我说："我们很简单，看看就行，顶多带个笔和本。"

他也很吃惊，认真地想了一下说："我没你们中国人那么聪明，没有这些工具，我不知道怎样操作！"

这完全是两种不同的认为和习惯，彼此都不理解，多少都有点情绪化。我突然想起这位老兄是位德裔美国人，难怪！德国人的思维模式、行为习惯是做事必须有程序，必须拿工具。

于是我赶快说："那好吧，不说了，开始练习炒菜吧。"

说着我拿盆子取了土豆，开始清洗。我这一洗，他马上开问："David，请慢点！这是什么土豆？"

真是奇了怪了！我心想，天下还有问"叫什么土豆"这么笨的问题的！我嘴上含糊地说："土豆就是土豆！"

他马上解释说："你没有理解我的问题，我想搞清'土豆类别'，了解'原料成分'。市场上有30多种土豆，你用的是哪一种？"

这下我明白了。天哪，我第一次听说有这么多种土豆，赶紧说："我也不知道！家里有什么土豆，我就炒什么土豆。"

他突然盯着我问："你的土豆包装袋还在不在？"

我弯腰从柜里把编织袋拿了出来。他把包装袋拿过去，找到标签，边看边说："你这是加州白土豆，含淀粉……"他又问："这个标签还有没有用？"

我说："没用了。"他便用剪刀将标签裁下，"啪"地贴在记录本上，并写明：（1）原料，成分见标签。

原料明确了，那就做吧，我刚开始刮土豆皮，问题又来了："你用的是几号刮刀？刮的皮厚度需要测量下。"他找了几片土豆皮，用卡尺测量厚度。

唉，真受不了！这回该我反问了："你量皮有什么用？"

他非常耐心地解释："测量土豆皮厚度，可以估算用多少土豆，出多少土豆丝，掌握原料的消耗量。"

我心想，这些问题我怎么从来没有想过？但口头上说："没关系，我们中国人都是这么做的。"

他连连摇头，说："你们中国人真不可思议！"

"你也不可思议！"我本能地说。

我们俩边说边做着，他不停地打断我，不厌其烦地测量着。

我刚切完土豆丝，他又来了问题："你这土豆丝切得跟上次吃的不一样。"

我说："怎么不一样啊？"

他说："这次的丝有长有短啊！"

我问："那上次呢？"

他回答说："上次的基本一样长！"

噢，我想起来了，我忙解释说："上次我是把椭圆的土豆先切成方形，然后再切丝，那是为了炒出的菜在朋友面前看着漂亮。今天你来家里学做菜，因没外人，我就拿圆土豆直接切了，不浪费。圆土豆切丝，当然就有长有短了。"

他点点头说："噢，我明白了，原来是这样。"他说着马上在记录本上画了方和圆两个图形，并标明土豆有两种切法。看着他边量边记地忙碌着,用卡尺耐心地量着取样的土豆丝多宽、多高、多长(最短的多长,最长的多长)……我心中涌出一种敬意:德国人的优秀来源于这种生活中认真的科学精神……

接着他又问我:"切的斜度不一样,长度也应该不一样?"

我答:"对的。"

他便在图上标定了切割角度;再接着,我所用的调料,如葱、蒜,他都得弄清楚;包括白醋,因他没见过白醋,便问:"这是什么?"

我说:"这是中国的白醋。"

他又追问:"噢,Chinese Vinegar!这个东西在哪里可以买到呢?"

我说:"到中国商店便可买到。"

他接着问:"那你有地址和电话吗?"

我必须给他拿来电话黄页,查好中国商店的地址、电话,他才肯做下一件事。我现在已经明白了他的操作程序及不达目的誓不罢休的认真劲头——每个步骤的记录一定要有能抓得到、记得上、可复制的东西,他才罢休。

于是,我便顺着他的思路,把下一步要的东西马上都给了他。

这时,他便开玩笑地说:"你现在认真多了,像个专业人士了。"

我心中有种说不清的滋味……炒菜的准备工作总算做完了,可以开始炒菜了。可我倒油时,他的问题马上又来了:"你这用的是什么油?是橄榄油,还是其他的油?"

我回答:"这是花生油。"他马上拿来量杯——油需先进量杯,后进炒锅。我真有点烦了,态度上表现出不怎么配合的样子,他看着我的样子也烦躁了。于是,他提议我们先停下来,沟通一下再继续做。

他说:"David,我明白你不高兴,但我还是得给你提个意见。"

我说:"你说吧。"

他盯着我,很缓慢地说:"你很不认真,并缺乏耐心!"

我表示说:"我已经很认真了!"

他摇着头又说："你真的不认真，你当老师的态度很不好。"

我看他真的认真起来，便道歉并解释说："我很烦，第一次遇到像你这样认真的人，你一会儿给我掐表，一会儿给我量尺寸，我刚做一下，便被你打断一下，我没法不烦！如果态度不好，对不起了！"

他也解释说："我可以理解你，但我是用我的学习方式认真地学习，离开这套程序我不行，也请你能理解、尊重我，耐心地教我。"

我说："好吧。"

他又说："我提个建议，我们多用非语言交流方法操作，用手语表达需求，我一'OK'，你就做，一举手，你就停，帮我解释问题，可以吗？"

有了这个方法，他一"OK"，我就开炒，他一举手，我就停下回答问题，合作真的更默契了。

油热了，菜也下去了，我总算炒上菜了！

看着他一边掐表、一边测量翻菜铲的角度，嘴里唠叨着"45度角、正两下、反三下"，不停地做着笔记的样子，我心中竟有了几分敬意。

菜总算炒出来了！我盛出来请他品尝。他尝了一口说："哎，David，为什么这次的味道与上次的味道不一样？"

我辩解道："肯定不一样啊！有你这么搞名堂，哪能一样？"

他不理我的打岔，接着说："那不一样，我怎么能学到正宗标准化的炒土豆丝？"

这老兄又认真起来了，他自始至终坚持非常重要的一个观念——程序化、标准化、数字化。

我便调侃说："我们中国人做菜，差不多就行，每人不一样，每次也不一样，所以说我们中国菜非常个性化，可成为世界第一！"

"不可思议！"他表示很不理解。

我原以为总算结束了，可他的问题又来了。他拉着我，与他一起逐步地检查并调整他的炒菜流程记录本，一道简单的醋熘土豆丝，他

第四章 教育有冲突时,家长最该做的事

居然记录了150多个程序符号。我在美国也是第一次看到记录流程的专业程序记录折纸本,像个卡片,一拉开像手风琴似的,有1.5米长……我们把所有的程序都重新走了一遍,最后,他要求我在他的记录本上签个字,美其名曰这是尊重我的知识产权……我十分惊讶与佩服,笑着说:"中国人不要这种知识产权,你是想拿给别人看,显示下你的学习身份有多正宗吧?"

他说:"是呀,没有签字,怎么能证明我是跟你学的呢!"于是,我给他签了字。签完字还有20多分钟的时间,我们一起喝茶、吃点心、聊天。

四点一到,他就起身要走,并告诉我回程需要45分钟,跟老婆孩子约好晚上看节目。

两周后,他打电话约我吃饭:"David,周六有时间吗?同样下午两点到四点,方便请你到我家来做客吗?"我当然知道,他肯定要显示手艺,便高兴地答应了。

我去了之后一看,气得够呛!

我教的时候给他炒了一大盘,他请我却只给我炒了一小碟,真抠门!但我们中国人的文化习惯是不能把让自己不高兴的地方当面说出来的。他让我吃菜,我就客气地吃一点,心想:这一小碟还不够我一个人吃,您还假客气地让我吃,我怎么吃?但还是不失中国人的客气,说:"你也吃,大家都吃。"

可是,大家都不吃,只是说:"David你吃。"好奇怪!

他有两个儿子,因我教他们一点中国武术,也算我的徒弟。还是小不点的孩子说话真实,了解我的心结。孩子说:"David叔叔,你吃吧!"

我说:"你们也吃啊?"

他说:"我们不吃了,因为这两周爸爸炒得太多了,我们吃够了。"

噢,我这才明白,这个是专门给我炒的,为了不浪费,所以碟子小。这样我才放心大胆地吃起来。

老外炒得怎么样？达标！味道真不错。原来，他回家不知反复地练习了多少次。他在朋友圈里，已经是个名厨了。

这就是认真的第二个要素——程序完整，和认真的第三个要素——结果达标。我们经常是学习不练习，知易行难，结果不能达标。看看这位学做醋熘土豆丝的老兄是怎样做的。

和孩子强调"认真"一千遍，不如和孩子一起做一遍

这件事也给我教育孩子"认真学习"很多启发。人的一切行为都是由大脑来支配的，孩子的大脑如同一部新电脑，您开始输入的原始程序错了就很难再更正，大部分孩子的作业马虎都是大脑程序出了问题。作业马虎的问题从表面看出在孩子身上，而实际上根源在家长！

其实，许多家长也不知道什么是认真，却总是要求孩子做事一定要认真；自己做事经常不认真，还一味强迫孩子一定要认真。家长的行为不认真和不精确，又如何能让孩子服气和学会认真呢？如何教孩子学会认真，让结果达标？首先家长要有正确的概念，并在日常生活行为上达标。

孩子不需要太多的指责，而是需要实际的帮助。我们帮助孩子树立明确的目标意识，然后有程序地做好计划，最后阶段性地检测目标达成的结果。如果未达标，找到原因，调整计划，如果达标了，成果就是对孩子最好的鼓励，并且在坚持练习中，养成"认真"的习惯。

你空口和孩子强调一千次要认真，不如和孩子一起认真地做一遍事！这才是对孩子养成"认真"习惯的有效教育！

"三借"原则：借外脑、借外力、借外景，育儿更智慧

✵ "三借"原则：

"借外脑"，就是邀请专家或家庭顾问参与分析问题，总结出客观、正确的判断，并制订可操作的计划，逐步改进。

"借外力"，就是根据孩子的特点组成由家庭顾问指导下的同伴学习小组，互相促进，同时家长要学会和身边的其他家长搭台演戏。

"借外景"，就是借助外面的事物或环境进行体验教育，借助交流家庭的不同环境及不同家长的特点，有效促进孩子的接受强度与改变力度。

您可能不是天才，但可能是天才的父母。爱因斯坦等众多伟大人物的父母，其成就也不过平平。您的孩子或许有个光辉无比的前程，但如何才能辅助孩子成功呢？教育，单凭个人能力是非常有限的，要活学活用前辈的教育方法，懂得借力的智慧。

借外脑：借他人之口讲道理

犹太人教育孩子非常有智慧，根据孩子的年龄采取不同的教育方法，

其中最有趣的是1岁请"蜜书",告诉孩子书本是甜的;2岁请"博士",让孩子尊重图书,与书本结亲;3岁时给孩子请一个博学多才的叔叔做"教父"。其中,给孩子请"教父"的做法,特别像中国农村里请干爹干妈的风俗。

家长与孩子天天见面,非常熟悉,却常会遇到一些不好解释的问题,更没有处理问题的有效方法。干爹干妈就可以大概率地解决这部分问题,比如过去孩子与家长闹矛盾后离家出走,大多会去找干爹干妈。干爹干妈懂得教育的意义,就会站在孩子这边,了解孩子的心事,不但从中得到情报——知道孩子的心事是什么、他想要什么,还帮助孩子发出牢骚,让孩子的情绪慢慢变好,起到给孩子减压的作用。之后,干爹干妈再与家长、老师一起想办法,配合"编剧本、演戏",使问题得到解决。

让孩子认干爹干妈是家长在为孩子的成长画一个句号,即圆满的情报系统,从心理学角度考虑,掌握情报的最终目的是帮助孩子解决问题。当下社会不流行找"干爹干妈",家长应该如何做呢?那就是找到自己的家庭顾问。这里所说的"家庭顾问",是三百六十行之外的一种新职业,是指经过严格专业培训、具备辅导资质和能力的家庭教育指导师,他们并不一定有很高的水平,但会帮助一些因子女教育问题而陷入重重矛盾的家庭摆脱困境。

家庭顾问从孩子出生起就该有所准备,他会从各个方面,比如,上幼儿园准备什么,上小学准备什么,上中学准备什么,如何为孩子选择适合的教育等,教育和引导家长,会教给家长一些科学的教育方法,让家长不再用想当然方法,把孩子当试验品一样去教育。

任何军事行为都需要一个完整的组织支持,除了陆海空三军,一定要有司令官和总参,协调互动,共同达成目标。现在教育中,老师和家长是司令官,而学生是"三军",还缺一个"总参谋",也就是我们的家庭顾问。三者间的关系必须是协调的,目标一致,步调一致,才可以打胜仗。

借外力：孩子一起玩，家庭之间同互助

现在的独生子女多，独生子女除了在学校生活中有一点与同龄人接触的机会，大多数情况下缺乏同龄伙伴。再好的家长也替代不了同龄伙伴的魅力，长期处于这样的生活状态，对孩子成长非常不利。孩子需要在团体中长大，不能在孤独中长大，家长要在现有条件下，冲破血缘界限，创造条件，为孩子寻找"兄弟姐妹"。

我初到国外就发现，一家人出门旅行时，一些家长习惯借个孩子一起去，让自己的孩子有个伴。我的朋友就是这样一位家长。我就好奇地问朋友："带好几个孩子一起去玩多累呀，你不怕他们打架吗？"朋友说："打架并不可怕，可怕的是孩子不会与人交往。如果真打起来，只要不存在危险，我都让他们自行解决。"

孩子打架后确实会产生矛盾，但只要成人不去干涉，孩子心理比较健康，一般也不会记仇，他们处理矛盾的能力比成人还要强，过不了多久就会和好继续玩。孩子在打闹中成长，慢慢也就学会了交往。

生活中也经常会出现这样的情景：不管家长如何说，孩子都不肯听，换个人，同样的话，孩子就特爱听，这大概就是人们常说的"外来的和尚好念经"。困惑于"整天教导孩子，孩子的缺点还是改不了"的家长，就可以借"外来和尚"的力量教育孩子，比如，和身边的其他家长搭台演戏，共同教育。

有条件的家长，可以和别的家庭结成互助家庭，也可以尝试和有孩子的朋友或孩子同学的家庭组成互助组，共同管理教育孩子。人都有虚荣心和自尊心，在教育别人的孩子时，往往更有耐心，适当的时候发挥集体的智慧，对孩子的教育更有益。

我曾带领课题组在北京市朝阳区、东城区做过一项实验：找三个家庭，让六个大人共同管理三个孩子。六位家长从事不同的职业，可以针对每个

孩子做不同的分析，家长们商量后最终给出相应的教育对策。

互助家庭中的每个人都按标准做，每天是否达到标准都可以测评出来，做到有奖励，没做到有处罚。除了不同家长间的通力配合，孩子们之间也有同伴制约。这对孩子来说是全新的要求，对家长来说也是一种考验。

> 俗话讲"三个臭皮匠，顶个诸葛亮"，这样的合作相当有效。两周后我去回访，孩子们争先恐后地表达自己的意见。有个小男孩说："我喜欢一号家长，他带我们玩'抓小偷'的游戏，教我们如何蹲坑隐藏、如何保护自己。虽然身上被蚊子叮了好几个包，但我们还是严格地遵守约定。"原来一号家长是位警察，跟孩子一起玩"抓小偷"的游戏，先给孩子们讲述一些常识，介绍游戏规则，然后一起玩，这些孩子一天就变成非常守纪律的人了。
>
> 另一个女孩说："我喜欢三号家长，她教我们折纸，一张纸能变换出不同的东西，太奇妙了！"原来三号家长教给孩子们五种小动物的折法，孩子的动手能力得到了很好的锻炼……足见，这真是一种简单易行的教育方法呀！

任何一段丰富多彩的经历，都是一次重要的学习，孩子在成长的过程中，有几次在别人家生活的经历，这或许会让他们终生难忘且受益。

家长以老师的身份来教导孩子，原本就需要用善意来互相要求，但万一做不到也没有什么伤害，正好可以多加鼓励，继续要求。同时，孩子如果在这个过程中受到过重的压力，或因为达不到标准而自觉惭愧，回家后还有作为家长的父母、亲人的亲情可以抚慰、宽恕与鼓励他。

不同类型的家长带孩子，让孩子在游戏中学到很多自己不具备的东西。家长之间、孩子之间也会因感觉到压力而产生动力。

这种教育方法，"亚圣"孟子早就在提倡，即"易子而教"，从古至今，都非常有效。孟子认为："父子之间不责善。"把孩子让别人来教育，既能从严要求，也能保持父子之间的亲密关系，不伤害感情。

借外景：孩子在交流体验中长大

现在大多数孩子都在父母的翅膀下长大，很少有机会去体验生活。家境越好的孩子，这方面的教育越差，根本不知道生活的艰辛。

我有位在芝加哥生活的朋友，有两个女儿，其中小女儿4岁，在美国出生。有一次我去他家做客，聊天时电视中出现了为非洲难民捐款的画面，很多非洲小孩子瘦得皮包骨头。我的朋友觉得此时是教育的最好时机，于是喊："Linda（琳达），你快过来看看。"他的小女儿就跑过来。

"你看看你多幸福。非洲小朋友都没有吃的，一个个瘦成这个样子……"我的朋友认真地对小女儿说。

小女儿很认真地想了半天，过了一会儿，跑到我旁边，怕他爸爸听见，小声地问我："大辉叔叔，非洲小朋友为什么挨饿？冰箱里有牛奶、面包，他们怎么不去拿啊？"她眼中的世界没有贫穷、饥饿，所以才有这样的疑问。

孩子是环境的产物，想解决孩子的教育问题，就需要一个好的教养环境，良好的人文环境对人的成长及其品格的养成至关重要，"孟母三迁"的故事，讲的就是环境对教育孩子的重要性。然而，现在很多家长不注重环境对孩子的影响。

教育的本质是大脑科学中，外在环境输入大脑后大脑的接受程度与输入的正确程序的概率问题。人生的体验不能替代，人生的经历不能超越，教育不是简单的说教，而是要去经历和体验，需要我们用孩子听得懂的经历来教育孩子。

大连有个家长告诉我，她的女儿14岁，学习成绩一般，最主要的是干什么都觉得没意思，常常爱一人在家里独处。自从学习我的教育方法后，这位家长把所学的知识活学活用，孩子发生了巨大的改变。

下面是这位家长给我发的一封邮件，谈她的学习感受：

我的孩子上初二，上学期期末考试考了年级第200名，这是最差的一次成绩。这时，我采用了您所讲的"办法"，亲自带孩子去北京参观，通过接触外界，让孩子自己来感悟学习。行程共计10天，当第7天参观清华大学的时候，孩子就说："妈妈，我们哪儿也不去了，回家学习吧，什么也别说了。"旅行回来以后，孩子表现非常好，知道自觉学习了。

回来后的考试，孩子的学习成绩一跃到了100多名。再考试时，她从100多名跃到了50多名……

日常生活中，我们总想带孩子多去些地方，希望孩子开阔眼界，多长见识。但我们一定要注意，要带孩子进行教育旅游而非观光旅游，要少去玩的场所，多去有文化价值的地方，比如，可以去博物馆、科技馆、著名大学等。

孩子不理解生活的艰辛，那就给孩子换个环境，带他到偏远的农村地区体验几天，他就什么都明白了。也就是说，要能借助外面的事物或环境对孩子进行体验教育，也可借助交流家庭的不同环境及不同家长的特点，有效促进孩子的接受强度与改变力度。

我有个在中央电视台工作的学生，"五一"期间想带孩子去英国旅游，跟我说："齐教授，儿子4岁半了，我们想带他去英国旅游，您觉得怎么样？"

我笑了笑说："你真听我的话吗？"

她说："当然听，不听，我肯定不问您了。"

我说："你真听我的，那就不要带这么小的孩子出国。带孩子到农村去，看一看中国的河山，看一看中国贫困的地方，孩子才会知道自己身在福中，才会懂得感恩。

第四章 教育有冲突时，家长最该做的事

"现在很多家长带着自己的孩子去西方国家旅游。出去转了一圈，没人讲解，孩子看到的全是国外好的东西。回来之后，埋怨自己的父母没能耐，埋怨父母不文明，埋怨国家落后，中国不如西方好……

"我在美国待了17年，也是从海外回来的，几代人的历程我都掌握得很清楚，为什么孩子埋怨？因为没有人解释。这算是真正的教育吗？这只是观光旅游，不能算教育。"她在一边点了点头。

我接着说："只有让孩子懂得生活的艰辛，这样，孩子才能更好地去生活，并创造幸福的生活。保姆天天照顾你的孩子，你们要知道感恩。她也是一位母亲，有一个女儿，她为了生活，没法照顾自己的孩子出来打工，来给你照顾孩子。好不容易有时间了，一家人聚齐，不妨开车带着保姆回一次老家，给孩子认个干姐姐。让孩子亲近一下大自然，比出国要好得多。"

她回家跟丈夫商量，丈夫是厅级干部，很有觉悟："我赞成，咱们应该听齐教授的。"

他们回到农村后全县都惊动了，县里领导要把他们安排到宾馆住宿。我告诉她："要注意，你们一定要住保姆家，不要住宾馆。要让孩子体会一个普通农村家庭的生活，讲究原汁原味……"

孩子见到真正的鸡鸭牛羊狗，非常兴奋。姐姐整天带着他到处玩，开心得不得了。

从农村回来后，这位学生给我打电话说："齐教授，真的非常感谢您，这次的行程对我们和孩子都是一次非常好的教育。我们真正感受到城里城外人的区别，体会到农村人的朴实、善良，孩子也接触了大自然，见到了不少新鲜事物，还结交了一位姐姐……"

我们在教育孩子时，可能用足了力气，孩子还是跟我们拧着劲，教育效果，如果用数值表示，可能是零甚至是负数，因为孩子太了解家长，不仅知道家长的优点，还能看到家长的很多缺点。教育孩子，单靠个人的力量是远远不够的，我们要找到好的教育方法，要学会借用，学会"借外脑、

借外力、借外景"的"三借"原则。

"借外脑",就是邀请专家或家庭顾问参与分析问题,总结出客观、正确的判断,并制订可操作的计划,逐步改进。

"借外力",就是根据孩子的特点组成由家庭顾问指导下的同伴学习小组,互相促进,同时家长要学会和身边的其他家长搭台演戏。

"借外景",就是借助外面的事物或环境进行体验教育,借助交流家庭的不同环境及不同家长的特点,有效地促进孩子的接受强度与改变力度。

每个孩子都有自己的天赋潜能,只要我们正确地引导、配合、辅助,巧用"三借"原则的智慧,那孩子的成功就不是问题。

读者实践反馈:

借外力——组办互助家庭

孩子上初一时,我们在李老师(家庭顾问老师)的帮助下,在孩子的班里找了另外两个男孩与他们的家长达成一致组建了家庭互助小组。三个孩子放学后回到其中一个同学的家里,由这个同学的家长负责三个孩子的晚饭和检查作业项目,孩子们在一起相互促进学习,完成作业后一起出去打篮球或去书店,9点各回各家睡觉。三个家庭轮班,家长一周可以有两天不必操心孩子的吃饭和查作业的事,孩子们在一起相互借鉴背诵经验,互相讲题,孩子在外人面前都愿意展现自己好的一面,家长也好管理。由于同学隔一两天来我家,我家孩子主动将自己的被子叠好,床收拾整齐。他在这个过程中还学会了承担家务:在姥姥家一家人团聚时,他会将所有人的饭和汤盛上再给自己盛;我们去医院看望太姥爷,他会主动搀扶并照顾太姥爷。我会时常将儿子表现好的方面发到家庭互助小组群中,带动另外两位同学也有承担家务的转变,大家都分享孩子表现好的行为,相互鼓励。

借外脑——读书演讲会

周末时,我牵头,老公配合,在社区组办亲子读书会,为大家创造一个亲子共同读书的氛围。通过组织、主持、总结活动，不但对我自己是一个提升，而且对来参加读书会的家庭也是一个锻炼。通过上台进行读书分享，锻炼大家当众讲话的能力；通过听别人讲的观点，对比自己的观点，发现不足，进行调整。由于来自不同行业的家长，讲出的经历不同，家长孩子都长见识，大家的思想都是积极向上的，互相借鉴经验，互相学习。我们的即兴演讲环节，每人抽一个主题（在我们当天读书会中的名词），在一分钟内讲出自己的观点和理解，或案例等。

当然我们的读书会也是在李老师和小虎老师（家庭顾问老师）的指导下进行的。

借外景——孩子在参观中受教育
参观塑胶制品厂车间

由于我老公认识塑胶制品厂的书记，经领导同意，我们三个家庭参观了生产车间。我们先参观了橡胶手套从一个个不同的橡胶缸中出来后的样子，还看到了经过多次沾染定型后才是成品的过程。

我们参观后才知道一只正品手套的生产流程是多么精细，那些不同的橡胶缸中是不能出现任何细小杂质的，如果有一个小小的飞虫或一根短短的头发，手套模型浸过后就会在手套上出现一个硬结，出来的就是一只残品手套；还有染缸中的色料要非常均匀，要么出来的手套颜色深一道浅一道，也是残品手套。

我们还体验了手工检测橡胶手套的质量，就是将一只手套放在专用的吹气灯上检测是否漏气，如果有漏气的就要挑出来，作为残品处理。孩子们都觉得这个好玩，抢着体验比赛谁干得快，车间负责人在一旁给孩子们记时间，最后给出的结论是，照孩子们比赛时最快的速度，一天干8小时，不吃不喝也不上厕所，他们每天能挣到58元，孩子们用吃惊的表情相互做鬼脸。我们借外景来让孩子知道靠手工挣钱的不易。

参观清华大学

我们请李老师做导游，带了六个家庭去清华大学体验校园氛围。我印象深刻的是孩子们坐在清华大学的荷塘边时，听李老师讲朱自清笔下的《荷塘月色》描写的就是这个荷塘，让孩子们找找现在的荷塘和朱自清笔下的荷塘有什么区别。我想孩子们会对这个场景有深刻的印象吧。还有清华园门前的留影，都会对孩子们有触动吧，我们这也是借外景让孩子感受高等学府的氛围。

参观工业技师学院

我们也联系到工业技师学院，有幸获得了参观体验的机会。我们进入数控车间，看到老师在电脑上指导学生们编程后，车床按照编好的程序加工出已定的模型。30年前，刚参加工作时，我如果想加工一个圆，就用圆车加工内圆或外圆，我如果想加工方形，再换到刨床加工方槽或外方。也就是，一个多种形状的配件需要换很多台机器才能加工出来，各类机床之间的更换在配件的精密度上难以保证，残品率很高。随着现代科技的发展，如今，工人在电脑上预设配件的形状尺寸，通过电脑与机床连接直接就加工出来了。

接着，我们来到汽车维修大教室，看到一台台汽车的分解状态或剖切面，我们从不同方位了解了汽车的构造，拆分、组装、维修。我们的孩子平时只是坐在车里享受，想去哪儿，就让家长当司机，今天在维修车间让孩子们更深入地了解了汽车。其后，我们还参观体验了机器人的开发和实操。

通过参观名校与技校，让孩子们自己亲身体会，给他们选择将来的职业提供参考。

第四章　教育有冲突时，家长最该做的事

"三有"原则：有责任、有共情、有分寸，让孩子更能过好有价值的一生

❋ 三有原则：

有责任——每个人的一生中，都有各自的角色扮演，孩子在成长的不同阶段要学会做相应的分内之事。

有共情——要培养孩子学会体谅他人，就一定要让孩子亲身经历，在他的大脑皮层植入具有参照性的记忆。

有分寸——要让孩子清楚自己是谁，到底处于什么位置，自己有多大本事。对自身有个准确的定位非常重要。

生活是个调色板，调色程度不一样，调出的颜色也就不一样。现在，很多家长给孩子发布的唯一任务就是：你只管学习，其他由我来做。孩子自己分内的事一点不会做，孩子的生活起居由家长全部承担。

我就见过好些这样的孩子：到8岁还不会自己穿衣服，吃饭还让家长喂；有些孩子都13岁了，自己的脏内裤、脏袜子还是由家长代洗；更有的孩子自己分内的事情不做，而去做一些分外的事情，比如，聚餐时帮家长喝酒，去超市专买一些贵东西……

中国式教育中，最成功的人性塑造是谦虚和本分。有这两个基本品质，孩子对社会而言基本上就是个有用的人。孩子的成长、成才需要我们来指引、辅助，但是我们不可以包办他们的一生。

有责任：相信孩子可以做好他分内的事情

现在，很多孩子一出生就成了全家人的宝，衣来伸手、饭来张口，经常是爷爷、奶奶、外公、外婆四个人围着一个孩子转：孩子要喝果汁，奶奶洗水果，爷爷切水果，外公取榨汁机，外婆拿杯子！那个忙碌劲，不亚于皇帝用膳。而家长的过度关爱，会让孩子认为一切都是理所当然的，会导致孩子错把家长当仆人，搞不清楚自己真正的角色。

每位家长都非常爱自己的孩子，即便有意识地不替孩子做太多，想让孩子学会为自己负责，但仍可能不知不觉地做得多了点，助长了孩子的"理所当然，受之无愧"之心。一旦孩子养成这种思维模式，便总觉得别人对自己好是应该的，对自己不好就是有罪的。对家长而言，要想避免孩子的"理所当然，受之无愧"，就一定要让孩子知道感恩，让孩子自己做好他的分内的事。

有位北京的家长来找我咨询："齐教授，我养这孩子都 10 年了，但最近我感觉自己对孩子的付出不但得不到回报，还招来孩子的怨气。比如，我叫他吃饭，他过来后见没有筷子，就冲我们大发脾气，吼道：'没筷子怎么吃饭呀！'类似的事时有发生，孩子这样的行为，让我挺伤心的。"

我了解她家的一些情况后才知道，他们夫妻二人忙于工作，常常出差。抚养、教育孩子的事就落在了双方父母的头上。孩子两三岁时，什么都抢着做，但老人总是说："宝宝还小，我来做吧！"孩子做事的热情就这样在成长中慢慢地被扼杀了。

我告诉这位家长："要让孩子做好分内之事，让孩子从小有担当，从小就感觉自己是这个社会的一员,是家庭的一员,有为家庭、为班级、为社会做事情的意识。孩子分内的事,一定要让孩子自己来做,家长不能代办。

"首先,家长要经常提醒自己,不要替孩子做他分内的事。比如,3岁的孩子穿衣服,让他自己来;到学龄的孩子收拾书包,不要代劳;学校组织春游,需要带的物品让孩子自己准备。

"其次,适当地让孩子承担家务,让其承担起身为家庭一员的责任。可以主动要求孩子来帮忙,让他体会劳动的辛苦。比如,帮助家长打扫卫生,自己洗袜子、内衣,自己收拾书包,饭前帮父母摆放餐具,饭后帮父母收拾餐具……

"最后,适当减少物质方面的满足,让孩子通过劳动来获得。可以定目标、做约定,积分换取报酬,然后再给孩子自由支配权。"

这位家长按建议执行后,孩子果然很快明白了自己的责任,慢慢地学会了处理自己的生活。

柏拉图在《理想国》中表示,公正就是让每个人得其所应得,也就是说,每个人做好自己应该做的事,就是最大的正义,在现代公民社会,我们也可以理解为这就是最大的道德。每个人的一生中,都有各自的角色扮演,孩子在成长的不同阶段要学会做相应的分内之事。

学习知识固然重要,但学会生活更重要。生活是学习,社会乃课堂!孩子在学校的知识学习只是生活的一部分。家长不要在孩子的儿时就抓紧让他"学习知识",而应先让孩子"学会生活",让孩子及早具有"自己玩好,与人处好"的能力。要从小给孩子提供很好的环境去模拟实验,让孩子做好自己分内的事。

有共情:会心疼父母的孩子,将来能更好地融入社会

当您工作一天,满身疲惫地回到家时,"爸爸妈妈,一天辛苦了!我给

您倒杯水！"这样礼貌的一句安慰，孩子对您说过吗？我去过很多地方演讲，问过大家很多次这个问题，大多数人都是回答"没有"。

在现在的生活中，多是大人看孩子的脸色。现在的大部分孩子，都生长在伪装的社会关系中，几乎不看大人脸色，而是反过来，大人看孩子脸色，这是本末倒置。更有甚者，有的大学生上学还要家长接送，甚至家长还要找当地朋友到学校请客、送礼、拉关系，尤其越富裕的家庭，情况越糟糕。家长包办太多事，导致孩子看不清社会的真实形态，永远被大人搀扶着走。

家长、老师多取悦于孩子，天天让孩子高兴，把教育当娱乐，这叫"取乐"，不算"教育"。虽然如今提倡寓教于乐，但寓教于乐的方向、形式不能过度，更不能把教育和娱乐等同起来，我们缺乏成熟的教育方法。

过去讲"吃百家饭的孩子有出息"，让孩子"吃百家饭"，就是鼓励孩子多串门，多接触其他社会成员，让孩子通过教育旅游，学会交换立场，共情对方，体谅他人。中医讲究望闻问切，教育也是同样的道理，一定要让孩子学会心疼父母，体谅大人，提升孩子的共情能力，知道社会交往的真实形态。比如，家长今天有没有生病、工作累不累？老师今天有没有难处，孩子会不会观察体谅？

比如，家长有时候病了，还要带病照常做饭、接送孩子，当孩子发现后问家长："爸爸（妈妈），你怎么了？"这时，有的家长缺乏教育意识，说道："我没事，你玩你的去吧。"孩子会误以为自己的观察不准，或认为家长是铁打的，什么都不用操心，父母不需要心疼，这样久了，孩子就不会再关注他人，思考问题、认识世界以自我为中心，逐渐变得冷漠。

如果是有智慧的家长，会坦然地接受孩子的关心，让孩子照顾自己，然后鼓励孩子："你长大了，有你在我身边，我就感觉好多了。"孩子就会有成功的体验，内心感到喜悦……人生最不可替代的就是经历，我们或许对孩子讲了很多，但一点也没用，而要培养孩子学会体谅他人，就一定要让孩子亲身经历，在他的大脑皮层植入具有参照性的记忆。

没有观察能力的孩子，不可能成为一个成熟的人。在家中，我们可以宠着孩子，孩子可以不管大人高不高兴，他长大成人参加工作后，不会察言观色，不会共情他人，能和别人开展良好的合作吗？在这种状态下，他能够做好工作吗？孩子会面临随时被淘汰的危险，无法自立。如果孩子没有独立生存的能力，那以后如何成家立业呢？

为什么有这么糟糕的员工？为什么有这么懒的媳妇？为什么有这么差的丈夫？这都是从家长身上复制出来的。家长要学会把孩子放到陌生的环境中，让他看清社会怎么对待自己。这样，一旦发生事情，孩子就知道如何处理了。

成人须成熟，孩子方成就。

有分寸：看清自己的位置的孩子，将来更能实现自己的价值

一个成功的人，至少是个"自知者明"的人：既不能妄自菲薄，也不能贬低自己。现在很多孩子不知道自己的角色身份，认为自己什么都了不起，进入社会后往往眼高手低，什么事都办不好。《孙子兵法》有言，"知彼知己者，百战不殆"，孩子到底有多重，我们除了自己要清楚，还要给孩子机会，让他自己清楚地知道，别只有半斤八两，还非把自己当千足金。

有一次我在重庆讲课，一个六年级的孩子对我说："齐叔叔，我不想上学了，想当老板。学习太枯燥，我认识的字、学的知识基本已经掌握了，我想出去闯一闯，您觉得可以吗？"

我反问："你是想当一个小商贩呢，还是想做一位优秀、出众的老板呢？"

他说："当然想做优秀、出众的老板。"

我委婉地解释："如果你只想当一个小商贩，没有太大的理想，那还勉强可以。如果你想当一位优秀、出众的老板，就还要再学习，再历练！

"你现在才是六年级的学生，生活中的很多知识你都还没接触，当老板显然很不现实。学生就应该把学习搞好，学习是主线，是本职工

作。生活中应该多体谅家长，尽量做一些力所能及的事情，学习上也要努力……"

我能理解不少家长有过吃苦、受穷的经历，现在成功了，总想把最好的给孩子享用，自然舍不得让孩子经受挫折和打击，想给孩子打造一个顺境，为孩子的成长扫清一切障碍和险阻，巴不得让孩子从出生起就享受到普通孩子所不具备的"优越"。但这往往会导致很多孩子无法认清个人能力，成年后在社会上行走得更加困难。

孩子就像杯子，穷人家给孩子倒的大多是矿泉水，孩子一看就知道自己有多高，非常清晰，孩子就会自己努力，也会有动力。而很多富人或成功人士给孩子倒的多是啤酒，看起来很高，实际上有很多泡沫，等孩子成年，泡沫沉下去，才发现孩子的实际水位就那么一点点，但为时已晚。

让孩子清楚自身定位，是教育中的重要一课。

首先，要客观地审视自己，引导孩子不但要看到自己的正面，还要看到自己的反面。遇到事情，多多思考。

其次，让孩子真正了解自己的长处和短处，只有避己所短，扬己所长，才能对自己的人生坐标进行准确定位。

最后，要让孩子不断地完善自我，有则改之，无则加勉。孩子须知"天外有天，人外有人""尺有所短，寸有所长"的道理。

春秋时期的思想家老子曾说："知人者智，自知者明。"而人之不自知，正如"目不见睫"，因此，"人贵有自知之明"，意思是能清醒地认识自己、对待自己，是明智且难能可贵的。同理，让孩子清楚自己是谁，到底处于什么位置，自己有多大本事，对自身有个准确的定位是非常重要的。踏入社会，这样的能力能让孩子更好地实现自己的价值。

运用好"三有"原则，教育出好孩子。

第五章
孩子犯错的时候，家长最该做的事

没有不犯错就长大的孩子。孩子犯错时，正是家长引导的最佳时机。

钟表原理：允许犯错，鼓励尝试，让孩子在体验中长大

☀ 钟表原理：

我们遵循钟表原理，对孩子适当放手，让他自己往下走，你会发现，经历了"成长全空间"的孩子，很快能达到12点的顶峰位置。但是，如果我们不给孩子真正的成长机会，一味地追求12点的位置，那孩子可能会发展成一个不健全的人。

现在家长最担心的，也是最关心的事，就是孩子犯错，因为我们认为不犯错的孩子才是好孩子。在家长看来，孩子只要一犯错就应该被重罚，哪怕一点微小的错误，孩子都不应该犯。孩子就应该按照家长预先设想的，沿着一条完全正确的道路走下去，这其实是在阻止孩子的成长。

犯错是孩子成长的需要，孩子从小不犯错是危险的，只有孩子自己经历了，才能从中学到经验。经验不可替代，过程不可超越，我们不应阻止孩子的成长，要容许孩子犯错。

药家鑫的父亲说，他的儿子从小不惹事，几乎没犯过错。律师分析，或许从小多犯点错就好了，这样能够让他知道错误并不可怕，也知道犯错

后如何应对。要想让孩子遵循自然规律健康成长，我们就应该容许孩子犯错，要有接纳孩子"出错"的能力。

允许孩子犯错，孩子才能不错过成长的机会

大部分家长重视智力发展，常常忽略了孩子情感、体能等其他方面的发展，现在的孩子运动量明显不够，但是多数家庭只有一个孩子，孩子既不能饿着、不能累着，也不能磕碰到……长期不正当的家庭教育方式可导致整个家族后代的智商、情商、行动力等退化。

就拿男孩的意识教育来说，男孩从两三岁懂事开始就应做性别意识教育。如果家中有个男孩的话，当爸爸要出差时，我们应提前给男孩布置任务：爸爸出差不在家，你要照顾好妈妈，保护好妈妈。这是在给男孩强调性别意识概念。接着，再布置一些具体的动作，比如，看看门锁了没有，给妈妈倒杯水等。

等孩子做了这些事情时，妈妈再感谢孩子，说："只要儿子在家，爸爸不在家都没关系，你让妈妈感觉很安全，有你这个小男子汉真好！"孩子听到这些后就会有成就感。孩子既有了概念，又有了动作，就会重复来做。

然而，很多家长常犯常识性错误。爸爸通常会吩咐妈妈："我要出差了，这几天你可要把儿子管好……"我的一些男学员听完课后，回家后想尝试给孩子布置些任务，但往往他们的妻子不支持这样做，会说："孩子才几岁，不能让孩子做这些事情……"

家长不给孩子成长的机会，也不允许孩子犯错，教育从何做起呢？其实，生活中很多事情都是常识，家长教育和家庭教育都是常识教育，这也正是我长期研究与总结孩子成长的自然规律中的一个原理——钟表原理。

钟表原理有个简单且实用的口诀：看下一步干什么——再下一步干什么——再下一步干什么——再下一步干什么。每一步就是钟表的四个区间，放到钟表表盘上就是12点到3点，3点到6点，6点到9点，9点到12点，就像接力赛，只有走完一圈，才知道最终的成绩和结果。钟表的时针走完

一圈，就是孩子成长的整个过程，也就是孩子完成了成长的全空间。

  有对夫妻是公司的高层领导。他们来自农村，靠自己的努力奋斗留在了大城市。他们希望自己的孩子也能有所成就，可孩子就是不争气，学习成绩总是普普通通。夫妻俩苦思冥想后，决定动用自己的聪明才智给孩子补课。
  于是，家就变成了课堂，不管是工作日的晚上还是周末时间，夫妻二人都轮流辅导。可是不管他们如何软硬兼施，孩子还是原地踏步，总是贪玩不学，还经常与他们起冲突。

平时孩子做什么事情，家长常常阻止，说不能这样，不能那样。我们不认可孩子，不容许他们犯错。孩子没有成就感，不高兴，就会跟我们对着干。当孩子成绩下降了或犯了其他错时，很多家长就开始着急了，看到孩子到了钟表3点的位置，家长赶紧补位、顶上，努力向上"托举"孩子，孩子仅在1/4的空间成长。

我们天天扛着表针，孩子天天压着我们，彼此就在这个位置天天较劲，双方都非常累。我们如果遵循钟表原理，对孩子适当放手，让他自己往下走，就会发现，经历了"成长全空间"的孩子，很快能达到钟表12点的顶峰位置，并成长为健全的人。但是，如果我们不给孩子真正的成长机会，一味地追求12点的位置，经过"托举"孩子也到了12点的位置，但是孩子可能会发展成一个不健全的人。

鼓励孩子多尝试，让孩子在体验中长大

经常看到一些家长带两三岁的孩子出去，遇到台阶或高低不平的路时，家长会立刻将孩子抱起来，生怕孩子摔倒。如果家长只拉手或放手，让孩子自己摸索，孩子说不定早早地就掌握了自我保护的能力了？

人们说"百闻不如一见"，要我说，是"百看不如一试"。我们都知道

第五章 孩子犯错的时候，家长最该做的事

有些事情，只有亲手操作才知道轻重，通过亲自动手学习才更有效果。为什么不鼓励孩子多动手尝试呢？

我在望京社区辅导过一个家庭，这家孩子刚上高中，由于学习成绩一般，妈妈整天盯着孩子学习，生怕孩子的学习成绩再下降，将来考不上大学。为此，孩子痛苦极了。

妈妈把孩子的时间安排得满满的，孩子每天一放学就得去辅导班，或者接受安排好的家教的辅导。平时，孩子除了睡觉、吃饭就只剩下学习了，根本没有自己的时间，也没有机会出去玩。没过多长时间，孩子就开始故意跟家长作对了：作业不好好做，跟爸爸妈妈说话时提不起精神来，对家教也不友好，而且经常耍脾气、闹别扭。

孩子妈妈通过社区找到我时，精神状态非常不好。我听了她的讲述，希望尽快见到孩子。当见到这个孩子时，我特别喜欢他。他完全不像他妈妈形容的那样难管理。经过跟孩子聊天，我了解了事情的原委。

原来，孩子想报学校的篮球队，可孩子的妈妈就是不同意，说，打篮球虽然能锻炼身体，但会耽误大量的时间，会影响学习；还说，高中的学习任务重，如果学习时间少了，会影响到高考，乃至一辈子的事情。孩子听了妈妈的话，一时间不好辩驳，但心里很不痛快。因为之前孩子想每天用点时间游泳，妈妈没同意；孩子想每天放学之后与同学打乒乓球，也被妈妈阻止了；现在孩子想打篮球，又不同意。孩子说服不了妈妈，才与妈妈赌气，不配合学习。

跟孩子聊完后，我又单独与他妈妈沟通，让她同意孩子加入篮球队，并且向孩子的妈妈说了家庭教育的钟表原理。妈妈虽然有些勉强，但还是同意了。

过了大约半个月的时间，这位妈妈给我来电话说，孩子在加入篮球队后，变得越来越听话了，学习也更认真了，整个人的精神状态都不一样了……

大概半年后的一次社区讲座上，我再次看到了这位妈妈。她听说

是我主讲，很早就来到会场，找到我说要感谢我。因为刚刚结束的期末考试，她的孩子取得了好成绩。孩子自己愿意学之后的效果比她之前每天盯着孩子学习的效果强百倍。孩子现在不但学习认真，而且整个人的状态都特别好，这样的结果让他们全家高兴。他们预测，照这样下去，孩子考大学不成问题。

在家长看来，孩子要游泳，孩子要打篮球，似乎不务正业，似乎是个错误的选择。其实，这是家长的错误认知，要知道适当的体育运动，是可以提升孩子的学习效果的。即使，孩子犯错了，也并不可怕，可怕的是父母对待孩子犯错的管教方式不当。不当的管教方式，非但不能让孩子认识到错误的本质，体验到犯错的后果，反而让孩子身心受到更大的伤害，甚至让孩子走向父母期望的另外一端。

孩子要游泳，妈妈给挡回去了；孩子要打乒乓球，妈妈给挡回去了；孩子要打篮球，妈妈又给挡回去了。孩子没有这样的成长机会，能高兴吗？孩子不高兴，学习能好吗？相反，如果放开让孩子去体验，体验过后，孩子知道耽误了时间，就会想办法弥补。这时，他会更加认真地去学习。既有动力，注意力也会比以前更集中，学习效果自然就好。

正如卢梭所说："他（孩子）打破了他房间的窗子，你就让他昼夜都受风吹，别怕他受风寒，因为，宁可让他着凉，不可让他发疯。"绝不要埋怨孩子给我们带来的麻烦，让孩子知道犯错的自然后果，用亲身体验事实的方式让他铭记于心，这种方式最符合孩子的认知水平。

孩子的成长就如同钟表，他要完成的每一件事，只要这件事的完成符合成长的自然规律，我们都应该让他亲自感受一下，不应阻止他去感受。因为这是他人生成长阶段必然要经历的过程，他在这个过程中学到的不仅仅是知识，还有生活的智慧等。这个过程谁都不能超越，这个经验谁都不可替代。

第五章 孩子犯错的时候，家长最该做的事

看看孩子下一步做什么，才能找到孩子行为背后的原因

家庭教育的效果往往不取决于家长的学历高低、知识多少，家庭条件好坏，而是取决于家长对孩子教育的重视程度及自身的做人原则、教育常识、个人行为修养等。家长的素养决定孩子的生活态度、家庭观念、价值取向、行为修养、生活动力、学习成绩、幸福指数与事业成就。

有位家长是某省妇联儿童部的部长。她接触过家长教育这方面的内容，比较了解教育的一些原理。在她儿子3岁多的时候，因她与丈夫的工作都较忙，从老家请了一个很好的保姆帮她带孩子。保姆对孩子很好，孩子也非常喜欢她。因此这位家长很高兴，也很信任地把孩子交给保姆照顾。

他们小区后面有一个花园。周末的时候，夫妻俩常带孩子去花园散步。以往，只要一出去，孩子就总是不愿意回家，看外面的天空、景色、行人等。可最近不一样了，带孩子出去，孩子不看景，也不看人，就看地，就像一只小狗似的，好像在搜索什么东西，脑袋一直低着看。爸爸让孩子把头抬起来，可孩子抬起来一会儿又低下了，爸爸很生气。但妈妈知道教育的钟表原理，想观察孩子到底想干什么。

一般家长会采取当下教育的方式，就是告诉孩子抬起头。如果这样做了，家长就不知道孩子到底要干什么。用钟表原理来解释，就是孩子刚出现一点兆头，就立马被父母矫正了回去。只要知道钟表原理，就不会做当下教育。碰到这种事情，正确的做法就是：家长要仔细地观察孩子，找出原因。

爸爸总是提醒孩子抬起头来，可妈妈说别提醒，看下孩子究竟要干什么。妈妈知道：如果做了当下教育，就永远也不会知道孩子想做什么。

走着走着，孩子忽然发现了一个易拉罐，似乎异常兴奋，快速地跑过去，很娴熟地"啪啪"踩了几脚，把易拉罐踩扁，然后捡起来放进兜里。

看着孩子的行为，爸爸气坏了。其实妈妈也生气，但妈妈不吭声，

想再仔细地观察观察孩子的举动。刚才没有阻止孩子低着头看地，现在妈妈知道了，原来孩子是在找易拉罐。看着孩子把脏兮兮的易拉罐踩扁往兜里装，爸爸正想发火，又被妈妈用眼神阻止了。妈妈想知道孩子下一步到底要干什么。

爸爸妈妈一直跟着孩子观察，没有阻止孩子捡易拉罐，直到孩子把两个兜都塞满了。孩子终于说："爸爸妈妈，我不玩了，咱们回家吧。"以前孩子出来总是玩不够，都不愿意回家。本来爸爸想教育孩子，但他懂得要配合妻子，就带孩子回家了。

一家人回到家，孩子马上跑进储藏室，赶紧打开一个储藏柜，非常兴奋且很有成就感地把易拉罐往里倒。此时，家长才发现储藏柜里已有一堆易拉罐和塑料瓶子。紧接着，孩子手都不洗就跑上楼，边跑边喊保姆："姐姐，姐姐，我又捡了两兜。"保姆很高兴，就给了孩子两个糖果作为鼓励。

爸爸看了这一切非常生气。第一，出去玩，搞得这么扫兴；第二，把这些脏东西带回家；第三，家里有很多吃的，孩子都不要，就要保姆给的糖，并且吃得津津有味。为什么呢？

其实，孩子重视的是谁在意他。家里有什么东西，孩子并不在乎，他只在乎关照。多数家长都是在照顾孩子，但真正关心孩子的很少。

孩子的妈妈怕丈夫跟孩子发生冲突，就让丈夫到别的屋子去，她单独跟儿子聊。她说："儿子，咱们家那么多糖你都不吃，为什么吃这个糖呢？"

儿子说："这个是姐姐给的。"妈妈知道孩子已经信任保姆，喜欢保姆，愿意帮保姆的忙，让保姆高兴，孩子在意的是保姆的认可和鼓励。

保姆是家里的亲戚，废报、瓶子卖点钱都归保姆。保姆这么做也没错，但她一出来就捡易拉罐，孩子看见了，也就跟着一起捡。保姆的眼神扫视着地面，孩子就会跟她学，眼神也扫视着地面。这便是家长的行为"遗传"与孩子的习惯养成。

这位妈妈听过我的课，懂得钟表原理，最终找到了真实的原因。

家长是孩子的真实成长环境。

这位妈妈非常理智，知道不能让保姆再带孩子了，不然将来孩子的行为会有问题，于是对丈夫说："孩子没错，也不是保姆的错。她带孩子很好，但是她在农村时收入少，愿意捡这些东西多点收入也没有坏处。但是保姆的行为会直接影响到孩子，她也对孩子有真实的影响力。咱们还是自己带孩子吧。"

这次事件之后，他们忍痛把保姆送回了老家，自己来带孩子，一点点教孩子。经过半年多的时间，家长才把孩子喜欢看地的毛病给纠正过来。

如果这位妈妈不知道钟表原理，可能一时发现不了孩子低头的原因；如果阻挡了孩子捡易拉罐的行为，家长就可能会和孩子发生冲突，也不会知道孩子捡易拉罐的真实目的；妈妈运用钟表原理，看孩子下一步做什么，直到找到最终答案。

如果不这样的话，保姆的做法可能会一直影响孩子。我们不知道保姆给孩子的影响到底有多大，但可以肯定的是，这对夫妻选择自己带孩子是完全正确的。

现实生活中，我们很多家长不容许孩子犯错。因为担心孩子犯错，于是尽量减少让孩子做事的机会：孩子想洗碗，家长认为孩子太小不让做；孩子想学做饭，家长认为孩子的主要任务是学习；孩子想去找小朋友玩，家长阻拦，不让孩子出门……孩子只要一做事，父母就会代办或包办。孩子坚决要尝试，父母强行去阻止，这就产生了家长与孩子的冲突。

与成人相比，孩子犯错具有一定的特殊性，需要家长区别对待。如果孩子犯错是由于缺乏知识和经验，我们应当宽容和帮助；如果孩子犯错是因分不清是非，我们要认真分析，正确引导；如果孩子犯错是因道德缺陷，故意这样做，我们须对他进行严格的教育和惩戒。孩子是在体验中长大的，不是在说教中长大的。家长应该允许孩子犯错，鼓励孩子多尝试，让孩子经历全空间的成长。

摁钉原理：放下认为，调整行为，孩子才能有作为

☀ 摁钉原理：

摁钉原理中所体现的"三为"公式：认为 ± 行为 = 作为，我们家长可对照着看一下自己的认为、行为、作为。

人人都活在自己的"认为"中

每个家长都希望孩子成为优秀的人，那优秀的人有什么特点？他们的思维方式是什么样的？我们一般怎么对待孩子每天发生的事情呢？比如，孩子考试成绩不好怎么办？跟家长发脾气怎么办？可能谈恋爱了怎么办呢？

曾经有这样一个思维测试，在同一张图里，每个人第一眼看过去，都会看到不一样的面孔，有的人看到一个抱孩子的妇女，有的人看到一个长胡子的老爷爷。其实图中还有许多张面孔，看到什么样的画面完全取决于看图人的角度。通过这个思维测试可以说明，眼睛看到的东西往往是思维认可的东西，但是和画面呈现的东西或真实发生的事件不一定完全一致。所以，眼睛看到的不一定是真实存在的，或者是正确的。

在大连的一次培训中,一个孩子跟我讲他爸爸生气"摔书"的事。

孩子说:"我爸帮我辅导数学题的时候,我反驳我爸说:'您讲得不对。'我爸就非常生气,后来就不给我讲了,然后拿书摔到桌子上,把我吓了一跳!"

我问家长:"这位爸爸,刚才您儿子讲到您生气时就摔书,您为什么要摔书啊?"

家长说:"摔书也是因为爱他。"

我说:"哦,摔也是爱?!在我的感觉里,应该是孩子体会不到您的这份爱。因为他看到的只是您的满脸怒火,听到的是分贝非常高的摔书的声音。是吧?"

家长说:"是这样的。"

我说:"那你为什么要摔书呢?是不是可以叫气急败坏?有没有那么点味道?"

家长说:"人有时候也会发怒到极点嘛!"

我说:"也就是说,您帮孩子复习功课,给孩子讲题,孩子还不认真、不买账!是不是感觉非常没有价值,或者说您自己感觉特别无奈,您才摔的书?"

家长说:"对,对,对!"

我说:"好!有勇气承认便好,我相信您的那份爱是真的。"

我们经常会看到很多家长非常爱孩子,也非常愿意付出,但家长爱的方法以及行为能否被孩子接受一直是令每个家长都头痛的问题,不接受时双方便会用各种情绪化的形式表现出来,这便是真实的生活。

家长谨慎一次言行,孩子就会少受一次伤害

在日常生活中,我们都见过往"木板"上钉"钉子",家长伤害孩子一次就等于在孩子的"大脑木板"上钉下一颗负面的"记忆钉子"。有些家长

后来醒悟了，认识到了自己的问题，给孩子做补偿，拔去了"钉子"；或者孩子长大成人后，感到家长的不易了，自己拔去了"钉子"，从理性上谅解了家长。

但无论家长怎样去努力弥补孩子，怎样体谅家长，即使"钉子"拔出来了，但那个"钉眼"还是存在的，这种"钉眼伤害"一生是不会变的。"摔书家长"的爱，对孩子来说是有负担的。家长的摔书行为在孩子的大脑记忆中产生了心理负担，以后一旦有这种气氛和状态出现，孩子大脑中的程序便会一直等着家长的情绪发作出来。正如一位相声演员说的，听到楼上掉下了一只鞋，等到半夜还在等第二只鞋落下的响声，第二只鞋一直没掉下来，他就心烦意乱地睡不着。其实，这是人类大脑的一种正常反应。

家长做出"摔书"动作后再去教育孩子，孩子的"神"已经不在学习上了，而开始关注家长的态度和行为。这种事情经常发生，尤其孩子从小到大所看到的家长愤怒的声音和脸色，都会在他的记忆中留下深刻的"负向烙印"，也就是"心理负担"，这种负担有时一生都不会消失，对孩子有终身影响。

我们都希望孩子有所作为，也希望自己的一生有所作为，家长主观的"认为"往往能够影响和决定孩子一生的"行为"，两者互动相加减就是一个家庭真实的"作为"。从思维模式分析，这就是摁钉原理中所体现的"三为"公式：认为 ± 行为 = 作为，我们家长可对照着看一下自己的认为、行为、作为。

我们的认为往往是主观的、不可靠的，行为是事实，是真实发生的。如果我们能了解什么是"认为"（主观的感觉），什么是"行为"（客观的发生），沟通中学会用"行为"说事，矛盾便会少很多。家长帮助孩子的"行为"没做到位，自己就先情绪化了，所以他就谈不上有所"作为"了。这便是认为 – 行为 = 作为。了解"摁钉原理"后，我们就要从小给孩子输入"正面的记忆"，不要给孩子输入"负面的记忆"。

解决信息不对称："三为"公式的诞生

1999年，我从美国回来后进入教育行业，当时在首都经贸大学华侨学院担任副院长。学院的学生大部分都想出国留学，其中许多想去美国读书，但这些学生的学习成绩很一般，或者可以说不太好。其中，这些想出国的学生家境都特别好，要么是领导的孩子，要么是些企业家子女，家长都有钱、有权、有社会地位。

这些一心想出国的学生，一进学校就出现很多问题：不愿接受学校管理，学习不努力，学习习惯也不好，还比较懒惰……因此，他们也就容易引发各种冲突——家长、老师和学校之间的冲突，学生和老师之间的冲突等。这些冲突常常反馈到我这里，需要我来解决。

经过长期观察，我发现矛盾的主要原因是家长、老师、学生之间的信息不对称，"认为"不一致。于是，我设计了一个表格，将同一件事情问不同的三方，即老师、家长、学生，再将三方的意见放到一起进行比较。实践证明，同一件事情，三方的说法往往不一样，尤其在发生问题的时候，对其看法差异特别大，有时是不同"认为"的问题，有时是有的人完全在撒谎。

我把这些意见、看法或"认为"整理完以后进行批注，再制作一个统计表格，找出其中的共性规律。在解决问题时把与所有参与者的交流都录音，有时还进行录像，这样不但可以完整地记录事情的过程，还可以反思自己在沟通过程中出现的一些问题。比如，是不是我把自己的喜好、观点强加给了家长、老师、学生。

有些家长和学生前后的说法不一致，我就拿出这些汇总了家长、学生在两三个月之前的想法和意见的表格，或者马上回放录音、录像。让他们自己看看之前是怎么说的，现在是怎么说的，如果两者之间产生了误差，就需要他们给我解释中间发生了什么事。通过这种方法，不但能特别有效地解决问题，而且可以让大家的神经系统都紧张起来，都可以认真地对待自己的问题。

人是很容易自己骗自己的。每个人都有自己的"认为"，但大部分情况下这个"认为"是不客观的，前边的"认为"和后边的"认为"，刚说的"认为"和现在的"认为"，可能完全是两回事。孩子的问题需要家长、老师、学校一起解决，而不能用自己的"认为"去说话。我们都可以表达，但表达的内容一定要真实，我们有了不同意见，不争对错，只找问题，之后再去思考如何解决问题。我们一起找有效的方法，不找情绪化的途径。

　　同样，一件事情发生时，我们看到的信息不一样，则导致"认为"不同，"认为"不同则采取的"行为"就会不同。比如，家长都希望孩子名列前茅，一些孩子理解家长的意图，会努力学习。一些成绩较差些的孩子却认为，家长的要求与自己的能力相差很大，他们想做到，又得不到切实可行的指导方法，导致最后得出的结果是他确定自己做不到，只是家长的期望，与自己没有什么关系。

　　孩子的"认为"与家长的"认为"不统一，导致孩子反感，违心地去做事，有些孩子还会从心理上产生抵抗情绪。其实，大人和孩子的沟通就如同老板和员工的沟通。老板总是期望员工做得更多，由于条件的限制，员工的工作总是达不到最好，员工认为"这是你想要的，不是我想要的"。最关键的是家长要给孩子重复和解释的机会，能够让孩子拥有自己的主见，自主地去做事情。

制定现代家规

　　新生儿大脑就如同一台新计算机，家长给孩子输入的原始程序非常重要，给孩子输入的大脑程序不同，速度就不同，效率就不一样。所有初始优秀的人，其思维模式和别人是不同的，他们的方向比较正，效率比较高，适应力比较强，忍耐力也比别人强，这就是成功的规律。

　　教育是一种通过互动关系产生效果的行为，教育的有效性要从了解自我入手，首先是了解自我的"认为"，这是一件非常重要的事。

　　不同人有不同的"认为"，一个人就是一个世界或一个国度，人人都生活在自己的"认为"当中。当不同的"认为"发生冲突时，一定会产生争论或战争。

在真实的生活中，我们针对同一件事，家人的意见和选择往往很不一致。你想这样做，他却想那样做。那么，如何让家庭的"三国演义"和谐地运行呢？这就需要家庭成员通过"家庭会议"来一同学习，并进行有效的沟通，找到家庭的"共同目标"。很重要的一点就是要有家人共同认可的"相处原则"作为"现代家规"。

通常情况下，国家与国家之间不发生战争有三个条件：第一，要边境线清晰；第二，要有边境条约；第三，双方要有界碑和哨兵站岗。而一个家庭如同多个国家的"外交"，家庭成员间的交流就如同"三国演义"或"多国演义"。

比如，我们在开车时，红灯亮了您还开过去，大家都会认为您是犯规，这是因为"红灯停，绿灯行"的交通法规是"公共规则"。

家一定要有共识性的规则。有共识性的规则便有标准，有标准就易达成，从而避免战争，和谐相处。但我们一定要注意，标准也是有"时空定位"的，比如，在美国和中国的大陆地区开车都是左侧驾驶，而在英国和中国香港特别行政区开车是在右侧驾驶。这是不同的驾驶规则体系，我们争谁对谁错是没有意义的。

不同的地域、群体和习惯形成的不同家庭文化，有着不同的家庭规则标准。因此，在讨论家庭各自的"认为"时，一定要有"环境定位"的前提概念和沟通行为中的"程序逻辑"技巧。

大部分家长往往认为，只要自己的想法和做法是为孩子好就可以，如果这样做就可以的话，为什么孩子不接受？为什么在家庭沟通中有那么多的冲突和伤害？这些问题的根源就是人有"不同认为"，男人与女人、大人与孩子都是两个世界的对话，"认为"不同是很自然的事，但大家并不一定真的了解。

俗话说："国有国法，家有家规。"生活在快速变化的时代，面对不熟悉的事情大量发生，人们因不守"传统的本分"和缺少"现代的家规"而迷失方向。要想带领一个家庭或一个家族有所作为，那就必须在家庭中有一套行得通的"现代家规"，通过"家庭会议"的形式达到有效沟通，达成"家庭认为"的统一，找到家人认同的"家庭目标"。

而制定国法和家规是"统一认为"的基本原则和有效方法。我们不妨拿出一张纸，分成A、B两栏，将家人的优缺点一一列出来，可以列自己的、爱人的、孩子的。A栏写优点，B栏写缺点，两栏分别写出至少八个。

列出来后，大家相互交流。我们就会发现自己认为的和别人认为的有很大差异。比如，有的丈夫写老婆的优点，觉得老婆操持家务很辛苦，但他从来说不出口；有很多孩子说爸妈不容易，但他们平时就是说不出来，只能写出来；还有的孩子将爸妈常常不及时回家列为缺点，父母经常加班，孩子得不到父母的关照……

大家写完后交换，很多家长说："以前一直认为孩子心太冷，现在看来我这个孩子还有点良心。"其实一家人没有什么大问题是解决不了的，大部分问题是"认为"不同造成的误解。今天家庭的"现代家规"，不能像过去传统的简单传承的家规。今天的家规，是受多媒体时代影响的、在多元文化背景下的行为实践，必须通过家人的共同参与、讨论与创新才能被现代家庭的几代人共同接受和发挥作用。

我们历时多年，通过对全国上万个家庭的科研实践和实验数据跟踪分析，总结出一套非常有效的非口语交流工具"家庭公约"。这个工具能帮助我们与孩子学会情绪管理和有效沟通，逐步有效地制定现代家庭的"家规"。

中国的文字非常哲学，以"伪"字来说，左边的"亻"是指"人"，右边的"为"是指"事"，古人给我们的启示是"人为说的事都不真实，往往是伪造和不确切的"。我们太相信自己，就等于给自己四面垒墙，进而没有了出路。

对生活中发生的事情，我们的"认为"不一致，自然对待其方式也不同，这很正常。人类认知的"冲突原点"由于人们的思维模式不一样，从而会形成不同的行为结果。我们的"认为"往往是主观的、片面的。人人都活在自己的"认为"中,一生如此。

在现实生活中,大部分的成年人是不成熟的,有很多人直到生命的终点也还是不成熟的,如果我们不改变教育观念和操作程序,一辈子都会不自觉地重复犯同样的错误。人不可能用"相同的"对待赢得"不同的"未来!

要为真实的生活而学习,我们必须改变观念才能有更好的未来。所以,在教育孩子时、夫妻沟通时、与同事相处时,都不要太相信自己的看法,"认为"不同是"冲突"的源头。通过实践经验与实际调研,我从中总结出了摁钉原理,也就是"三为"公式:认为 ± 行为 = 作为。

好孩子是需要好家长来引导的,好家长应是有能力引导孩子成熟的成年人。我们的确缺少这种能力,社会又缺乏这样的指导专家和沟通平台,目前最好的解决方法是预先学习、早有准备。补救的措施是边学习边修正自己。

我们都是爱孩子的,都不希望和孩子产生矛盾,都知道这样不好,但问题是我们每一位家长都是人,而不是神。修正行为、控制情绪不是容易的事,所形成的行为和情绪都源自家族固有的自我性格、情绪、观念和习惯等。但如果摔书的家长在辅导孩子时能保持原则,在自己情绪不好时回避和缓冲一下,过一会儿再继续做的话,可能他会教得更准确,孩子也能顺利地学会了,这样才能达到目的,这才算有所收获。

只有家长把自己的"认为"放下,和孩子在"行为"上形成契合,家长才会有很好的"作为"。

"认为",即我们对人或事的认识,以及做出的判断。也就是我们平时所想的,它呈现的是一个面。人的一生都在为自己的意识"买单"。

"行为",是基于对事物的认识而采取的行动。也就是我们平时所做的,孩子落实到行动中仅是一条线。不同的认为和行为习惯,便是产生冲突的"源头"。

"作为",即行为的结果。也就是我们平时所造成的,家庭作为就体现在这个点上。我们的认为和行为相加减,就是我们的作为。

在生活中，我们都喜欢用自己的"认为"（感觉）来说孩子的问题。但我们与孩子的"认为"往往是不同的，或者不完全契合的。"认为"具有极大的不确定性，而每个人又都活在自己的"认为"中。其实我们的一生都是在为自己的大脑工作。我们的大脑就是身体的 CEO，它决定着我们人生的追求、成功、幸福等。

要想教育孩子有所作为，一定要掌握"摁钉原理"，也可理解为"三为"公式：作为 = 认为 ± 行为。

请记住教育的行为原则：行为要为目的服务。有效果比有道理更重要！您的"作为"永远要比"认为"更重要！放下认为，调整行为，收获作为。

读者实践反馈：

小李和丈夫都是 80 后，硕士研究生毕业，属于高级知识分子，都有很不错的职业。她本人是一家国有企业孵化器的中层干部，丈夫是一名非常优秀的 IT 工程师，同时小李的父亲是一名转业军人，一直保持着军人的优秀传统：做事有条理、守时。工作之余自学摄影，摄影水平近乎专业水平。小李在武汉与丈夫结婚并有了他们爱情的结晶小虎子后，小李的父亲毅然辞掉不错的工作，与小李的母亲卖掉了郑州的房子，举家迁往武汉，开始照顾孕中的女儿及女婿的生活，孩子生下后包揽了全家的一日三餐、对虎子的照顾和全部家务。小虎子在外公外婆的悉心照顾下，既健康又阳光，但是也由于保护过度，自理能力、社交能力等明显欠缺。有一次虎子爸爸单位组织亲子游，在吃饭的时候，虎子看到餐桌上好吃的菜，不敢自己动筷子去夹菜，必须爸爸帮他夹到碗里，他才吃；同事家的小孩很快就玩到一块，虎子却黏着他，远远地望着小朋友玩，想去又不敢……虎子爸爸这才意识到了问题的严重性，想要参与到虎子的教育中来，但是因为与虎子外公缺乏沟通，他们都想按照自己的意愿来教育和陪伴虎子，2016 年 6 月，虎子幼儿园毕业之际，翁婿之间因为对虎子的教育方式持有不同意见，爆发了激烈的冲突。

因为有小李父母的悉心照料，小李和丈夫在家几乎都是"十指不沾阳春水"的甩手掌柜，吃完早餐放下碗筷去上班，下班回来两位老人已经准备好了可口的饭菜，小李和丈夫吃完饭，放下碗筷，小李陪陪儿子、丈夫一头扎进书房上网玩游戏，既不参与孩子的照顾陪伴，也不为二老分担一点家务。当看到自己的孩子与"别人家的孩子"的差距时，虎子爸爸心里还对老人过度保护小虎子心生埋怨："把孩子惯坏了！"老人心里的憋屈也不言而喻了，对女婿也有许多抱怨：你在家"横草不拿，竖草不拈"，一天到晚只顾自己打游戏玩乐，对自己的儿子不管不顾，不给儿子树立一个好榜样，你在家里没有发言权。

军人出身的外公为了培养外孙子的好习惯，给虎子制定了学习、手工、玩乐的时间表。周末下午，按照时间表，到了虎子学习的时间了，虎子爸爸却把他抱在怀里玩游戏，外公提醒了两遍，父子俩都置若罔闻，外公忍不住大声地言辞激烈地要求虎子爸爸停下手中的游戏，让虎子遵守作息时间，回到既定的作息轨道，完成当下该做的事情。虎子爸爸不仅不配合，还举起新买的笔记本电脑，狠狠地砸到地上。虎子从小到大没有受到如此大的惊吓，吓得哇哇大哭……当时的景象，想想都让人感觉窒息。

小李家里的这个场景应该在很多家庭都上演过，大家看到这里，作为局外人都看明白了局中人各自的问题吧。这就是"家庭公约"中"五子登科"中"复位子"的功课没有做好。

1. 小李夫妇对虎子的亲子教育和家庭角色的缺位；
2. 外公外婆爱心过满，承担过多，导致越位；
3. 因为小李夫妇的缺位，虎子外公外婆心疼女儿（小李）孙子（虎子）自觉地补位；
4. 两代人在家里的角色自然就错位了。

缺位→补位→越位→错位→矛盾
↓
解决方法→复位
↓
矛盾化解

小李家只有小李学习过"家庭公约"，理解"家庭公约"是家庭情绪管理和目标管理的工具。她也从我们的讲座中了解到《中国妇女报》曾经在北京市朝阳区区委区政府引入中国家长教育研究所专家智库，通过"家庭公约"项目帮助和指导家长解决教育孩子的困扰，并将"家庭公约"誉为"最美家庭"孵化器，但是要想让小李的父母和她的丈夫接受一个"外来和尚"插手自己家的家庭矛盾，直接进驻，肯定行不通。我跟小李商量，让她把请我帮忙调和的想法分头跟丈夫和父亲沟通，介绍一下我的身份，我先分别跟两个"大老爷们"进行沟通，经得他们双方认可我之后，我再上门做辅导。

小李分别与丈夫和父亲沟通之后，将我的电话和微信与他们做了交换，我用三天时间分别与虎子爸爸和外公做了沟通，共情他们在冲突中的真实感受，引导他们回顾并认识到，因爱的联结三代同堂开始生活以来，虎子父母的缺位、外公外婆的补位导致的越位，都源自外公外婆对小李和外孙虎子无私的爱。在虎子爸爸与外公心中产生的委屈和负面情绪，还有虎子在这场激烈的冲突中受到的惊吓，必须尽快得到化解和安抚。现实境况：虎子与外公外婆从情感上不可能立即实现分离，作为双职工家庭，虎子父母也需要虎子外公外婆的继续帮助和支持。如果他们一家人信任我，我将帮助他们家建立"家庭公约"，辅导他们全家在民主平等的前提下，对虎子的教育、生活管理和家庭事务的处理中既约定公共"界限"，又和而不同，重新建立家庭情绪管理的方式，明确家庭新的目标和分工。

外公的时间自由，我们的沟通在白天进行；但是虎子爸爸白天上班,晚上有时候还会加班,我跟他约定,他有空的时候主动跟我联系,我尊重他的时间,所以,我俩的沟通基本在半夜,有时候聊到凌晨2点。虽然感到累,但是能够赢得这枚理工男的信任,我也觉得欣慰。

跟虎子外公和虎子爸爸沟通的过程中,我首先共情了他们两个人在冲突中的感受。

我对外公(与外婆)说:"出于对女儿和虎子,以及他们这个小家庭的爱护,你们承担了所有的家务,虎子出生前对他妈妈的照顾,以及对虎子从出生到6岁生活、成长的悉心照顾。您(外公)带虎子用各种材料亲自动手做航空母舰,在您的激励下,虎子小小年纪就树立了长大后当军事科学家的远大理想;还培养虎子的时间观念和秩序感。你们照顾全家的生活,为他们解决后顾之忧,让他们小夫妻俩不用担心家庭、孩子,只顾专心工作,可以说你们为这个家做出了巨大的贡献。点点滴滴的琐事中都蕴含了你们对他们这个小家满满的爱。让虎子爸爸不高兴之处,是觉得你们对虎子照顾得太周到,虎子自理能力比同龄孩子有些滞后,所以担忧;年轻人考虑事情片面,却没有意识到他自己在虎子教育和家庭事务中的缺位,也没有给虎子做好榜样,所以迁怒于你们二老。"

我对虎子爸爸说:"你意识到虎子外公外婆对虎子照顾得过于周到,导致虎子生活自理能力、交际能力欠缺,担心马上上小学的儿子无法适应学校的环境,影响他的人际关系和自信的建立,甚至他的全面发展,这是一个父亲应该考虑的,也是必须要考虑的。你并不是对儿子不管不顾,也可能是外公外婆太能干了,你在家完全插不上手;也有可能你们夫妻俩和二老之间的教育理念和方法不同,你们却没有坐下来好好商量,意见不一致又相互不认同,心生罅隙,时间长了,积怨深了,最终导致了剧烈的冲突。

"但是,两位老人对你们这个小家庭投入的爱和辛苦的付出,为你们夫妻俩分担了所有的后顾之忧,你也应该是非常认同的吧?从小李怀孕时外公外婆来到你们家,在养育虎子的过程中,你做了哪些?你在家里做了哪些家务？你是缺位的，是吧？你对老人的付出说过几句感谢的、暖心的话？虎子妈妈特别向我介绍，你是一位非常优秀的IT工程师，你的同事往往为新的工作加班加点，而你总是能高效快速地完成工作。她还告诉我你跟大部分理工男一样不善言辞，我作为家庭辅导师，能站在公正的立场上，帮你们家庭提供辅导，既维护你在家庭的主导地位，又能让每个人在公平公正的原则下，相互尊重，维护家庭和平，你看我这个周末去你们家做辅导，可以吗？"

2017年6月18日，受虎子爸爸妈妈和外公外婆的邀请，我第一次来到虎子家做辅导，完成了"家庭公约"的五部曲：开个家庭会议；许个家庭愿景；选个家庭法官；照一张全家福；定个"家庭公约"。

第一个月的公约内容中，第1条：要好好说话，不能争吵！（这是虎子的心里话。）第2条：约定每人每天都要运动1小时，至少有一个人陪虎子户外运动1小时以上。（这是针对全家人不爱运动的坏习惯。）第3条：约定每人必须参与做家务。虎子帮助抹桌子、拿碗筷，收拾碗筷，整理自己的书包、玩具；虎子爸爸整理自己的书房，拖地，以及做其他的卫生工作；虎子妈妈整理自己的卧室，洗衣服，晚饭后洗碗，双休日做早餐；虎子的学习由爸爸妈妈负责；外公外婆主要负责陪伴虎子玩乐、接送虎子，以及在虎子爸妈的工作时间段对虎子的照顾与陪伴。

虎子家6月份的"家庭公约"经过两个多小时的家庭会议，集体商定完毕，奖惩方式是：虎子作为小法官，负责"考勤"，全家人要接受虎子小法官的表扬或批评，虚心改正。如今，虎子家"家庭公约"一直长效地坚持着，而且不爱运动的一家人，从2018年开始已经成为全国马拉松运动的健跑达人。

虎子家的"家庭公约"故事，是他们全家三代人缘于爱的一次共同的成长。

第五章 孩子犯错的时候，家长最该做的事

凹凸原理：放手让孩子独立，配合让孩子成才

❋ **凹凸原理：**

"凹"和"凸"是一组相对的概念。在家庭教育过程中，家长的教育方式和孩子的品性形成具有凹凸互补的特征。孩子"凸"，那我们就一定要"凹"，要学会配合孩子去做适当的教育。

学会做个"身懒心不懒"的家长

工作一天回到家，我们都会感觉特别累，想喝水又不想动，您会怎么办？是自己动手还是让孩子帮忙倒水呢？很多人会自己动手，仅有少数家长会让孩子帮忙做一些力所能及的事情。民间有句话叫"懒妈养勤孩子"，意思是一个勤劳的妈妈教育出来的孩子可能会很懒，因为这个妈妈太勤快了，孩子什么也不用做，什么也不用学，什么都可以得到，而一个懒妈妈的孩子可能正好相反。

有位家长曾对我说："齐教授，我有一次特别累，于是让我6岁的孩子帮忙倒水。等孩子给我端来时，我高兴地说：'宝宝真长大了，知道孝敬妈妈了，妈妈好开心！'孩子很得意，又问他爸爸、奶奶、爷爷想要喝水吗，

179

把全家人问了个遍……"

可能很多家长认为这样做是万万使不得的，他们怕孩子打碎水杯、烫伤皮肤，自己再累也不肯让孩子做。长此以往，孩子会误认为家长像超人一样，不会疲倦，就会变得越来越依赖父母，甚至不能独立。

现在我们很多家长太溺爱自己的孩子，总是想方设法地为孩子打理好一切，孩子往往与家长的意愿有出入，甚至背道而驰。家长总是埋怨自己对孩子的付出得不到回报。教育孩子需要巧办法，学会做个"懒家长"是个不错的办法。

"懒家长"其实是"身懒而心不懒"。在孩子还小的时候，他们就让孩子做一些力所能及的事情，甚至会创造条件给孩子锻炼的机会。"狠心"地让孩子受挫折，其实他们是舍得放手让孩子自己去摸索、成长。在培养孩子的过程中，他们施行无痕教育，最后孩子不但性格阳光、自强自立，而且活得精彩、生活幸福。

"懒家长"绝不是为了享轻闲、图自在，而是用心良苦地给孩子空间，让孩子自然、自主、积极地成长。其实做"懒家长"一点也不容易，在许多情况下，不但不能省力，反而更加麻烦：让孩子自己吃饭，撒得到处都是，家长就得洗衣、擦桌、拖地板；孩子自己洗袜子、手绢，洗不干净，家长就得重洗一遍，当然没有自己直接包办更为快捷方便、省心省力。但这些都是促进孩子成长的好契机。

在家庭教育的过程中，孩子各种能力的强弱构成了一个类似长城形状的品性图，这个品性图构筑的好坏将决定孩子一生的成就。孩子的未来要靠自己去开创，独立生活的能力是人生存和发展的基本前提。但这种能力不是孩子天生的，是需要家长对孩子从小进行培养和锻炼的。

我们如果将孩子的一切包办，等于剥夺了孩子认识世界、锻炼自我的机会。反而，做个"懒家长"是为孩子着想，对孩子的成长负责的正确实践。

家长"示弱",也是彰显智慧的引导艺术

我们看看下面这两幅图:左边的是一个笑脸,右边的是一个苦脸,选择一个你喜欢的。

估计大家喜欢的都是笑脸,同样,要想教育好孩子,就要把自己的"样子"修好,"相"好就受人欢迎,孩子就会进步,"运"自然就好。不能每天用"苦脸"对待孩子,这样孩子会很容易被"苦脸"同化。

有一次,在成都讲课时,课间一位家长学员对我说:"齐教授,我现在最闹心的事就是回家后,孩子、老公都对我不理不睬。我辛苦工作一天,您说我容易吗?怎么就不能理解我呢?您有这么多的方法,也教给我一个吧!"

我首先问她:"您是不是感觉工作一天很累,回家看谁都不顺眼,总想教训人?"

她说:"基本上是这样,我本来工作一天就很累了,回到家面对的又往往是一个烂摊子,所以回到家就会气就不打一处来,总想教训他们。"

我说:"您下次这样回家,可以先照照镜子,看看自己的面部表情。如果总是一张苦脸,那孩子、老公肯定不想理你。

"您的这种态度在家中一旦占据首位,将导致夫妻关系、亲子关系不断恶化。您要学会示弱,要注意自己的面'相',不要让您的相破了您的'运'。"

她惊讶地说:"示弱,面相?"

我说:"是的,不管您回家有多累,进门都要先整理一下自己的表情,面带笑容地跟儿子和老公打招呼、聊天。

"另外,看到一些让您生气的事时,不要只顾自己发脾气,那样解决不了问题。您不妨先把家人当作'领导、大客户',或者完全可以把他们当作我,然后再进行沟通……"

后来,这位家长给我来电话说:"齐教授,您的方法非常实用。现在我老公知道心疼人了,孩子也听话了,我们家的变化真的是超乎我的想象……"

教育家陈鹤琴曾表示,"孩子进一步,大人就退一步","凡是儿童自己能够做的,应当让他自己做",其实一家人没有什么大问题是解决不了的,我们示弱了,家人就会变得"贴心",孩子进一步,大人退一步,孩子就成长了。

教育是彰显智慧的引导艺术。

富豪对孩子"抠门"的教育智慧

中国有句老话"富不过三代",意思是很多人的财富无法得到继承和延续,在我国,这种现象很明显。但在美国,很多富有家庭的子女都不知道自己的父母是富人,甚至不知道自己已拥有了天文数字的财富。美国富豪在孩子身上花的钱简直有点"抠门",这种"抠门"换来的却是"富二代"的自强不息,这也是那些富豪能几代人继续富有的秘诀。

美国有个富翁叫丹尼,他是从苦日子里走过来的人,也不希望自己的孩子再过苦日子,有了钱让孩子享受好的生活一点也不过分。丹尼有7个孩子,最小的3岁,最大的16岁,他们吃穿不愁,但没一个孩子可以从丹尼口袋里拿到大把的美钞,甚至连每个月的零花钱也没有。丹尼告诉自己的7个孩子:"你们想花钱可以,但要自己去赚钱,

第五章　孩子犯错的时候，家长最该做的事

而且不是打扫房间、做做家务这种工作，你们要到社会上去赚钱。"

3岁的孩子到社会上去赚钱？丹尼才40多岁，不至于老糊涂了吧？小的真不行，生活还不能自理！6岁的儿子，放学了在家里自己做小饼干，然后到大街上去卖，1小时可以赚到85美元。别看只有6岁，这小家伙比大人还能挣。13岁的儿子干脆开了一家公司，自己做起了小老板。

丹尼说，他的孩子知道自己的意思，不是要他们自己挣吃饭钱，而是在工作中体会赚钱的艰辛和努力的重要性。丹尼认为，富二代可以享受一切，但要有运用财富和进一步创造财富的能力。

法国教育学家卢梭说："你知道用什么方法一定可以使您的孩子成为不幸的人吗？这个方法就是对他百依百顺。"如果我们事事包办，那孩子的办事能力必然得不到提高。今天的很多孩子，很少有挫折教育，即使上了大学，谈了恋爱，遇到一些问题就觉得承受不住，还会动不动产生轻生或自残的念头。很多孩子自理能力差、办事能力弱，离开家长进入社会后，连生活都成问题。

我们培养孩子，要让孩子看清楚社会怎么对待自己，切不可把孩子当作温室里的花朵。美国前总统里根讲过，"不管你做多大官，你拥有多少财产，如果你的儿女教育失败，一切都归于零"，孩子看不到真实的社会，就不能靠自己独立。

因此，作为家长，一定要有教育的智慧，才能培养出独立自主的孩子。

家长能谦和地"凹"进去，给孩子适当的教育

我们来做个小测验：假如天上掉下一个幸运球，用下图中的容器接，是左边的容易接到，还是右边的容易接到？

很显然，左边"凹"形的比较容易接到这个幸运球，而右边"凸"形的比较不容易接到。一般来说，所有能装物品的、有用的容器，都是凹

家庭幸运球

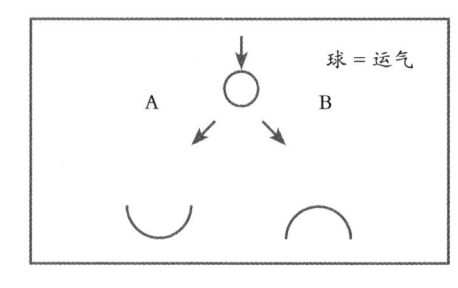

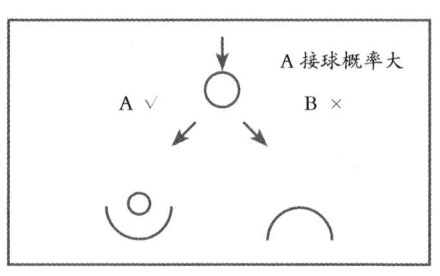

形的。

"凹"和"凸"是一组相对的概念。"凹""凸"两个象形字，让人联想到长城的女墙，女墙的凹处是用来进攻的，可以射出箭；凸处是用来防守的，可以挡住箭。在家庭教育过程中，家长的教育方式和孩子的品性形成具有凹凸互补的特征，也就是说，孩子品性的长城图和家长的图恰好相反，是倒模关系。这个品性图构筑的好坏将决定孩子一生的成就。

其实生活中有很多幸运球放在我们面前，想不想接要看悟性，孩子"凸"，那我们就一定要"凹"，要学会配合孩子去做适当的教育。

> 有位朋友因买房从美国回到国内，由于飞机晚点，到北京时已经晚上七点多了，但卖方在等着，这位朋友就带着孩子饿着肚子奔忙处理。孩子虽然很饿，但还是很忍耐，等着大人把事情办完。这就是很好的挫折教育。

不少家长有过吃苦、受穷的经历，现在自己成功了，总是想把最好的留给孩子享用，舍不得让孩子经受挫折和打击，关于孩子的事情事事包办，对孩子百依百顺，"含在嘴里怕化了，捧在手上怕飞了"，这些家长虽有财富，但缺乏智慧。现在的孩子从小没有接受挫折教育、危机教育、安全教育、生命教育等听起来很学术，但体现在生活细微处的种种教育机会。

今天的成功人士所面对的难题往往不再是前方的"事业征战"，而是来自后方的"家庭挑战"。那些在商场叱咤风云的企业家、享誉国际的明星，

第五章 孩子犯错的时候，家长最该做的事

面对家庭后代教育却常常感到"无法"与无奈。一些人拥有一辈子的事业功名，却往往经不住一次家庭事件的冲击。这是因为成年人不成熟，不懂得"成功是失败之母"的原理。大家都很注重成功，但成功有时候是毒药，为了成功人们可能不择手段，结果伤害社会，伤害家庭。

《史记·鲁周公世家》中记载了一个典故叫"周公吐哺"：周公是周文王之子，武王之弟，在历史上素有礼贤下士之令名，曾"一沐三捉发，一饭三吐哺，起以待士，犹恐失天下之贤人"。周公也把自己如何礼贤下士，比如洗头发和吃饭时都多次停下来接待贤人等事告诉儿子伯禽，希望儿子知道以他这样的地位，只有无骄，才能和下面的人平等；只有平等，才可得人才；只有得人才，事业才会兴旺发达。

周公这些话蕴含了"凹凸"的人生智慧。"凹""凸"是两个象形字，也是一组相对的概念。"凸"是指在某件事上，一方比另一方突出，而另一方相对有些"凹"。在教育孩子时，我们应多体现"凹"，即谦和、示弱的一面，这样有利于孩子表现其个性、发挥主动性和创造性，孩子就会"凸"出，这种"凹凸"结合会形成家庭和谐的局面。当孩子进入社会后，孩子的形象就会更多体现为"凸"的一面，也就是敢于坚持原则，敢于担当，情绪稳定的一面，孩子更能与整个社会和谐相处。

橄榄球原理：因材施教，孩子爱上学习

❋ 橄榄球原理：

目前，我国孩子从数量上说，位于橄榄球的上部顺教育型的孩子最少；缺教育型的孩子最多，位于橄榄球的中部；逆教育型的孩子次之，位于橄榄球的下部。如果发现自己的孩子目前不是顺教育型的孩子，不要焦虑，也不要灰心丧气。以上三种类型并不是一成不变的，孩子在成长过程中可能都会遇到，我们可以针对自己孩子的类型，进行动态调节，顺教育型的孩子要"教"，缺教育型的孩子要"盯"，逆教育型的孩子要"管"。

学习是人与生俱来的能力，是人的本质特征之一。一提到孩子的学习，我们家长总有说不完的问题。然而，让很多家长头疼的居然是孩子不爱学习，不会学习，学习不好！

现在很多孩子一听到"学习"就厌烦，无论如何就是不想学，大部分家长在孩子学习上投入的时间、精力、金钱最多，但往往感觉收获最少。许多家长疑惑：我付出了这么多，该做的也做了，但付出与收获成反比，孩子的学习成绩就是上不去。

我常反问家长："您总是说孩子的学习不好，这是为什么呢？"很多

人的答案是：孩子对学习没兴趣，不喜欢老师，太贪玩，教育体制的问题……很多孩子从上幼儿园到上高中，生活中鲜有蓝天、白云、草地和沙滩，也少有机会去无拘无束地玩耍、开朗地大笑，以及在小径上奔跑，他们上课的时间，人在课堂；他们放学的时间，在做作业；周末或其他放假的时间，上各种课外班……

清楚孩子现阶段的学习类型，是引导好孩子的前提

孩子的学习好不好，取决于三个因素，即爱不爱学习、会不会学习和能不能学习。

橄榄球原理

顺教育型 → 教
缺教育型 → 盯
逆教育型 → 管

三类孩子的类型　　三种家长的教育方法

我把孩子按学习状态分成三种类型，顺教育型孩子、缺教育型孩子、逆教育型孩子，参看上图。

顺教育型的孩子，处于快乐状态。他们自身有学习能力，爱学习，也会学习，能够在快乐中积极主动地学习，充分享受着学习给他们带来的快乐和自信。此类型的孩子只要家长教，就能达到学习的最佳状态。

缺教育型的孩子，处于麻木状态。他们认为学习枯燥乏味，自身有学习能力，也爱学习，但不愿主动学习，常常被动地学习。家长如果不多加

187

关注，孩子就不学习，甚至连老师布置的作业也不能完成。这种孩子的学习成绩是家长"盯"出来的。

逆教育型的孩子，常常处于痛苦状态。他们有学习能力，但就是不爱学习，也不会学习。此类型的孩子容易产生厌学情绪。家长往往一味地指责孩子学习不好，无形中给孩子增加很多压力，从而形成恶性循环。家长和孩子都很痛苦。这种孩子的学习完全靠家长和老师的管理。

顺教育型孩子是教出来的，家庭"毛坯"质量好；缺教育型孩子是盯出来的，家庭"毛坯"质量弱；逆教育型孩子是管出来的，家庭"毛坯"质量差。

目前，我国孩子从数量上说，位于橄榄球的上部顺教育型的孩子最少；缺教育型的孩子最多，位于橄榄球的中部；逆教育型的孩子次之，位于橄榄球的下部。如果发现自己的孩子目前不是顺教育型的孩子，不要焦虑，也不要灰心丧气。以上三种类型并不是一成不变的，孩子在成长过程中可能都会遇到，我们可以针对自己孩子的类型，进行动态调节，顺教育型的孩子要"教"，缺教育型的孩子要"盯"，逆教育型的孩子要"管"。同时，还需要我们理解孩子的感受，真正地关心孩子，配合有效的经验方法引导孩子。

取证、分析、计划、约定，用橄榄球原理让孩子爱上学习

如何让孩子与学习结亲，要掌握橄榄球原理的"三类三法"。

顺教育型的孩子是爱学习的孩子，他们有动力，也有兴趣，学习对他们来说是一件愉快的事，教育此类型的孩子的方法是"教"。

我有个学生叫小郑，他认为学习是一件快乐的事情。他从小到大学习成绩优异，是家长、老师、同学眼中"刻苦学习"的榜样。他从小学三年级开始，每天早上4点起床学习，老师总喜欢拿他来激励其他同学："大家学学小郑，每天起早学习，这种刻苦学习的精神值得每位同学学习！"

他的父母也很自豪："我家孩子不用管他，都是自己学习，每天早

上4点就起床了。"

其他家长也说："小郑能够刻苦学习，所以学习好。我们孩子吃不了那份苦，所以学习就比不上他。"真是如此吗？

小郑却跟我说："我晚上从不学习，习惯早上学习，因为我早上学习的效率最高。与其他同学相比，我学习的时间还是偏短的。大家都认为我是苦学，其实我一直都在享受着学习的快乐。"

这种快乐来源于两个方面：一方面是学习成绩优异，可以得到老师的赞扬、同学的羡慕，这种感觉是非常快乐的，他希望能够享受这样的快乐，因此他一直努力学习。另一方面，通过学习，他学到了很多知识，并能够把知识用在生活中，他发表文章、自己动手做地图，还结交了一群喜欢学习的朋友，在朋友中间他是"智多星"。这一切都让他享受着学习带来的快乐。

对多数家长来说，错误的"认为"导致错误的结果。人都喜欢追求快乐，逃避痛苦。我们要想让孩子学习好，就应该改变自己的"认为"，并引导孩子体会学习的快乐，把学习变成一个时间长、强度大的游戏来玩。

缺教育型的孩子，往往缺乏主动学习的能力，多是行为的程序问题，认为学习枯燥乏味，不主动学习，学习不好。目前80%的孩子处于缺教育状态，这种孩子的学习需要家长来"盯"。

很多家长听过我的一次讲座后，回家死盯着孩子。孩子磨蹭、玩小动作，就在一旁开始唠叨。这些家长的行为只是"盯"的字面意思，而我所说的"盯≠唠叨"，"盯"分为四个步骤：

第一，取证。我们主要从孩子的学习态度、学习环节、学习方法、学习习惯等方面进行取证。取证的方式可以是用手机录音，也可用摄像机拍摄。在此阶段，家长要冷静处理，不能唠叨，以获得证据信息为主。

第二，分析。此阶段家长先反复看录像，了解一下情况，按自己的"认为"分析孩子学习不好的原因，然后再与孩子一起观看录像，让孩子自己分析哪个环节有问题，应该怎么做。

第三，计划。根据第二步分析的结果，家长与孩子一起制订改正计划：明确目标，明确自己要什么，把这些一一写出来；根据孩子自身的情况，设定完成目标的时限；如果目标太大，家长须帮助孩子一步步把大目标分解成易于实现的小目标；将最终确定的计划列出清单，放在醒目的位置，起到提醒的作用。此步骤要让孩子主动参与，家长切不可按自己的想法帮孩子制订一系列的计划。

第四，约定。在孩子认可上述计划后，参考"三事原则"与孩子做约定，监督辅助孩子达到目标。

一些学员按我的方法去执行，纷纷对我说："齐老师，这个'盯'的方法太奇特了，孩子看了录像后，认为可剪掉30分钟自己浪费时间的内容比我的要求还高（我认为可以剪掉20分钟），而且自己主动制订了计划，学习中浪费时间的行为少了，现在学习可带劲了……"其实，缺教育型的孩子也想好好学习，就是未能发现自己的问题。我们家长把录像给孩子一看，孩子自己就明白应该怎么做了。

逆教育型的孩子，大多比较贪玩，就是不喜欢学习，家长千万不能硬性把孩子往学习上拉。此种类型的孩子需要家长和老师"管"。但"管"不能单一通过请一个家教，"揍"孩子一顿，"盯"孩子一下，"训"孩子一番来实现，这都解决不了根本问题，"管"孩子也是需要技巧的。

我辅导过一个五年级的小男孩，特别聪明、活泼，就是不爱学习。除了学习，其他事情都乐于参与。孩子家长找到我时，认为孩子在学习的路上已无可救药了。我见到孩子后，了解了一些情况，让家长按我的要求去做：

第一，取证。家长观察孩子在家及在学校的动作、精神状态等情况，通过老师、同学了解孩子在学校的学习状态，注意孩子近期的情绪，拍摄孩子的学习环境。从情况、情报、情绪、情景四个角度入手，进行问题侦查取证。

第二，分析。从以上的取证进一步分析孩子不爱学习的原因，了解孩子的兴趣、需求，了解孩子的理想。

通过与家长多次沟通以及提供的情报资料，我们分析了孩子不喜欢学习的原因：家长认为孩子学习不好，于是私自给孩子报了语文、数学、英语等文化课的辅导班，孩子不想去上，但家长交费且命令其必须去上。孩子在学校学了，放学还得去上辅导班。最为重要的是孩子喜欢安装、维修东西，家长却压制孩子的动手实践，认为孩子搞破坏，还动手打孩子。

第三，计划。我建议家长把给孩子报的辅导班停了，给孩子每周买一次可以拆装的玩具，让孩子自己组装。家里坏了的小物品，也可尝试先让孩子维修，再找专业的人来维修，让孩子跟着看。

平时，家长多陪孩子观看一些国际技能大赛，比如，国际飞机维修技能大赛等。经过一段时间的学习，孩子的兴趣也得到了发挥。有一天孩子主动跟家长说："我一定要好好学习，不然怎么能达到那些国际选手的水平呢？"

第四，约定。家长从孩子的兴趣出发，激发孩子学习的内驱力。家长再与孩子共同协商，制定一个科学的学习与玩耍的规则，与孩子约定好按规则执行，让孩子既能玩好，也能学好。后来这个男孩很快进入了班级前十名。

在运用橄榄球原理的"三类"与"三法"时，要强调的一点，就是家长与孩子要具有良好的亲子关系与有效的沟通方式。在此基础上懂得一些引导技巧，避免与孩子沟通时"情绪对立"，让孩子与学习"结亲"，他的学习问题也便会事半功倍地得到有效解决。

运用橄榄球原理，帮助孩子逐步提高，解决孩子的学习问题，也可解决很多家长没有全面地看待孩子的学习，在辅导孩子学习上很不成熟的问题。

滞后原理：避免"当下"教育，提前约定好，无声胜有声

☀ 滞后原理：

要想做到滞后并不难，我总结了一个易记且好用的口诀：闭上嘴，迈开腿。

当家长看到孩子不洗手，乱扔玩具，不认真做作业，不爱学习等一系列问题时，会怎么办？我们来看看一些我讲课时现场采访家长的回答：

家长1：你怎么又犯这样的错误？长不长记性啊？类似于这样的训斥语言教育孩子。

家长2：我有时会说如果你现在犯错误了，那么你的同学、你的老师会喜欢你吗？会给他一些压力。

家长3：孩子犯错误了，我就训他、罚他，用惩罚的方法。

家长4：有时气急了，就打孩子。

…………

可以说是五花八门，但多是无效的教育。因为孩子根本就没改变，下次碰到同样的问题，还是原来的样子，为什么在教育孩子过程中总是重复

地发生这样的问题呢？因为我们都是普通人，不能保证时时、事事都情绪稳定。

事缓则圆

很多家长会忍不住动手打孩子。我们不妨冷静地想一想：孩子该不该打？孩子为什么挨打？我们怎样打孩子？

孩子原则上是不能打的，至少从小打好基础的孩子是不用打的，但对有的孩子、有的事或许是要打一下。如果我们打了孩子，孩子也认为该打，打的目的是不再发生，为了让孩子一次长记性，说明理由后，按约定打一次管一生就够了，这是一次管一生的高级教育。

多数家长打过孩子无数次还对孩子不起作用，孩子被打了不但没变好，反而越来越坏，这种情况说明孩子已被你打疲了。对于孩子一般常见的，不是原则性的问题，家长一定不要做"当下教育"，不要穷追不舍地把问题搞大、搞重、搞到不愉快。教育的根本是让孩子感动，如果家长打了骂了，孩子没被感动，反而认为就不欠家长了，接下来他们的行为也不会有任何改善。

生活中是不是会经常发生这样的事情：

大部分孩子在犯了错误时，他们都基本是清楚的，因为我们天天都盯着他说那"老三篇"。而一旦他哪次犯了错误，我们由于工作忙给忘了，或者由于心情好而没有马上去批评他，回过头来想想，往往那时孩子的表现都特别好。

孩子心中可能会想：今天太阳打西边出来了？我做错了事，爸妈怎么没说我？孩子心里面觉得侥幸，还会有不安。我们的态度让他们感觉有一点对不住我们，因为我们给了孩子好"脸色"，孩子感动后，继而感到愧疚。

孩子心想：今天爸妈没说我，我该怎么办呢？赶快弥补一下吧……用通俗的话来说，孩子往往会主动地做点好事来巴结我们，让我们感受到意

193

外的愉快。这其中便体现了滞后原理的内涵，家长通过"滞后"的教育，留出更多的时间让孩子反省自己。

孩子感动是因为认为自己欠了家长的，古人说的"事缓则圆"也正是这个道理。

教育是一门艺术，是一种成熟的对待，有效的教育是让孩子感动，并从心里认识到错误。孩子感动了便会自然而然地往你引领的方向上走，在孩子情绪不对时对其进行教育是没有用的。让孩子认识到错误，孩子就会努力地改正、弥补，我们这样进行教育往往更有效。

"滞后"的教育

孩子遇到问题，家长光唠叨或发火没用，也不能解决问题。锻炼孩子的自觉、自制是根本的解决方法。要想让孩子自觉、自制地去做事，我们就要掌握一个重要的教育操作原理——滞后原理。滞后原理需要我们家长减少"当下教育"。

当下教育往往是家长满足了自己的情绪，却忘记了孩子的感受时机，我们应多留出一些时间和空间让孩子自己去想自我的行为与家长的评价是否一致。我们在实际操作中运用"闭上嘴，迈开腿"的口诀，让孩子由"对外的观察"逐渐转移为"对内的反省"。

北京的一位学员反映，孩子吃过晚饭后要么去玩，要么去看电视，总是躲避学习，每次都是在她的训斥下才勉强去做作业。让孩子晚饭后尽快去学习是经常导致许多家长与孩子发生冲突的事，平常孩子会先看一会儿电视、玩会儿再去学习，这是很多孩子的通病。我告诉她先运用三事原则与孩子做好约定，再运用滞后原理解决问题。

过了一周，这位家长跟我反馈："孩子到规定时间就乖乖地做作业去了，真没想到我不吭声会有这么大的效果。"

滞后的教育往往是更有效的结果。孩子犯错后家长不做当下教育，孩子往往会主动地去学习，我们的宽容往往会收到孩子良知性的回报。其实让孩子按规则做事并不难，最难的是家长有能力控制自己情绪，不做当下教育。

闭上嘴，创造家人改善的契机

我们经常就当下发生的问题当下来处理，这是由我们的情绪所致。有时我们睡一觉后再想一想，昨天想的事和今天想的事就不一样了，这说明我们处理问题时需要滞后。

每位家长都非常爱孩子，都不想与孩子发生冲突，但有时候就是无法控制自己。拿破仑曾说过："能控制好自己情绪的人，比能拿下一座城池的将军更伟大。"这句话可以说毫不夸张。很多家长苦恼：很多教育方法自己都知道，但有时候就是做不到。要想做到滞后并不难，我总结了一个易记且好用的口诀：闭上嘴，迈开腿。

第一，我们要学会闭上嘴。闭上嘴做什么？非常简单，就是不说话。

平常我们说多了，孩子、家人都比较烦。只要我们"闭上嘴"，家人的好奇心、关爱心便会让家产生"改变契机"。不信您可以试试，80%的正常家庭都会如此。

您"一下不说"，家人就会感觉奇怪，心理上便会产生微妙的好奇。您"一阵不说"，家人的眼光便会投在您身上，开始奇怪地注意和观察您。您要是真的"一天不说"或"两天不说"，家人尤其是孩子，会感觉怎样？也许，家人就挺不住了。

孩子会想：奇怪，我爸妈怎么了？爸妈与以前不一样了？不好，我们家要出大事了……由于您的行为"异常改变"，孩子和家人的眼睛都会盯着您、瞄着您……

一两天，大部分的家人就挺不住了！

家人会想：这事不对劲？太阳打西边出来了？他（她）不会是病了

吧？不是有什么情况了吧？他（她）为什么这样呢？也许我做错了什么……慢慢地，家人开始由"对外的观察"转移到"对内的反省"了。

那您要是能保持"一段时间总不说"呢？

那家人感觉就更不对劲了。

一件非常有趣的事，在很多实验家庭中都出现过。就是我们平常唠唠叨叨，要求孩子、家人做他们却做不到的事，当我们不说时，他们反而做了。

我的许多家长学员都有同样的感叹：这事太奇妙了。

您要是再坚持一下，还不说。

家人心里就更不踏实了，家人便会主动找您交流了。

平常只要您"一唠叨"，不管您说什么，家人准是这只耳朵进，那只耳朵出。他们感觉家庭的状态一切正常。

而当您"一不说"时，家人的好奇心和关爱心就一定会促使他们将注意力放在您身上，您在家中的回头率就会大幅攀升。

这就是家。因为"有烦"而不做；因为"有爱"还得做。所以，家一定要有"惊奇"和"危机"才能改变。

"沉默"是让家庭改变的契机。

沈阳的一位家长学员讲，我从进家门问候家人后就再也没说话。平常孩子、丈夫都不看我，这次他们一直盯着我，还问我怎么回事。父子俩还偷偷议论："今天怎么感觉不对劲？"

我径直走进厨房做饭，丈夫赶紧追过来说："今天我来做饭吧。"这些天我要求过他多次，一次都不做，今天却主动请缨。晚饭后，儿子常常是看电视，不愿意学习，我说多少次都不管用，非得吵几句才勉强去做作业。这次我不说话后，儿子看了一会儿电视，灰溜溜地自动把电视自动关了，进屋去做作业了。

不信我们试一试，这个妙招对大部分正常的家庭都会有用。

道理很简单，语言是银，沉默是金，无声胜有声。

迈开腿，用"空间分隔"避免冲突

第二，我们的行为要迈开腿。记住：迈开腿是为了避免"情绪冲突"。当情绪不好时，处理冲突的较好方法就是"空间分隔"。

家庭经常会出现各种沟通冲突与情绪问题。怎么办？

迈开腿！迈到哪里去呢？我们先"进洗手间"。进洗手间后，对着镜子，看看自己的脸好不好看。当看到自己的脸好看了再出来，这时不良情绪就过去了。家也就没事了。

迈开腿，也可以到外面去找自己的朋友聊一聊，逛逛商店，吃吃饭，喝喝咖啡……

以下是广州的一位家长给我的来信节选：

> 一个偶然的机会，我听了您的课，然后便开始拟订"家庭公约"。按照拟订"家庭公约"的流程，儿子在填写"我的心里话"时写道："我希望被妈妈扔了的小皮球能够回来。"我心里暗笑，那个小皮球被我假装扔掉了，我把它藏在一个儿子找不到的地方。
>
> 有个朋友来我家做客，指着墙上的"家庭公约"，突然笑起来，我一看，上面写着"我希望被女巫扔了的小皮球能够回来"，于是又生气，又不好意思。一连好几天，我都想着"女巫"这个称呼。
>
> 有一天儿子说他累了，不想做作业，我正要向他发火，突然想到"女巫"，还有您的话，便跑到洗手间，对着镜子一看，忍不住笑了，原来自己生气的样子真的很像"女巫"。从那儿之后，我刻意地控制自己的不良情绪……

学会沟通的方法，关键在于懂得原理，调整思维，行为就会有所不同，行为不一样就会减少一些伤害，从而达到目标。

"闭上嘴，迈开腿"的功能原理就是为了避免"当下教育"，这是处理生活冲突、做好情绪管理的根本方法。

道理对不对？方法行不行？请您少提问题、多练习，不必空谈和质疑，练起来看。一周后，做到了便知道了。

如果家长坚持"滞后原理"的习惯教子，用好"闭上嘴，迈开腿"的操作口诀，就可减少家庭内耗，降低家人伤害，收获与家人共同成长的喜悦。

第六章
如何培养出对自己负责的孩子?

一个人最大的负责就是对自己负责。学会对自己负责的孩子,未来不会错。

三事原则：约定、提醒、总结，孩子自己守规矩

☀ 三事原则：

"事前有约定，事中有提醒，事后有总结"是一个不断提高做事水平的良性循环。

"不教而杀谓之虐"

我们经常会看到这样一种现象：当孩子做错一件事，家长会很生气地朝孩子发火，"你怎么这么笨啊""这么点事都做不好"……其实，不是孩子笨，是家长压根就没有认真地教孩子怎么做事。

俗话说："龙生龙，凤生凤，老鼠的儿子会打洞。"其中的道理就是，长辈会将自己的本领完全教给后代。现在很多家长虽然都在养孩子，却顾不上教给孩子生存的本领。当孩子做错事，家长就开始埋怨孩子。

我在望京的一所学校做调研时，孩子们围着我七嘴八舌地告家长们的状。其中一个二年级孩子的话引起了我的注意："我妈妈老说我笨。可是她很多事情都不让我做，突然有一天让我做的时候，我就做

不好了。做不好，她就训我。"

这是家长的通病，也是中国教育体制带来的社会问题：只要孩子好好地学习功课，家里的所有事情都可以不用做。孩子可以不会系鞋带；孩子可以不会洗衣服；再大的孩子，洗内衣、洗裤头、整理书包、打扫房间等这些理应由孩子自己做的事情，全由家长包办。因为家长希望腾出更多时间让孩子学习文化知识，也认为孩子还小，希望长大一些再让孩子学习这些生活技能……当有一天孩子必须自己去处理这些事情的时候，家长才发现，孩子完全不会。埋怨孩子、责怪孩子都于事无补。

孔子说："不教而杀谓之虐。"如果你不去教孩子怎么做事，反过来再来责怪孩子没做好这件事，这就是家长的不对了。我们家长就应该像老鹰教小鹰学会飞翔一样，从小教会孩子各种本领。

老鹰是怎样教会小鹰学会飞翔的呢？它让小鹰先看自己飞翔，等小鹰羽毛丰满时开始训练小鹰：从两个比较近的树枝上练习；小鹰掌握一定技能后，老鹰再带小鹰去悬崖边飞翔。

小鹰模仿老鹰的姿势，一次次地练习飞，尽管摔得遍体鳞伤，但最终学会展翅飞翔，飞向高远的天空。

连老鹰都知道手把手教孩子本领，人类还不如老鹰吗？但如何教，是有方法的。以孩子不起床为例，多数家庭从幼儿园到中学，家长普遍都会叫孩子起床，孩子赖床不起，可能又会引发冲突，我们管这个叫"起床战争"。

我曾在望京实验小学做过一个实验，与每个孩子同时做出约定——拒绝叫早。当然，实验之前也和家长、学校做好了协商，一周之内孩子迟到不做批评和评论。

实验中，家长跟孩子约定，以后每天早起上学是孩子自己的事情，家长不再负责叫孩子起床；到了学校，各班级都做录像统计，老师不能批评孩子。让孩子从内心产生愧疚，比责备更有效。

有位爸爸在实验结束后，分享了孩子三天的三个变化：实验第一天，他家的"小公主"一觉睡到九点，急得直哭，不依不饶地与爸妈较劲。后来，他拿出"公约"：这不是你自己签字的吗？你自己答应爸爸妈妈和老师不用叫早的。这样一来，"小公主"自知理亏，也不再胡搅蛮缠。第二天，奇迹发生了，"小公主"自己按时起床到了学校。第三天，"小公主"成了全班最早到校的小朋友……

很多家长认为自己的亲力亲为能为孩子"设计"好未来的每一步，殊不知，孩子在这样的氛围下非但没有成长，反而可能增加隐患：孩子长大后，不能照顾自己，过于追求完美，抗挫折能力差，自信心缺乏，人际关系不和谐……面对不能独立生存、不会处理日常家务、不会与人交际的孩子，有些家长着急了，却有点迟了，因为孩子的教育不可能从头再来。

"三事原则"

真正的教育是以行动带动行动、用生命感动生命的教育，而不是讲概念、讲道理。要想让孩子成长，放手往往更能成就。

每位家长都可以尝试和孩子一起坐下来开个家庭会议，这个会议一定不能变成针对孩子的批评会或检讨会，而是要开成孩子受益最大的会议，拟订一份适宜家庭各个成员的"家庭公约"，这是家庭教育中的一大法宝。

家庭会议每周召开一次，一方面可以解决许多重要问题；另一方面，家庭会议让全家人学会民主，最大的好处是通过类似角色扮演来促进全家人的平等交流。运用的方法论就是：事前有约定，事中有提醒，事后有总结，也叫"三事原则"。

当我们想让孩子做好某件事情时，首先，需要与孩子商议，经孩子同意，双方达成约定，方可执行；其次，在孩子执行的过程中，需要我们去提醒孩子，以免他忘记，从而加强其执行动力，如果孩子违反了约定，我们也一定要及时提醒；最后，孩子执行完毕后，我们要跟孩子一起对这件事情来做总结。

如果孩子遵守了约定，一定要奖励孩子；如果孩子违反了约定，一定要惩罚孩子。帮助孩子定好规则，并不是为了让其"听话"和"好管教"，而是为了让他更好地判断是非善恶，自发地去建立良好的秩序与和谐的氛围，从而健康快乐地成长。

孩子需要有底线、有界限的父母，来帮助他学习面对人生。我们在教育孩子的过程中，一定要按"三事原则"和孩子做好约定，这是培养孩子的基础，也是孩子成长的基础。但在贯彻这个原则时，我们家长一定要守信，以身作则，遵守约定。

事前有约定，事中有提醒，事后有总结

孩子在做事情时，是否能够按我们所希望的办到，是否能让我们满意？是不是常常做错事或与我们的意愿背道而驰？在生活中，我们是否与孩子有约定呢？家长经常按照自己的方法，事前没有约定，事中也没有提醒，事后就会出现我们不想要的结果。

在大连讲课时，一位家长问我："齐教授，我经常叮嘱孩子要懂礼貌，可每次孩子见了客人，都不打招呼，也不会使用敬语，这让我非常难堪。这孩子是怎么了？"

我笑着说："孩子没问题，问题出在您身上。您从来就没有认真地教过孩子怎么面对这种情况。"

这位家长很无辜地说："怎么没教过，经常跟他说，嘴皮子都磨烂了，他就是记不住。"

我说："那就是您的方法有问题。您应该使用'三事原则'来引导他。"

比如，我们带孩子去走亲访友，出发前就应该和孩子约定好一些规则、交代好一些事情——今天去哪里；主要去见谁；现场还会见到谁；每个人都怎么称呼；该说哪些话，不该说哪些话；在什么环节做什么；打招呼是不是要看着对方；要不要住下来；什么时间回家；全程要注意什么事情等，

这就是"事前有约定"。

但做约定前要注意一点，就是这个约定一定要合情合理，且适合自己的孩子，如果是家长都做不好的事，硬要求孩子去执行，那就不能怪孩子做不好了。

从家里出发，就进入第二个环节。只要提前都做了约定，孩子自然就知道每个环节做什么、怎么做了。因为之前约定了见了谁要怎么称呼，跟小朋友玩的时候不能要别人钟爱的玩具，吃饭时不能抢先动筷子等。这些事情只要提前有约定，孩子一般都会做得很好。

如果孩子在哪个环节或者哪件事情上做得不好，家长只要给孩子一个眼神，他就会反应过来。如果孩子还不明白，家长稍微提醒一下，他也就能立刻做到最好。看到孩子没按约定做事，用眼神或用口语来提示孩子，这叫"事中有提醒"。

走访亲友回家后，大家在一起总结一下本次走访亲友中孩子的表现，看看哪些约定孩子做得好，哪些约定孩子做得不够好。做得好的，好在哪里；做得不好的，应该怎样改进。通过这样的总结，帮孩子总结经验，接受教训。有了这样的总结，下次再去走亲访友时，孩子就会做得更好。这叫"事后有总结"。

"事前有约定，事中有提醒，事后有总结"是一个不断提高做事水平的良性循环。孩子在一件事情上不断有进步，多做几次，就完全能做到最好。这是在一件事情上孩子的学习过程，也是家长正确教育孩子的方法。

孩子培养爱好或特长前，做好这六步

许多孩子三四岁后就会被家长带着去参加兴趣班，但兴趣班到底该不该报？每次外出讲课，总有家长咨询相关问题。

给孩子报兴趣班是一个好的现象，说明家长注重孩子兴趣的培养，但该不该报、如何报令许多家长头疼。

第六章 如何培养出对自己负责的孩子？

悠悠从小就喜欢写写画画，但家长最近发现，悠悠看到画笔立马就逃跑。询问得知，家长最近给悠悠报了个绘画兴趣班，每天去学习2小时。

然而，这对一个4岁的孩子来说太枯燥了，导致原来喜欢画画的悠悠不想上兴趣班，还学会了撒谎，以便逃课。

随着生活水平的提高，很多家长在满足孩子物质生活的基础上，不去引导孩子学习做人、学会生活，反而一门心思地扑在孩子的才能提升上。为了让孩子掌握更多的技能，自作主张地给孩子报各种兴趣班，比如，弹钢琴，学奥数，练舞蹈等，急功近利地拔高孩子，容易让孩子丧失自己的人生目标，没有生活的动力，体验不到生活的快乐……孩子的"撒谎""不听话""厌学"等种种病，都需要家长来"吃药"的。

家长按照自己的意愿给孩子报兴趣班，孩子有理由不学。如果非要孩子去学，那孩子的天赋就会在家长的错爱中慢慢地枯竭。当然，还有一类孩子，自己要求报兴趣班，但常常因为某种原因中途停止，最后半途而废。

家长总是满脸焦急地对我说："齐教授，这次报班是孩子自己要求的，可他就三分钟的热度，没过几天就坚持不了了，不管我怎么劝，他就是不去，你说这孩子怎么这么不听话。"

我常常这样告诉家长："孩子想报班学习，我相信他们都是出于真诚并下决心想学好，但不管做什么事情都不容易。我们一定要站在孩子的角度考虑问题。孩子的出发点是好的，但在学习之前他并不知道有各种困难需要克服，这就需要我们家长运用'三事原则'，给孩子更多的帮助。"

我专门有节课是关于如何让孩子选择兴趣班的，有个操作口诀：干、看、站、要、逆、约。

干：家长根据对孩子的了解，选择孩子干什么。

看：想好干什么了，就带孩子去看。让孩子多了解、多接触，激发孩子的兴趣。

站：当孩子看得入迷，都不想走时，说明他对这个很感兴趣。

要：孩子感兴趣，就会想要，一定让孩子自己开口"要"。

逆：孩子要，家长不要马上同意，要逆着孩子说，激发孩子的欲望。

约：勉强答应孩子，并与孩子签订书面约定，最后让孩子签字。

按照这六步走，事情就会容易很多。如果想让孩子学音乐，我们可以先给孩子听各种CD、DVD，使他对音乐产生兴趣，然后带孩子去参加音乐会，让其受感染。当孩子站住了，说明他有兴趣了。

北京朝阳区的小爽，5岁时看到其他小朋友弹钢琴，自己也想学，这时候便是最好的教育机会。

家长说："家里很穷，买不起钢琴。"首先让孩子有压力，知道价值是什么。

小爽说："想学，一定要学。"

家长说："学钢琴很苦，你不一定能够坚持下来。"家长没有立即答应，逆着孩子说。

小爽说："能。"此时家长勉强答应。

我对小爽说："钢琴很贵，父母需要借钱去买，你如果坚持不下来怎么办？"

小爽说："肯定能坚持下来。"

我说："好。如果你坚持不下来，就把钢琴送给邻居小朋友，可以吗？"小爽点头接受。

我说："那咱们一起签个书面约定：第一，买钢琴很贵，爸妈给你买了，你一定要认真去学；第二，如果你坚持不下来，就把钢琴送给邻居小朋友……"小爽很高兴地在约定上面签了字。

我对家长说："若以后孩子坚持不下去了，就把这个条子拿出来让她看。有困难的时候，让她知道自己要对承诺过的事负责任，有责任心才能把事情做好。当孩子表现好的时候，要奖励她……"后来小爽弹得非常好，还参加了电视台的表演。

第六章　如何培养出对自己负责的孩子？

不管是弹钢琴，还是报其他兴趣班，或者家庭生活中孩子参与的一些事情，孩子遇到问题是非常正常的。当孩子遇到问题的时候，我们家长要学会使用三事原则，"事前协商约定，事中适当提醒，事后善于总结"，问题就不难解决。

"事前约定"时，要尽量做到准确和具体；"事中提醒"时，要做到耐心和细致；"事后总结"时，应该以评价为主，可以夸奖，尽量少批评，以帮助孩子的心态来教导孩子，让孩子在实践中学习，在学习中得到提高。

孩子每天都在成长，每天也会遇到新问题。作为成年人，很多事情我们是可以预料的。我们应该在适当的时候，提前和孩子做一些约定，用"三事原则"来教育孩子。这样，当孩子面对一个新事物时，他就会想起家长的叮嘱，不会手忙脚乱，可以从容地选择正确的做法。如果沟通及时，再能得到家长的提醒，事情就会做得更加完美。如果事后又能及时地总结经验，那孩子就会从这件事情上学到真实的本领。如此循环往复，孩子就会通过每天的事情不断成长。

针对一些特别贪玩的孩子，家长千万不要硬逼孩子去学习。"三事原则"也可以解决这个问题。首先，家长应该与孩子共同商量，约定好科学的学习与玩的规则，按规则执行，让孩子既玩得开心，又学得快乐。其次，在玩之前，应确定具体的项目时间，在玩的过程中家长提醒孩子时间，让孩子守时守约，及时回到学习上来。最后，玩后做总结，要总结约定的效果，遵守约定的孩子一定要受表扬，违反约定的一定要受惩罚。

如果家长在每件事情上都能这样做，提前告诉孩子做事的原则和方法，孩子做好每件事情的概率就会更大。家长这样做，才能真正地帮助孩子成长。从做好一件事开始，举一反三，触类旁通，到做好每件事，孩子就会成为一个能做事、会做事的人。这不正是家长所希望看到的结果吗？

家长用好"三事原则"，孩子出现"不听话""不懂礼貌""任性"的情况可能就会变少了。

规避原则：避财、避色、避气，孩子成长更健康

☀ 规避原则：

立规矩，做规避，讲诚信，其中做规避，主要指三方面：

避财，就是避免在孩子面前显露家里的钱财；避色，是要避免让孩子过早接触性的刺激；避气，主要倡导不轻易对孩子发火，不在孩子面前吵架，不把工作上的情绪带回家。

很多家长认为，对孩子讲的话才是教育，常常忽略自身的榜样作用。日常生活中，孩子的观察力、认识力和学习力非常强，常会超出成年人的想象。家长对孩子的影响是潜移默化的，一言一行都可能会影响孩子的一生。

目前，很多成年人在各方面的表现并不成熟，一些家长的不良行为给孩子做了坏榜样，这是家庭教育中真正的原点错误，出现原点错误多是因为家长不懂教育的科学。因为教育是做出来的，不是说出来的。要想避免不犯原点错误，家长就要掌握一个最基本的原则，即规避原则：立规矩，做规避，讲诚信。

俗话说"没有规矩不成方圆"，给孩子立规矩是一种很好的教育方法；在孩子面前规避一些不良行为，给孩子营造一个良好的家庭氛围；和孩子

第六章 如何培养出对自己负责的孩子？

说过的话要算数，诚实守信，这也是我们家长要执行的一条准则。

立规矩、讲诚信是我们家长所熟知的，在此我主要讲家长常常忽略的规避中的三避：避财、避色和避气。

避财，就是避免在孩子面前显露家里的钱财；避色，是要避免让孩子过早接触性的刺激；避气，主要倡导不轻易对孩子发火，不在孩子面前吵架，不把工作上的情绪带回家。

生活就是个积累的过程，对待每天发生的事的态度不同，结果也就不同。教育也是如此，家长对待孩子的态度不同，结果一定也是不同的。

避财

巴菲特不仅很富有，还是位非常有智慧的家长。他懂得环境对孩子的影响，选择不在孩子面前显露自己的财富。在孩子还小的时候，巴菲特把家安在贫民区，天天穿着普通的服装努力工作，自己也很少接受媒体采访。他十多年一直开着同一辆破车，一到冬天，车发动起来需要很长时间。

他每天早晨紧张地出去工作，晚上工作完便立即回家，陪孩子聊天、玩耍。孩子的母亲让孩子去学习，巴菲特却说让孩子多玩一玩，自己想多和孩子聊聊天。在这样艰苦的环境中，孩子养成了孝顺、善良、上进的好品质。

父亲努力地工作，艰辛地生活，孩子看在眼里、记在心上。初中时，孩子就发誓说："爸爸每天太辛苦了，我一定要好好读书，考个好的大学，赚了第一笔钱要给爸爸买一辆新车。"直到孩子上了大学后，媒体才有机会对巴菲特进行各种报道，孩子才知道父亲是这般富有，而此时，孩子的人生轨迹已经确定了。

巴菲特没钱吗？巴菲特买不起新车吗？显然不是。然而，很多家长都缺少巴菲特的智慧，把孩子当作温室里的花朵，使劲浇水、施肥，恨不得把所有的财富都用在孩子身上。孩子在这样的福窝窝里长大，衣来伸手，饭来张口，想要什么有什么，想干什么就干什么，养成各种坏毛病，将来怎么面对社会？

我的一个学生去社区讲座时，遇到这样一位家长，她对社区的工作人员说："别跟我说什么教子方法，我家有四五套房子，我们不去工作，收房租就能把日子过得很好。这些财产将来都归孩子，他将来和我们一样，靠收房租就能过得很好了。"

我的这位学生对她说："你不把孩子教育好，孩子如果不争气，将来一不小心沾染上赌博习气，一夜之间把这些都输完，你的孩子怎么办？"

这位家长哑口无言。

作为家长，一定要有教育的智慧。不管你做多大官，拥有多少财产，如果对儿女的教育失败，一切都归于零。孩子上进源于动力，你暴露财富给孩子，或告诉孩子你的这些财产将来都是他的，等于釜底抽薪，断了孩子上进的动力。这种做法显然是不明智的。

避色

现在的孩子早熟的情况特别普遍，很多家长为此非常烦恼。因为性早熟不仅会影响孩子的正常发育，还会影响孩子的心理健康。究其原因，多是家长让孩子过早接触一些性或色情相关的东西。

我在河北讲座时，一位家长在讲座后找到我，说他们家孩子早熟，让我帮忙想个办法："齐教授，我们家孩子刚上一年级，可是已经很成熟。这种成熟让我有点担忧，该怎么解决呢？"

我说："现在的孩子普遍比较懂事，成熟怎么还担忧呢？具体说

第六章 如何培养出对自己负责的孩子？

一下。"

原来，孩子在做作业时，有一道题是让用"丰""阳"等字组词，我们肯定会想到"丰收""丰富""阳光""太阳"之类的词，但这个孩子写的是"丰乳""壮阳"。类似的事情时常发生，家长不知道怎么解决此类问题，才找到了我。

我说："孩子出现这种问题，跟平时的家庭环境及接触到的教育息息相关。你们夫妻在家谈话时，对孩子有没有规避的意识？还有，孩子看电视、电脑，你们有没有给孩子进行过筛选？"

他说："平时都是我们说我们的，孩子玩孩子的，感觉没什么可规避的。看电视、玩电脑也是我们看什么，孩子跟着看什么。"

我说："那好，孩子有空的时候，你带他来我这儿，我与孩子进行沟通，再告诉你方法！"

这个小男孩的衣着打扮很像个成年人，非常聪明、开朗，一点也不认生。他见到我后，就非常开心地对我说："齐叔叔，我会唱很多歌曲，尤其是流行歌曲。我给你唱一个现在最流行的吧。"我点了点头。

只见这位小朋友像模像样地唱道："你是我的小呀小苹果，怎么爱你都不嫌多，红红的小脸温暖我的心窝……"

等孩子唱完，我问他："你从哪儿学来的呀？"

孩子满脸自豪地说："上次跟我爸去歌厅参加他们同学聚会时学来的，是不是很好听？"

我平静地对他说："你唱得很好，但这个歌是成人歌曲，如果是儿童歌曲，你唱得一定会更好。"

孩子说："我给他们唱儿歌，他们都不喜欢听！"

我接着问他："你知道这首歌是什么意思吗？"

他很得意地说："虽然我不知道是什么意思，但是我会唱。只要我唱完，那些叔叔阿姨就会给我好吃的……"

孩子就应该有孩子的样子，孩子就应该做当下年龄该做的事。而现在孩子早熟的现象已屡见不鲜，"小大人"比比皆是。我不提倡孩子早熟，因为孩子会因此失去自我天性，快乐的童年会消失得很快，过早进入成人世界，这对他们的成长是有弊而无利的！

之后，我又与孩子的家长进行了沟通，我语重心长地告诉这位家长："孩子的早熟与家长的教育、日常接触的环境有关。孩子就如同一面镜子，孩子的问题反映的正是我们家长的教育问题。

"在孩子面前多谈话对孩子是有益的，但是某些话题应该受到限制。第一，你和家人要先反思，自己是不是在孩子面前谈到不适合孩子的话题。第二，是否让孩子过早地接触了成熟的画面，包括出入歌厅、酒吧，或看不健康的电视剧、电影、动画。第三，如果确定家长犯了以上错误，那就要从家长的自我改变开始。"

家长急切地询问："我们也是想给孩子更多的爱与自由，那该如何改变？"

我接着说："我们提倡给孩子爱和自由，但这并不等于放弃培育孩子所需的规则和标准。有些时候，家长还是应该以坚定的态度给孩子指明应该'看和学'的界限。这便是规避原则中的'立规矩'——需要家庭成员通过'家庭会议'来沟通，商讨一些规矩，例如，'不能在孩子面前谈论黄色语言''禁止带孩子出入歌厅、酒吧''不要当着孩子的面看色情影像、图书'……

"通过落实这些规矩，共同解决孩子早熟的问题。很重要的一点就是要有家人共同认可的'规矩'作为'家规'。

"其次，做规避。需要家庭成员严格按照'家规'去执行，尽量在孩子面前规避一些不良行为。作为家长，要提高警惕，为孩子拦截类似的色情污染，从自身规避开始，为孩子营造一个良好的家庭氛围。

"最后，家长一定要诚实守信。做到说话算数，也是我们要执行的一条准则。不管孩子出现或遇到什么问题，都要给孩子最好的示范——言必信，行必果。我们都会给孩子讲'狼来了'的故事，告诉孩子为人要诚实守信，有时自己却没有很好地做到！"

很多家长喜欢带孩子去朋友们的饭局，有的会带孩子去歌厅、酒吧之类的地方。这些地方，不是谁都能去的。你想想，饭桌上大家都喜欢谈论一些成人的话题，那些话对孩子来说，明显很不适宜。

我的学生在朝阳区一所学校辅导一个被学校认为有点心理问题的学生时，被这个学生描述的状况惊呆了。一个刚上初一的学生，邀请了好几个同学去他们家看"黄碟"。这个学生的爸爸妈妈竟然毫不知情。尽管参与的几个学生都保守这个秘密，但最后还是被大家知道了。

现在的很多家庭都在家里存有这种所谓的成长影片。其实有这东西不足为奇，关键是要把它放好，藏在孩子拿不到的地方。这些东西过早地让孩子看到，对孩子的健康成长非常不利。

针对"避色"的问题，还有一条就是要把握好孩子的读物。很多家长为了让孩子多读书，就随便给孩子买各种图书，也不做甄选。有些色情书、漫画书等，内容低级，但一些家长自己不读书，也没这方面的常识，这样的书让孩子读了，就会对孩子产生不良影响。

避气

作为家长，是孩子学习的榜样，一言一行都会影响孩子的一生。如果我们不能很好地控制自己的言行，想发脾气就发脾气，不但会惊吓到孩子，而且会给其带来心理阴影，更为可怕的是，孩子也会变成这样的人。试想，在当今这样的一个环境中，谁会喜欢一个好发脾气的任性的人呢？

避气主要包括三点：一是尽量不要对孩子发脾气，二是尽量不要当着孩子的面吵架，三是尽量不能把工作上的不良情绪带回家。

我在调研中发现一个现象，那就是很多父母常对孩子发脾气。按照孩子的说法就是："爸爸妈妈用那种很凶的口气训我。"对孩子来说，爸爸妈妈一次很凶的发脾气的行为，可能会给孩子留下一生的印象。严重的话，还会给孩子的心理健康埋下隐患。

其实，对孩子发脾气不仅起不到作用，还会给孩子造成巨大的心理伤害。作为家长，永远都是孩子的依靠，若突然用这种方式与孩子沟通，孩子会很受伤。如果孩子还小，就会吓着他；如果孩子处在青春期，说不定就会做出一些出格的事情。

还有一个问题就是，发脾气会遗传。我们用发脾气的方式来解决问题，我们的孩子也会学我们的样子，也用这种方式来解决问题。孩子在家里发脾气，我们可以接受，或者说家人可以包容。将来进入社会，孩子对其他人发脾气，我们能保证大家都包容他吗？

很多家长期望通过"发火"这种极端的行为让孩子接受教训。对孩子来说，犯错误是很正常的现象。你心里一紧张，朝孩子发火了，孩子可能就一下子蒙了。他会把错误忘得一干二净，记住更多的是家长那张难看的脸和凶狠的声音。你以为他记住了，实际上他只记住了你朝他发火了。至于为什么发火，那是一个次要的问题，过后就忘了。

因此，教育孩子是不能轻易对孩子发火的。孩子需要的是帮助，而不是指责。你用包容、平和的心态来引导孩子，孩子就会变得包容，并且能够养成平和的心态。

还有一个重要的原则就是不当着孩子的面吵架。日常生活环境中经常会有很多不和谐的声音。我们无法避免因为一些事情与另一方发生争吵，即使是当着孩子的面也吵得很凶，此时我们往往会忘记孩子是以一个旁观者的身份在审视着家长的行为。我们的表现会让孩子的情绪发展趋于暴躁。在以后遇到事情的时候，孩子很容易采取这样的方式去解决问题。我们或许不想承认自己的吵架行为会对孩子产生的影响，但在孩子稚嫩的内心深处，看到吵架的场面本能地会产生紧张心理和恐惧感，进而感到不安，滋生不安全的感觉。对孩子而言，这也是一次受教育的过程。

作为家长，我们可以选择孩子成长的环境，把家庭气氛搞好。夫妻尽量不当着孩子的面吵架，尽量减少给孩子带来负面影响。比如，当我们批评老师和学校时，不要在孩子面前进行，不能让孩子对老师和学校丧失信心。

我们经常在孩子面前与爱人恶言相向，对爱人高声尖叫，威胁爱人，这会对孩子产生负面的影响。有研究表明，经常面对家庭"战争"的孩子，

第六章 如何培养出对自己负责的孩子？

会对未来生活缺乏信心，陷入人际交往的障碍，甚至会对以后的婚姻产生恐惧感。孩子的情绪、性格发展会出现扭曲，变得冷漠，对他人缺乏信任，为人刻薄，爱挑剔，脾气暴躁，或者性格内向、压抑，容易退缩，对外界事物丧失兴趣。这样长大的孩子，容易走入歧途。

家长如果因为其他事情，实在没忍住，在孩子面前进行了很凶的争吵，那也无须过多担忧。家长也是人，而不是神，不可能把每一件事情都做到完美，但一定要在事后弥补自己的失误，安抚孩子的内心。

第一，认"不是"。父母双方要勇于向孩子认错，表达歉意，不应该在他面前发生这种事，让孩子知道父母还是最爱他的，不会因这次争吵就不理他。

第二，讲原因。向孩子解释吵架的原因，父母还是彼此相爱的，只是对某件事情意见不一致才发生了冲突，以此消除孩子内心的担忧。

第三，让孩子说。鼓励孩子说出内心的感受。当我们失去控制、不耐烦的时候，这种负面情绪是会影响其他人的，这时感受到的一方就会觉得很有压力。特别是争吵过后，家里的气氛就会变得很紧张。这时，孩子的情绪也处于紧绷状态，我们要注意到这种情况，并帮助孩子把不良的情绪宣泄出来。

学校环境，也如同一个微型的社会。孩子能正确面对家人的争吵，也是给他自己一个成长的机会。在以后的生活中他跟同学、同事乃至领导相处，他会懂宽容、忍让，以及怎样避免争端。

在"避气"上，还有一个原则就是不把工作上的情绪带回家。如果我们把情绪带回家了，然后意识到自己错了，也不必焦虑。我们可以采取一些挽救措施，比如，抱抱孩子，冲孩子笑一笑，鼓励孩子说出自己的感受，与孩子平和地谈心……一定要记住，家长是孩子学习生活的榜样。

花钱原则：记账、分类、协商、核对，理财意识从小养

☀ 花钱原则：

第一，要求孩子记账。

第二，要求孩子将花的钱分为三类，一类是该花的；一类是可花可不花的；还有一类是不该花的。

第三，与孩子协商，也就是对孩子分类不当的情况，我们提出自己的意见，并且征询孩子的意见，让孩子逐步对其修改。

第四，坚持检查和核对，培养孩子认真的品质。

随着经济水平的提高，现在孩子手里的零花钱越来越多，胡乱花钱的现象也越来越普遍，这让很多家长非常苦恼，没有办法帮助孩子学会打理钱财，并帮助他建立正确的花钱原则。

理财意识从小养，孩子长大不着忙

帮助孩子建立正确的花钱习惯非常容易，经过多年的实践经验，我总

结出一个花钱原则：

第一，要求孩子记账。

第二，要求孩子将花的钱分为三类，一类是该花的；一类是可花可不花的；还有一类是不该花的。

第三，与孩子协商，也就是对孩子分类不当的情况，我们提出自己的意见，并且征询孩子的意见，让孩子逐步对其修改。

第四，坚持检查和核对，培养孩子认真的品质。

以春节为例，孩子们面对数目不菲的压岁钱是如何处理的呢？据我们调查，孩子压岁钱的处理目前有两种极端：一种是完全由孩子自收自支，爱怎么花就怎么花；另一种就是全部充公，并入家庭经济大账。其实，这两种做法都不妥当。家长帮助孩子管好、用好压岁钱，让孩子掌握一些最基本的理财常识，这对孩子建立正确的理财观念非常重要。

第一，账户管理：家长不应该瓜分孩子的压岁钱，或者把孩子的压岁钱并入家庭经济收支系统，应该在银行为孩子专门开一个独立的储蓄账户，把孩子大部分压岁钱存入储蓄账户。

独立的储蓄账户，能培养孩子打理钱财的意识和能力。由于是自己的，孩子就会在有意无意之中捂紧自己的钱袋，压缩开支，不铺张浪费，养成节俭的习惯。

第二，监督开支：家长不应该让孩子大手大脚地花钱，应该协助孩子合理安排支出，监督孩子的每笔开支。处置零用钱最好的办法，是让孩子在家长的指导下进行支配。

我们可以让孩子用自己的钱购买日用品和学习用具。每逢节日，孩子给爸爸、妈妈、爷爷、奶奶和其他亲人及同学送礼物时，要鼓励孩子做好预算，使有限的零用钱能被合理地使用。

第三，量入为出：孩子经常会超支，此时父母应让孩子自己决定裁减支出，培养孩子"量入为出"的理财习惯。

对于孩子"超支"的部分，家长可适当鼓励孩子对超预算部分的钱进行筹措，可向家长借钱，但一定要用节省下的零花钱，或者下年度的压岁钱来补还，让孩子明白超前消费是怎么一回事。

第四，投资理财：家长帮助孩子建立储蓄账户后，应该告诉孩子存款金额、存款时间、存款利息的差别，让孩子自己选择存款年限，培养其投资意识。

对于年龄稍大的孩子，可以指导他们将压岁钱存入教育储蓄账户，或是购买教育类保险，也可购买基金，让孩子对投资有个简单的认识。

我们要想改掉孩子乱花钱的毛病，一定要把孩子的压岁钱进行合理的分层管理。我们不妨把孩子的压岁钱按照固定投资类、备用钱、零花钱三类来分别管理。

第一部分为固定投资类。孩子的压岁钱，不管多少，都应该将绝大部分作为固定投资存放起来，比如，存为两年定期或者购买基金等，不能让孩子随意取用。

第二部分为备用钱。孩子的压岁钱除了固定投资一部分，还可以预留一部分放在活期存折上，或者由家长代为保管，以备不时之需。

第三部分为零花钱。给孩子的零花钱应该非常有限，仅供平时零用。一次给孩子很多零花钱，容易使孩子养成胡乱花钱的毛病。

授人以鱼，不如授人以渔。我们给孩子金钱，倒不如教孩子学会理财。这样不但可以培养孩子的理财意识、财富观念和自我控制能力，还为孩子成人后的生活质量奠定了良好的基础。

孩子需要帮助，而不是指责

很多家长向我咨询，说孩子胡乱花钱。他们经常为此训孩子，可孩子大手大脚的毛病就是不改。怎么办呢？我往往会告诉这些家长：孩子不需要指责，孩子需要家长的有效帮助。

如果这些孩子的家长从一开始就运用花钱原则来培养孩子，那孩子就不会出现胡乱花钱的坏毛病。如果家长不帮助孩子学会正确的花钱原则，孩子胡乱花钱的问题就会一直存在。孩子出现这种问题，需要的是帮助，

第六章　如何培养出对自己负责的孩子？

而不是指责。

一次在河南实验学校辅导时，有位家长向我咨询："齐教授，我儿子现在上三年级，总是乱花钱，经常跟我要钱去买各种各样的玩具汽车，有时候买回来的都是一模一样的玩具。怎样才能不让他乱花钱呢？"

这个孩子只要向妈妈要钱就去买玩具汽车，他最喜欢汽车，有时在超市看到自己已经有的，但控制不住自己的欲望，还是会买下来。家长认为孩子这种行为是乱花钱。

了解了一些情况后，我说："这里面有一个关键的问题，孩子有没有固定的零花钱？还是花多少您就给多少呢？"

她说："没有固定的零花钱，平时都是他跟我要，我就给他。"

我说："既然这样，那以后您就给孩子固定的零花钱。"

她说："就算我不给他钱了，他还是会去拿自己的压岁钱买。"

我说："解决这个问题并不难，使用我课上给大家讲的花钱原则，就可以轻松解决。

"第一，要求孩子记账，把每笔花过的钱都一一进行记录。

"第二，要求孩子将花的钱分为三类：一类是该花的，一类是可花可不花的，还有一类是不该花的。

"第三，与孩子协商，也就是对孩子分类不当的情况，我们提出自己的意见，并且征询孩子的意见，让孩子逐步对其修改。

"第四，坚持检查和核对，培养孩子认真的品质。"

这位家长睁大了眼睛看着我问道："齐教授，就这四步骤就能解决问题？"

我说："是的，给孩子实施这个方法的时候，要注意循序渐进。首先是要求孩子做到事事记账，不必在意孩子的分类是否正确；其次要注意的是'承认'和'尊重'，就是要认可孩子的记账，尊重孩子的分类方式；再次要'协商'，就是对孩子分类不当的情况，提出自己的意见，征询孩子的意见，让孩子逐步对其修改，不能强迫孩子按自己的归类方法执行。我们可以定期对孩子花过的钱做个简单的总结和讨论，不断地修正'该花''不该花'和'可花可不花'的概念，帮助孩子树立正确的理财观念；最后要坚持检查和核对，培养孩子认真的品质。"

以上四步，看似简单，实则不简单。我们与孩子在执行过程中，大多会在"协商"环节出现问题，这就需要我们跟孩子一起协商时做公平约定：

第一，按周给孩子固定的零花钱，最好将这些钱换成一元的，由家长保存，但支配权归孩子。这样既可以控制孩子花钱，还可以培养孩子的数学兴趣。

第二，孩子的压岁钱，还有生日等其他节日亲戚给的礼钱，全部给孩子存入银行，银行卡归孩子保管，密码家长保存。银行卡中的钱只有家长同意的情况下才可支出。

第三，全家人协商确定每周的购物时间，空余时间无特殊原因不去购物。设一个专门购物的本子，让孩子在本子上记录想买的东西。这样做不但可以解放家长——不必随时为孩子去买东西，还可以避免孩子的冲动消费，最主要的是孩子可以慢慢地学会有计划地管理自己的钱。

第四，孩子在管理自己零用钱的时候，要适当提醒。如果一周下来，孩子花费没有超出固定的零花钱，就奖励孩子；如果违反了这些约定，就惩罚孩子。

过了一个月，这位家长给我打电话说："齐教授，花钱原则还真是管理孩子乱花钱的好方法，孩子一开始不知道怎么花钱，后来经过几次锻炼，就不再乱买玩具汽车了。孩子不但学会了把钱用在刀刃上，现在还知道攒钱了……"

在贯彻花钱原则时，同样需要我们家长审视一下自身有没有乱花钱的毛病。如果家长隔三岔五地买零食、衣服等，那就不能怪孩子乱花钱了。要想从小培养孩子的理财意识、节俭习惯，需要全家人密切配合，否则就不会有成效。

俗话说："理财，三岁不早，六十不老。"在英国、日本等一些国家，理财已成为中小学义务教育和家庭教育的必修课，成为重要的人生课程之一。教育孩子打理钱财，其目的不仅仅是对金钱的合理使用，更重要的是培养孩子的一种品质，使孩子获得自立能力，让孩子从小树立正确的理财观念。教会孩子理财与教会孩子识字一样重要。

读者实践反馈

为什么我们要教孩子"花钱原则"，教育孩子如何打理钱财呢？其目的不仅是对金钱的合理使用，更重要的是培养孩子的一种品质，使孩子获得自立能力，让孩子掌握一些基本的理财常识。这对孩子建立正确的理财观念，是非常重要的。

我们家的账一直是小牛在管理，差不多从他8岁开始。最初不是因为要管理钱才教小牛理财的，而是我的身体确实差得有些厉害，我当时自私地想，如果有一天我不在了，老公再娶新老婆，后妈当家了，小牛受委屈可怎么办？

有了这种危机感，我想到要教孩子理财，就像当初孩子3岁的时候教他做饭一样。本着一个爱孩子的自私的小目的，希望有一天我不在他身边时，我的孩子能掌握自己的生活，可以好好地活下去。

我教小牛的时候，把家里的存折和每个月挣的钱都交给他。然后和小牛用上面的思路商量着做安排。首先记账是必要的，不记账容易乱。接着分类做规划。这时协商非常重要，不是帮孩子做决定，而是提建议，与孩子商量着来。

小牛会算出不该花的这部分，也就是每个月固定要储蓄的金额，存到存折上。

可花可不花的，是指预存一部分，以备不时之需。看个病呀，结婚喜事，或者出去玩等，不知道这一个月当中会发生什么事情，所以也要留出一点。

剩下的就是必须花的。电话费、有线费、水电费、每天的菜钱等，这类日常花销。

接着，小牛会把安排好的生活费发到每个人的手里。比如，给爸爸一个月的汽车油钱500元。还有零花钱，根据需求不同，爸爸500元，妈妈200元，他自己50元等。如果觉得不够用怎么办？可以在家里做事挣钱。

首先，每个人认领一件自己必须做的事情。完成这件必须做的事之外，帮忙做其他事就可以积分挣钱啦。

为什么每个人必须先认领一项基础任务？这是给自己定位置。比如，小牛是学生，他每天必须上学、完成作业，这是没有积分的。完不成作业，就算干其他活也不给积分，当然也没有钱，所以他明白他的位置是学生。

爸爸的基础任务是上班，所以每天必须好好工作，准点上下班。我除了外出讲课，在家里时间多，作为家庭主妇是全家的后勤保障，必须完成的任务是做饭。

这样爸爸和儿子下班、下课回来可以帮妈妈一起做饭，择菜呀，摆碗筷呀，都可以加分，一分一块钱。

每个人都清楚自己的位置，自己的任务，通过一段时间这样的分工协作，我们全家生活的状态都发生了改变。

我们每天一起干活，一起挣钱，约定好攒够100元就可以支取。其实一元钱一元钱地挣，啥时候能够100元呀？但这里乐子可就多了！我们抢着干活，干什么都是兴冲冲的，"我来报备了，我要干活了！"

想得积分就要去帮助别人，一块做完饭后，大家一起收拾屋子，看到了什么都抢着干，成为一种生活中的乐趣。

我们发现家里有很多东西我们能看到了。比如，小牛收拾屋子的时候，我整理他以前的玩具，结果找到了小时候爸爸给他做的一些好玩意儿。于是，我们就开始回忆当年的那种童真，把当时的情景演绎了一遍，全家人特别开心。为了我们的幸福，每个人加五分。

我们把这样的一个生活态度作为家里的平常状态。这种状态，就是自律模式。我们做互助家庭，最终培养的也正是自律和他律的能力。

通过一段时间的磨合，孩子的统筹规划能力强了，而且全家都不乱花钱了。我是那种看上什么就要买的人，从小就没有规划的概念，这下小牛把我给管住了，让我改正了花钱大手大脚的毛病。从孩子身上学习，达到了爱是一次共同的成长。

小牛通过学习如何花钱，不但知道了父母挣钱不容易，而且知道了如何去感恩，如何对未来进行规划。

随着小牛一年一年长大，慢慢地知道了妈妈是姥姥生的。过生日从感恩妈妈，到懂得感恩姥姥，以及爷爷和奶奶，孩子的格局渐渐地放大了。

我一直在回味，为什么孩子能展现出这样的好品质，有这样自律的状态呢？我想，是环境的原因。小院的互助家庭和学习看似在玩，其实点点滴滴都在教育孩子怎样做人，怎样做事，怎样养成自律的状态和对别人他律的心态。有格局的家长在潜移默化中也教会了孩子做人要有格局。

通过简简单单的理财，培养了孩子独立的能力、自我控制的能力和高尚的品格。

现在，我们家的账都是小牛自己做，不需要大人监督。他已经具备自我控制的能力了。所以教育是个慢工程，坚持就能见成效。

第七章
帮家长减压助力的"家庭公约"

有了"家庭公约",家长更轻松,孩子更自律

俗话说:"国有国法,家有家规。""家规"不是一天形成的,而是"家约"日积月累的总结,它们是规范生活行为的量变。家风是家教的结果,家教是家训的内涵,家约是家规的分解,公约是行为的规范。人人都活在自己的认为中,认为不同便有冲突。家庭要有所"作为",就一定要做到有效沟通、定"行为"约定。在家庭组织中,每个成员必须按"宪法"与"交通规则""行驶"才会少发生"撞车事件"。"家庭公约"便是"家庭的宪法"或者"家庭的交规"。

在家庭生活中,大喜大悲的事毕竟是少数,绝大部分的家庭矛盾和冲突往往是由不起眼的生活琐事不断积累而引起的。如果不及时解决,任由小事重复发生,家庭必然会埋下"战争"隐患,形成固化的家庭矛盾和冲突。从2003年起,我就开始尝试用"家庭契约"的方式来帮助一部分家庭成员解决亲子关系、夫妻冲突、孩子学业、子女教育等家庭实际问题。经过实践,大量家庭受益,反响热烈,家庭沟通顺畅了,孩子听话了,学习进步了,夫妻吵架少了……日常生活更为有趣且和谐。

教育是做出来的,而不是说出来的。历经多年全国大量家庭辅导规律总结与家庭大数据统计调研,我发明了家庭管理工具——"家庭公约",它是按教育量变原理,从解决家庭生活琐事入手,有效避免新矛盾,逐步化解旧矛盾,把家庭矛盾消除于萌芽之中。

第七章 帮家长减压助力的"家庭公约"

"家庭公约"是"家庭目标"与"家庭情绪"的有效管理工具，通过"开个家庭会议""许个家庭愿景""选个家庭法官""聘个家庭顾问""定个家庭公约""写个改变体会"的理性沟通与非语言交流方式让家庭更和谐幸福，达到不言之教的家庭教育目的。

"家庭公约"这一教育工具从人性的"以孩子治大人，以女人治男人"情感动力链条出发，利用人的"需求渴望"与"目标交换"行为满足传动链条，让人们自觉自愿地参与到"行为目标交换"与"行为统计奖惩"的"家庭公约"的互动中，通过制定家庭共性与个性相结合的"约定目标"，利用"说话算数"品德文化与"目标管理"奖罚机制，有效解决家庭问题，促进家庭幸福。

"家庭公约"采用家庭沟通扑克游戏等形式进行交流，"家庭公约"让家庭成员轻松找到家庭问题的切入点。无论大人还是小孩都喜欢游戏，"家庭公约"因交流形式生动活泼，极易为家庭成员所接受。这个教育工具是专门为解决家庭沟通、情绪管理、夫妻关系、子女教育等家庭实际问题而发明的，也是北京市"十五"规划"和谐社区与家长教育"课题研究和实践成果，能有效解决家教讲座、心理咨询、说教沟通中存在的效果差、不便操作、不易持久的问题。在避免家人沟通冲突，达到家庭管理目标，促进家校协同教育，建立家庭公共秩序，提升家风文化等方面效果明显。

这个工具的特点是运用非口语交流形式，采用目标交换方法将需求做行为目标管理，其操作简单、交流深入、效果持久，可调节家庭气氛与明确需求目标，减少沟通误会和情感伤害，让家庭更加快乐和谐，让孩子学习更加认真上进。

"家庭公约"主要以工程学、管理学、教育学、心理学、行为学、经济学、刑侦学等综合学科理论为依据，利用家庭沟通、需求互换、契约管理、行为统计、奖惩分明等逻辑行为做闭环管理工具，从而有效解决家庭问题。通过十多年的科学实践，我先后在北京市，以及辽宁省、福建省、宁夏回族自治区、广东省、新疆维吾尔自治区、湖南省、山东省等全国多地进行了操作实践和数据分析。累计已有几十个城市、30多万家庭受益，结果表明：参与过的实验家庭当月行为改变率均在 85% 以上，有效提升了家庭生活质量与幸福指数。

"家庭公约"深受家长欢迎。2015 年 4 月 3 日《中国妇女报》专题报道《〈家庭公约〉成为"最美家庭"孵化器》。2015 年 4 月 5 日中央电视台 12 频道《见证》的《家规 72 小时》跟踪报道家庭文明建设成功案例。

"家庭公约"五大优势

·科学性：北京市"十五"规划"和谐社区与家长教育"课题研究和实践成果。

·实证性：历时多年实践，30 多万户家庭应用大数据统计，家庭行为改变率 85% 以上。

·针对性：专门解决家庭沟通、情绪管理、夫妻关系、子女教育、学习成绩等家庭实际问题。

·独特性：解决了家教讲座、心理咨询、说教沟通中存在的有效性差、不便操作、不易持久的问题。

·权威性：中国家长教育研究所、北京大学文化研究与发展中心、北京师范大学家庭教育研究中心、北京市教育学会、北京市家庭教育研究会等机构核心专家共同参与并联合推荐。

"家庭公约"家人体会：

爸爸回家早了，不发火了；

妈妈笑得多了，不唠叨了；

孩子学习好了，不磨蹭了；

全家聊得多了，不吵架了。

"家庭公约"功能作用：

让孩子德才兼备，让家教简单有效，让家校协同教育，让家庭和谐幸福，让家族基业长青。把"家庭公约"带回家，就是把幸福带回家。

"家庭公约"的真实案例

我"改"了,家"变"了——家庭辅导案例

【案例背景】

这是一个四口之家,爸爸、妈妈、孩子和奶奶和睦地生活在北京市新兴大型社区——望京社区。爸爸在金融界工作,妈妈是一位优秀教师,奶奶慈祥开明,他们共同养育了一个聪明伶俐的孩子。尽管家庭里阳光灿烂的日子多,但难免也有晴转阴的时候。看看妈妈是怎么说的吧。

【心里的话】

先拿自己开刀

在参加《家长教育与和谐校园》实验项目以前,我家总是处在一种无秩序的状态中,身为教师的我看在眼里,急在心头。当看见"家庭公约"这一家长教育中的一项创举时,我对经营好家庭有了一股来自中丹田的信心。

回想当初制定"家庭公约"时的情景,依然历历在目。我记得我刚把"家庭公约"辅导手册拿回家的时候,兴奋地对家人说制定"家庭公约",每人要写出自己的真心话、愿望、目标,可以帮助家人改进、共同成长,

当时我先生一副不置可否的态度，对我做出冷漠的回应。

后来我学习了齐教授教的一招，换个角度、换个方式说话——从我开始吧！我说："请你们给我提出意见，帮助我改正、进步吧。"

此言一出，受到了热烈的响应，家人"一窝蜂"地你一句、我一句对我进行"骨头里挑刺"的"罪行大洗礼"。听着大家对我的数落，心里的滋味真是不好受，因为实际情况根本就不像他们说的那么回事嘛！看来说别人，自己都有一套。但为了有个和谐美满的家庭，我要先走出这个局限，打破自己的认为，倾听家人的意见。海能容纳百川，我这样安慰自己。

齐教授教我们的一招是：当你听不进逆耳的意见时，就数数，采取滞后处理。起初心里非常不认同他们给我列出的问题，但数到后来，居然听进去了，原来他们的感受是这样子的，不是我认为的他们应该产生的那样子的。我先静下来，倾听他们的感受。我的谦逊带动其他人也静下来，共同谈论我们家庭存在的问题。

浪漫的家庭会议

我按照辅导手册上的要求，精心准备了一个温馨浪漫的家庭会议。我买了一束百合花插在高腰花瓶里，还买了几支艺术蜡烛。我把餐桌上的杂物拿走（这是孩子的奶奶经常说的我乱放东西，没为孩子做出榜样，我已把它列为我的问题之一）。我让女儿把鲜花、艺术蜡烛、果盘摆在餐桌的合适位置，别看她人小，可审美眼光不低。她非常认真地放了几个位置，终于将它们放在了一个产生良好视觉效果的位置。奶奶为孙女特意挑了一件她爸爸穿的衣服，宽大的衣服正好做我女儿的法官衣袍。女儿兴奋地在屋里跑来跑去，嘴里说"我要当法官来管管你们了"。

快到丈夫下班的时间，我点燃了蜡烛，播放他最爱听的张信哲的歌曲。等丈夫一进门，我们一起为他鼓起了掌。丈夫有些吃惊，但很快明白是怎么回事了，他连连说没想到家里这么温馨，花这么漂亮。他平时总爱说我乱花钱，这次他却不说我乱买花和蜡烛了。

我们从来没有开过家庭会议，这种正式感让我们都感到非常新鲜，并也油然而生一种郑重感。

为什么以前我不知道啊？

我们围坐在餐桌前，分别写下了自己的心里话。

在我写下自己的心里话以后，丈夫腼腆地也写下了自己的心里话，让我感到意外的是，他对我的评价还是很高的。我们从来没有一次将内心的感受向对方表达出来过，也许太忙了，也许从心里觉得老夫老妻的用不着了，也许根本没想到要这样做。反正，此时我知道了丈夫的内心感受，我在内心反省：为什么以前我不知道啊？

我写好自己的心里话以后，丈夫和孩子好像都有些反对的声音，因为我提出的问题太多了。哈哈！做妈妈的，尤其是做教师的都是这样，总是能发现家庭的死角。女儿第一个抗议，说我管得太严了，奶奶说算了，别一下子把目标定得太高，毕竟第一期才28天，能有个良好开端就可以了。

女儿看见爸爸妈妈都这样认真地写下了自己的心里话以后，她也陷入了沉思。孩子从出生以来就没有看见过我和她爸这样正经地在一起讨论过家庭问题。制定"家庭公约"给了我们家这样一次机会，也给我们家创造了这种和谐地讨论家庭问题的氛围。孩子想了不久后，很认真地写下了自己想要说的话。孩子毕竟还是孩子，原来她所讨厌的三件事都是自己要做的三件事情，看到这里，我和她爸不免暗地里笑了笑。

【家庭公约】

超级游戏的诞生

接下来，我们商讨一阵以后，我家的第一份"以法治家"的超级游戏规则终于诞生了。我们各自为对方定下了三个目标，也给对方制定了奖惩措施，罚我最厉害的一条就是不准和朋友聚会。不过我想一个月下来我应该是接受奖励的，因为我对这种方式经营家庭充满信心。

家庭法官新鲜出炉

我女儿全票当选为第一届家庭法官。她的积极性特别高,整个会议就数她的话最多。她为她得到家庭法官任命书扬扬自得。

【执行情况】

对于执行情况,我早就料到拟订"家庭公约"容易,执行起来恐怕就没有那么轻松。试想要让我丈夫戒掉多年喝酒的习惯,正像让我改掉爱花零钱的毛病一样。头几天借着新鲜劲还可以,每天女儿作为法官兴致勃勃地拿出执行统计表进行评分、涂色。但几天之后,我们就发现要改掉习惯真不是一句话那么简单,它需要毅力和责任。

我知道头一期是关键、门槛,我们不能在第一关就放弃;同时也明白了用"你不要怎样怎样"的话要求女儿实在是想得过于简单了。因为等自己实际做起来才发现它是一个过程,远不是简单方法所能解决的,怪不得我们常常因女儿总不能改正坏习惯而生气。

但我们做家长的不能轻易放弃,因为给孩子做榜样是我们的责任。孩子起初也执行得挺好的,不用说就主动做了,后来非要我们提醒才做,再后来非要我们用"家庭公约"来制约她,她才肯做。但这些都因我们家庭成员的相互鼓励而坚持下来了,我们终于看到我们成功了,达到了我们亲自定下的目标,我们感到很有成就感。别说女儿有多高兴了,就连我也为自己感到高兴。

将近一个月下来,如我所愿,我买了一件我看上了很久的裙子。孩子也得到了自己的奖励,不过丈夫由于各种事务的关系,没有得到家庭奖励,不过,让我为他高兴的是,他每次应酬不回家时都会提前跟家里打声招呼,而且洗完澡以后好几次都自觉地洗了自己的衣服。

经过付出才能深切体会收获的喜悦。这种共同进步的教育方式,就连我这个做老师的,也是在此时才有了更深刻的体会。

这一个月中我欣喜地看见了家庭一点一滴的变化:女儿变得有耐心了,先生变得勤劳而且体贴别人了,我变得开朗活泼了,好像自己年轻了许多岁……

【案例点评】

在这个家庭中，妈妈很好地利用了沟通中的"你我他"原则，使得"家庭公约"能够很好地执行并发展创新下去。妈妈这种引导别人改变习惯先改正自己的毛病的作为和这种拿我开刀、向我开炮的方式得到了家人的赞许，所以后来他们的家庭在进行"家庭公约"这个"以法治家"的超级游戏的时候，既愉悦了自我的身心，又增添了家庭的趣味。

沟通中的"你我他"原则说的就是：在沟通中教育别人时，越谦卑的态度，越能得到别人的认可。因为教育需要别人从内心接受才是教育的真正目的。如果我们一开始就是以"你"的方式和他人交流，那么别人难免会产生戒备心理。人和动物一样，动物有自己的领地，人也一样，如果谁侵犯了他的安全空间，自然他就会拉响警报，做好"战斗"准备。在这种情况下，你说什么为他好的话，他都会认为那是对他"宣战"的诱饵，是引他上当的。

所以说，虽然教育最需要的是沟通，但是沟通最需要的是什么呢？这个案例，也是教育的原则告诉我们：沟通最需要的是从"我"开始说起、做起。

让和睦之家变得更温馨——家庭辅导案例

【案例背景】

在我的心目中，我家算是一个无比和睦的家庭了，但在听完中国家长教育研究所的齐教授讲的课以后，我才开始有了忧患意识。原来我的教育是很迷茫的。我们一家三口虽然生活上没有什么磕碰，但是老是在沟通上出现问题。

【心里话】

重新认识教育

以前我总觉得孩子表现不好，离我的要求和期望有些差距。通过听家长教育研究所的讲座后，我认真地反思了一下，得到的结论是：不是孩子表现不好，其实是我们当家长的做得不好。一味地责怪孩子是滥用家长的主导权，孩子是很受委屈的。要想改变孩子的缺点，先得从改变自己做起，应从严要求自己，不要只想着让孩子改变，而自己不变。

建立了沟通的平台

如果不参加"家庭公约"活动，我还没意识到孩子没有表达自己想法的机会，我们以前好像从来没有认真地听过或想过孩子有什么想法。本次活动后，我发现：别看孩子小，但内心世界是非常丰富的。他有他的愿望、是非观念，以及不满的情绪。

我以前打骂过孩子，但打、骂、训、罚等各种手段都失败了，真不知道孩子到底怕什么。通过参加这次活动，我知道孩子其实是非常上进的，荣誉感很强。以前我们给予孩子的表扬和鼓励太少了，可谓吝啬至极。现在有了"家庭公约"，孩子也向我们提出了自己的要求。

爸爸在"家庭公约"的活动中，也认识到了自己的问题

在家庭中，孩子的爸爸是一名军人，他向来是说一不二的，比如，他总是说别人开车反应慢，有的时候火暴脾气上来了，还会跟别人争吵，今天他也深刻地认识到了自己的这个问题。

孩子还是把开心作为首要任务

孩子毕竟没有什么生活的压力，在他的心里话中，他还是觉得自己怎么高兴就怎么写，没有过多地考虑别人会想什么。不过，孩子这种纯真也正是他长大的开始。

我也主动做我最不愿意做的事情

我在发表了自己的家庭愿景以后,把自己对家庭的看法和意见写下来,让我高兴的是,他们都表示理解与支持。孩子他爸说:"以前我们沟通得太少了,现在家中有了这个工具以后,我们要经常坐在一起开这样的家庭会议。"

【家庭公约】

公正的和公平的

在"家庭公约"中,我孩子有一项任务就是弹钢琴,这项任务是由我监督孩子来完成的。以前我很没有耐心,孩子弹得不好时,我总是言辞激烈地数落他,现在孩子也把这一点写在和我的约定中了。他在我的目标中写道:"妈妈要学会欣赏我,不能给我压力。"看见孩子对我的约束,我笑了笑,其实孩子是什么都能明白的,只是他们不愿意和大人交流而已。我们全家经过公平的、坦诚的交流,终于签订了一份"家庭公约",它体现着家庭成员之间的尊重与平等,一改往日家长位于孩子之上的状况。

法官新鲜出炉

为了引导孩子的积极性,我们一家都决定让他当选我们家第一届家庭法官,孩子也很自豪,说:"这就对了嘛!这样才是一个民主、法治的家庭。"

【执行情况】

"家庭公约"在我家实行了一个多月,虽然做不到每天三口人坐在一起讨论当天做得如何,但是三口人在做事情的时候,总算有人监督了,我们每个人都想着"家庭公约"中自己需要改进的三个缺点。我认为自己和孩子的变化最大。原来孩子每天早上起床要一遍一遍地叫呀,催呀,现在只要闹铃响,大人叫一遍便会主动起床洗漱;看电视是孩子最喜欢的,现在每天让他控制在40分钟之内,有时候超时了,他会主动要求扣分。爸爸工作很忙,原来经常出去应酬,现在在"家庭公约"的约束下,每周至少有

3天可以陪孩子1小时了。

【案例点评】

这位家长在经过培训后,很好地运用了"教育的仿生学原理"。"教育的仿生学原理"讲的就是要有山鹰的观察力、猫头鹰的正向思维方法、喜鹊一张会说话的嘴、领头雁的指导能力。

观察(山鹰)——实施教育必须具备全景思维能力。

"处处留心皆学问",这句话用在家庭教育中也是恰如其分的。家长教育孩子必须时时注意、处处留心,要像山鹰一样翱翔在高空中,随时能发现猎物并能迅速地抓住猎物。这就是全景思维能力。

鼓励(喜鹊)——定性不定量的教育要多出现在家长嘴中。

喜鹊到哪儿都是受欢迎的,因为它都是对喜事进行定性,可它对喜事又不会定量,谁家有它都会去通报。家长也要有像喜鹊一样的嘴,对孩子及时鼓励、处处评价,这些定性不定量的东西产生了,孩子只会顺其教育,不会逆其教育。

指导(领头雁)——孩子从心灵上接受的教育才是有效的教育。

用事实证明给孩子看,用实践教导孩子,用孩子理解并能愉快地接受的策略说服他。做到这些孩子便会很高兴地随你而行,这才是真正做到了从孩子心灵上疏通。

教育要想能影响孩子,首先,家长必须具备全景思维能力(从大面积范围内能找到问题);其次,要用正向思维的方法看待问题(发现孩子的长处);再次,要多说些定性不定量的话激发孩子的进取心和上进心(多鼓励,少批评);最后,做好孩子的表率,影响并教育孩子的目的就实现了。

利用"家庭公约"敲开高中生高效学习的三扇心门

相跃进　洛阳孟津第一高级中学

2017年暑假,我有幸参加河南省家庭教育指导师培训,在这次培训上我听了齐大辉教授关于孩子的教育模式的课，他讲到当前教育机制"不成形"的主要原因是现在处于教育源头的家长"不成熟"，从而影响到了家庭生活的"不正常"。他又从教育模式的三元开环讲到四元闭环，指出了传统教育模式的缺陷，并明确了家长教育的重要性。只有家长、家庭、学校、社会分别明确了自己在教育中的责任，相互补位，协同教育，才能更好地使孩子成人、成才，不断地走向成熟，做优秀中国人，世界好公民。

20年高中班主任的经历让我更加深刻地体会到，在高中教育中，不论是成绩好的学生还是成绩不好的学生，只要在行为上表现异常的，都与家长教育的缺失有着千丝万缕的联系。虽然高中生的家长教育目的更明确，那就是孩子能考多少分，上什么学校，但是家长并不知道孩子学习成绩好坏的影响因素是什么，当孩子的成绩退步或达不到家长的期望时，他们往往会归结为孩子不努力，孩子谈恋爱，孩子打游戏，孩子贪玩等，家长就会表现出一种恨铁不成钢的样子，并采用不当的教育行为方式去解决问题。当问题得不到解决时，就陷入无奈之中，撂下一句话："这孩子没法管了，权当没有生他，爱怎样就怎样吧，将来有他吃苦的时候。"所以，在做班级管理时，我既要懂学生、懂自己，又要懂家长，只有做好三懂教师，才能发挥家校协同教育的桥梁作用。

2019年北京家庭教育指导师培训时，清华大学毕业的李鸿飞老师在讲学生学习管理时，谈到学生学习成绩好坏的影响因素：学习动力、学习方法、学习情绪。细细地回忆工作的20年，对每个学生来说，影响他学习成绩的因素无不是这三方面。为了孩子更好地成长，在教学管理的过程中我经常采用齐教授的"家庭公约"工具，家校协同教育，有效地解决了学生学习的一些问题。

接下来我就给大家分享我是如何利用"家庭公约"，敲开高中生高效学习的三扇心门的。

第一扇门：动力之门

当我们走在农田里，看到长得不好的庄稼，我们会怎么说？大家一定

聪明家长的杠杆养育法：家长改变1%，孩子改善99%

★家校协同规划人生

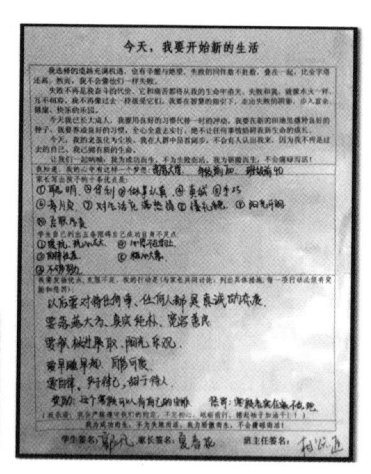

班级寝室目标明确化

高二年级冲刺期末目标展示			
班级	213	目标	
		一本　35人	二本　65人
班级奋斗誓言			
用实力证明自己是最强的！			
班主任寄语	经验不可替代，过程不能超越；为真实生活而学习，为家庭幸福而改变，为家族传承而准备。		

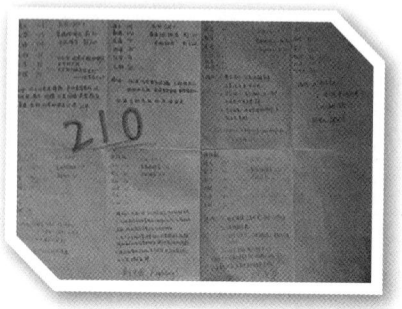

个人合理有效的计划

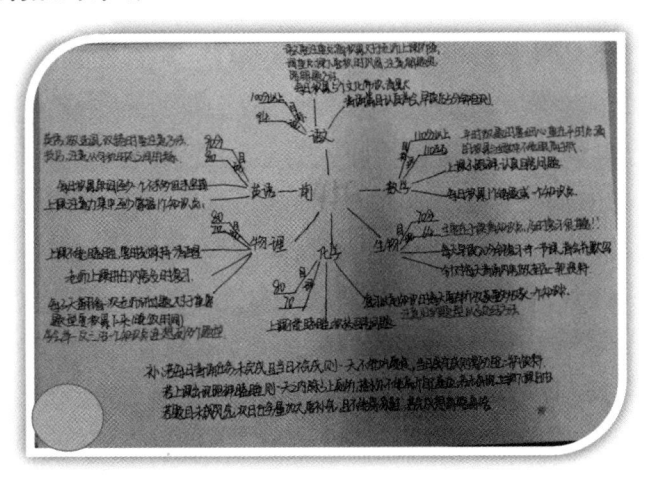

会说这是谁家的地，主人肯定很懒，不施肥，不浇水，不打药，不好好管理。我们都在指责种庄稼的人，没有一个人指着庄稼说："我叫你不吸收，我叫你不喝水，我叫你不吸收阳光，不好好生长。"当我们面对孩子的学习成绩不好的时候，我们又会怎么说呢？所以，我们要打开学生的动力之门，就要先把家长孩子约到一起，开家庭会议，统一思想。家校协同规划人生，制定班级目标、寝室目标、个人目标。目标好定，行动难做，为此，我针对每个学生单独谈话，采用"家庭公约"中说说心里话的方式，和学生一起寻找学习的榜样，完成目标的制定，找到自我优势和不足，将计划落实到每个学科，将任务落实到每个时段。就如同齐老师所讲：能讲的是共性，能做的是个性。幸福不可批量生产，只能个性化制定。

从而实现让每个学生心系国家梦想、家庭梦想、班级梦想、寝室梦想，成就个人梦想以增强学生的社会责任感的目标。帮助学生打开动力之门，健康加速学生成长。

第二扇门：信心之门

【案例分析】后进生的崛起

曾经我们班倒数第三名的学生是王小兵，带过他的老师都说这个孩子

聪明家长的杠杆养育法：家长改变1%，孩子改善99%

案例分析 待优生的逆袭　　进步之星

增强学生信心的方法 →

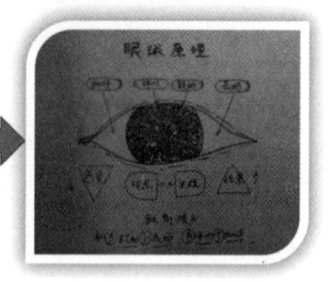

这里的眼球原理，即前文说的正态分布原理

不用管，他就不学习。

与他母亲沟通，母亲说："孩子1岁多断奶后送回老家，由爷爷奶奶带大。王小兵在老家上的幼儿园。上小学跟着我生活，一到四年级就读于第三实验小学，因我也在学校工作，我认为学校英语老师能力不高，五到六年级把他转到第二实验小学。初中就读于他爸爸所工作的学校第二县直中学。初三后半期，王小兵不想学习，玩手机、谈恋爱，并且曾有人在他身上发现有打火机，但没有看见他抽烟，只是猜测他有抽烟行为，中考后成绩勉强进入高中。在高中，他的成绩不断退步，成了班级倒数几名。文理分科后，报了理科，在一次数学测试中成绩还比较满意，提高了学习的积极性，向班主任申请当副班长，不久，他因与班中的同学发生矛盾而打架，被开除学籍留校察看。"

面对这样的学生，我的做法是：开学第一天，我说："王小兵，我想你帮我搬搬书可以吗？"他看着不是很乐意，但还是去了。又过了几天，在我上课前，我又请他来帮我拿教案。就这样，开学两周我让他帮我干了五件事，每一次，我都不多说什么，只是干完活后说声谢谢，第六次，我又让他帮我干活，他就问我："老师你怎么总叫我帮你干活？"我说："是不是很累?"他忙说:"不累不累。我是想说,曾经老师都不想让我们这类学生干活。"

我又问:"你说你们这一类学生,是哪一类?"

他说:"就是差生,不学习,有违纪,干什么都干不好。"

我又问他:"你觉得你学习成绩不好,是什么原因?"他闭口不答,此时我就知道这叫"哪壶不开提哪壶"。但我想他肯定是不知道怎么说,或者没有想过这件事。

于是,我就和他聊,我说,学习成绩好不好主要取决于三个因素:"一是爱不爱学习,二是会不会学习,三是能不能学习。你属于哪一种情况呢?"

他又对我说:"什么爱不爱,会不会,能不能,学习不好,就是不爱学习嘛!"

我说:"你听听,我的解释合理不合理。爱不爱是学习态度问题,也就是你愿不愿意做这些事;会不会就是学习行为,也就是你的学习方法,做事的方式;能不能就是你的意志品质问题,也就是你的注意力集中不集中,能不能坚持做。"当我说完后,他挠挠头说:"老师,虽然我爸爸妈妈都是老师,但从来没这样给我说过。"

我就问他:"那你现在知道学习成绩不好是什么原因了吗?"

他说:"是不会学习。"于是在接下来的一段时间我就从化学入手,采用了刚才的方法:制订计划、寻找榜样、找到优势和不足、安排任务、做好督促,每天给他勾选几道习题,让他做,然后给我讲,再让他把我上课讲的习题跟我讲一遍,并且每天做好记录。照这样的方法,依次带动其他学科的学习。同时做好家长工作,让家长对他少表扬,多鼓励;少批评,多评价。三个月下来,在这次期中考试中,他进入班级前 30 名,他还信心十足地向我保证期末考试进入一本线。

成绩不好的孩子,往往都会难过、痛苦、不安、自责、焦虑,甚至感到耻辱,这是每一个有自尊心、想上进孩子的心态,有时不只是成绩上,在其他事情上犯错误也都会有这样的心态。然而,在很多情况下,家长、老师见不得孩子犯错误，只要孩子一犯错就是一顿批评。我们增强学生信心的科学做法就是：齐教授教的正态分布原理即少表扬，多鼓励；少批评，多评价。学校要有信仰，家长要有信念，孩子要有信心。带着信仰上路的人，可以虔诚；带着信念上路的人，可以坚韧；带着信心上路的人，可以勇往直前。

第三扇门：情绪之门

【案例分析】用刀片割伤胳膊的学生

一天晚上我正在上自习，课间10分钟，我的一名医生朋友给我打电话说："快点到我诊所，有点重要的事。"我匆忙赶到他的诊所，映入我眼帘的是这样一个情景：一个身高1.82米，身穿我们学校校服的男生，表情里透着憎恨的感觉，看样子很气愤，胳膊上被刀片划得一道一道，双手攥着拳头。母亲在旁边不停地哭，嘴里一直说："为什么会这样呢？"我一看这情景，判断这是孩子情绪太激动以致伤及自身的情况。也知道一般情况下他不会伤到别人，我的心情稍稍放松下来。接着，我初步判断孩子应该没有父亲，特别听他妈妈的话，有很强的上进心，目前可能达不到目标，所以无处发泄。

案例分析 用刀片割伤胳膊的学生

科学的沟通方法
1. 肢体语言先行，表达感受
2. 呈现事实
3. 把最终做决定的权利交给孩子

人的大脑接受模式："4D1K"原理

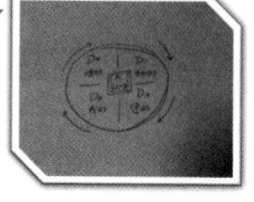

"好的""你的……""我的……""咱的……""……可以吗？"

我当时的做法是直奔主题地说:"这次考试你没有考好,距离你的目标还有一定的差距,你是一个上进心特别强的孩子,又看到妈妈那么辛苦,感觉自己特别无能,心里特别难受。如果是我处于你这样的情境,我和你一样,也会发泄一下,拿自己的胳膊出出气。"我说完,那男生"哇"的一声大哭起来。我当时什么也没有说,紧紧地抱着他,让他尽情地在我肩膀上流泪。等他情绪平稳了,我问他:"遇见什么事了,我能帮你吗?"

他说:"老师,我这次考试没考好,进不到自主招生部,就考不上'985''211'的学校,我对不起我妈。"

我重复:"你的意思是你这次考试没有考好,考不进自主招生部,就考不上'985''211'的学校,对不起你妈,是这样吗?"

他说:"是的。"

我又说:"那你这次在胳膊上用小刀割伤自己,是因为感觉自己无用,想发泄一下吗?"

他说:"是的。"

于是我们又聊了他的平时业余爱好,他说爱打篮球,我问他崇拜谁。

他说:"詹姆斯。"

我又问:"在詹姆斯的篮球生涯中,有没有过失败?"

他说:"有。"

我又问他:"詹姆斯在遇到失败时,会采用什么方式发泄自己的情绪?"

他说:"我看他一般都会在球场上继续练球,直到自己很累,他才停下来。"

我就回到了正题说:"你的意思是,詹姆斯失败时,他的发泄方式也有很多,只是他采用了练球的方式,对吗?我的意思是当我们面对考试失利,想发泄时,不是也有很多方法吗?比如,站在操场中间大喊,酣畅淋漓地打一场篮球赛,可以吗?你想一想,咱们的目标是考上'985''211'的学校,进不进自主招生部不也是一样学习吗?我想你在自主招生部也有同学,你可以和他沟通,问问看人家学习怎么安排,用了哪些学习资料。虽然暂时没有进入自主招生部,但你是按照自主招生部的节奏进行学习的,做一些可行的计划可以吗？"

这时候孩子的情绪已经很平稳了，于是我和他妈妈单独沟通一下，妈妈说，孩子小学一年级爸爸就去世了，一直跟着她长大，她的手机密码就是985211。

当我们应用合适的方法打开孩子的情绪之门，也就给了孩子良好的生命状态，当孩子有了良好的生命状态，也就有了良好的成长状态，孩子的成绩自然就会进步，因此成绩的进步来自学习，学习的状态来自学习者的状态，学习者的状态来自家庭和学校的状态，家庭和学校的状态来自父母和老师的生命状态。那什么是有良好的生命状态的父母和老师呢？打个比方就是当孩子在家里做作业时，父母再累也要坐在孩子旁边看着孩子，当孩子问您，为什么坐在我的旁边，您说："女儿，我看着你学习，心里轻松，解乏。"这样的父母就是有良好的生命状态的父母。

通过分享，希望有更多的家长、老师同我一起。用生命感动生命，用行动带动行动，做真教育。

作为一名班主任，在班级管理中逐渐寻找到方法，助力更多的孩子，成就更多的家庭，是一件非常高兴的事情，再次特别感谢齐大辉教授、李鸿飞老师、郑小虎老师的指导。

"约"定成习，成人达己——王芬的"家庭公约"学习、传播之路

和谐幸福之家

现在的我生活在一个幸福的六口之家，有公公婆婆把我当女儿般的呵护，有先生发自内心的爱，有儿女带来的成长快乐，这一切都源于8年前我遇到了"家庭公约"。8年前学习、践行"家庭公约"，自己家庭受益，并且在之后的8年里我坚持在全国各地分享"家庭公约"，进行了863场家庭教育讲座，不仅让更多人受益于"家庭公约"，也帮助更多家庭建设得更加和谐幸福。同时，我将"家庭公约"用于凉山州脱贫攻坚"三进"宣讲活动中，助力当地脱贫攻坚工作。

学习、践行"家庭公约"之路

回顾这一路的经历，感触颇多。还记得 2015 年 7 月初，在一次培训中，深深地被齐大辉教授所讲的"家庭公约"课程吸引，当即购买了一套"家庭公约"工具，回家开始琢磨，这个兴奋的过程持续着。当我得知有机会参加"家庭公约"系列课程培训时，内心激动、欣喜，我毅然报名参加学习。

2015 年 7 月 24 日，"家庭公约"第一阶段学习归来，我马上在家开始践行。"五子登科、五句良言"（"五子登科"见于《开门原理：想改变孩子，先改变自己》；"五句良言"见于《沟通的陈述技巧：用我代替"你"，孩子更爱听》）作为基础，鞭策自己改变，同时要求家人一起，并于 7 月 25 日召开了正式的家庭会议。在会议中，我先向所有家人诚恳地道歉，对自己以往的作为表示歉意，并决心改正，家人也感受到我的真诚，纷纷说出自己做得不好的地方，期待家人的谅解，前半段的会议算是顺利召开。后半段在制定每个人的目标时，我摆出一副"专业人士"的样子，给家人分享我所学，并要求家人按照我说的做，要求大家改这改那，虽然有前面的自我剖析做支撑，但是大家还是很不情愿地确定了目标。当然接下来的目标践行，问题就更多了，第二天便出现了问题，目标还没有开始执行就结束了。那一刻，我的内心除了懊恼就是困惑，是我哪儿做错了吗？怎么会出现这样的情况呢？那个时候又不敢主动询问老师，只好自己琢磨。那时，我便做了一个决定，不管家人的践行，我先做我自己的，坚持践行"五子登科、五句良言"，其次尽最大努力去践行我的目标，就这样坚持了 21 天。

带着未完成的作业及满脑袋的问号，迎来了我的第二阶段的学习，在充分准备后第一个上台汇报了我的作业，得到的是齐教授的亲自点拨，消除了我第一阶段回去践行之后的疑惑，内心恍然大悟！原来我没有把"家庭公约"的核心掌握，没有运用"开门原理"，有效做法是要向我"开炮"，是我改而非你变，"约"是为了满足家人的需求，而不是对家人提出要求；"约"是内心的接纳和改变，而非形式和文本。当我领会了齐教授课程的精髓后，从第二阶段的学习中满载而归。

鉴于有第一阶段回家后家庭目标制定的问题，以及执行的失败经历，这次学习回家后，我什么也没有给家人分享，而是用自己的行动在做改变，从自我的点滴小事开始，这引起了公公婆婆的好奇，便主动询问我，我立即向自己开炮，给公公婆婆道歉，同时感恩公公婆婆的付出。原来坦诚的代价最低，当我如此用心和改变时，一贯强硬的公公也放低了语音语调，一改往日的强势。在8月30日这天，我运用齐教授教的非口语的沟通方式，成功处理了一个家庭矛盾。借此机会，我们迎来了家里的第二次家庭会议。这次家庭会议比上次的家庭会议更温馨和谐了，也让家人间的情感交流更亲密，我们顺利地确定家庭目标，同时许下了"营造温馨和谐的家庭氛围，全家齐心创造更幸福的生活"的家庭愿景。

后来发现家庭和谐了，我们做事也就越来越顺了。在顺心顺意中迎来了我第三阶段的学习。出发时，公公婆婆带着女儿送我，公公还帮我提了行李送上车。那一刻，我的眼眶都湿润了，内心无比喜悦！带着家的这份温暖，我顺利地踏上了第三阶段学习的路途。

第三阶段的学习，不仅是知识和技能的提升，更是内心的一种洗礼、心灵的熏陶。在这样一个大家庭里，我备感自己存在的意义，清晰地认识到自己所肩负的使命，也更专注于"家庭公约"的践行，尽自己的一份力进行传播，这是三阶段的收获和感受。

三阶段学习归来，除了继续践行自家公约，在班级同学的远程指导下，我在9月12日之前招募了12个家庭，并于12日召开了绵阳站"家庭公约"互助家庭指导会议。会后的20余天，我每天看到互助指导家庭在群里的践行和分享，一次又一次地深深地触动了我，我也更加坚信我的选择和付出！

从自家"公约"到别人家的"公约"，从迷茫的践行到有方向的前行，我越来越清楚地意识到了"五子登科、五句良言"每一字、每一句的力量，也越来越清晰地认知到目标对于家庭管理、创造最美家庭的重要性；更加坚信通过我们的努力和践行，家会越来越幸福！

家约，是最靠谱的教育；家教，是最廉价的国防；家风，是最高贵的文化。我在践行，我在改变，接下来，我还需要成长，"家庭公约"还需要传播。